イチバン親切な

かぎ針編みの教科書

基本の編み方から、モチーフ編み・ビーズ編みまで、
豊富な手順写真とイラストで失敗ナシ！

CONTENTS

基本編

応用編

事典編

スタッフ
撮影　浅香知輝　　ブックデザイン　鶴田めぐみ
トレース　呉屋 まゆみ・たきがわ しずる
編み図製作　せばたやすこ
企画・編集　新星出版社
編集助力　小澤明子　加藤ますこ

基本編

入れ子のリバーシブル小物入れ（作り方と編み図p.37）

この章は、かぎ針の持ち方から基本の編み方まで、初心者の方でも楽しく覚えられるように構成されています。順を追って練習しながら、かぎ針編みの基本をマスターしてください。ある程度理解できたら、早速手を動かして作品作りにチャレンジしてみましょう。すでにかぎ針編みの経験者の方も、この章を読むと編み方の復習ができます。

コースターとマット（作り方と編み図p.36）

1 糸とかぎ針について

かぎ針編みにまず必要なのは、糸とかぎ針です。糸の大まかな素材や種類、針のタイプなどをあらかじめ知っておきましょう。

糸の素材

ウール糸

保温性、伸縮性に優れ、秋冬物によく使われる素材。糸の太さによって「極細」「超極太」などの種類があるほか、「ループヤーン」「ブークレーヤーン」「スラブヤーン」など撚《よ》り方や形状に特徴のある糸もあります。

コットン糸

伸縮性は少ないですが吸湿性、吸水性に優れ、春夏物によく使われる素材。オーガニックコットンなど原料を厳選した糸も数多く出回っています。雑貨、赤ちゃん用品、ウエアなど幅広く利用されています。

レース糸

レース編み用の糸で、素材はコットンが基本。太さは番号によって表示され、数字が大きくなるほど細くなります。光沢があってなめらかな白い糸が一般的ですが、原色やナチュラルカラーの糸も人気があります。

このほか、秋冬向けにはモヘア、カシミヤ、アンゴラ、アクリルなど、春夏向けにはリネン、ジュート、レーヨン、ポリエステルなどの素材があります。かぎ針編みで使用する糸は素材だけでなく、太さや撚りの強さなどに違いがあるので、用途に合わせて選びましょう。

糸の太さ

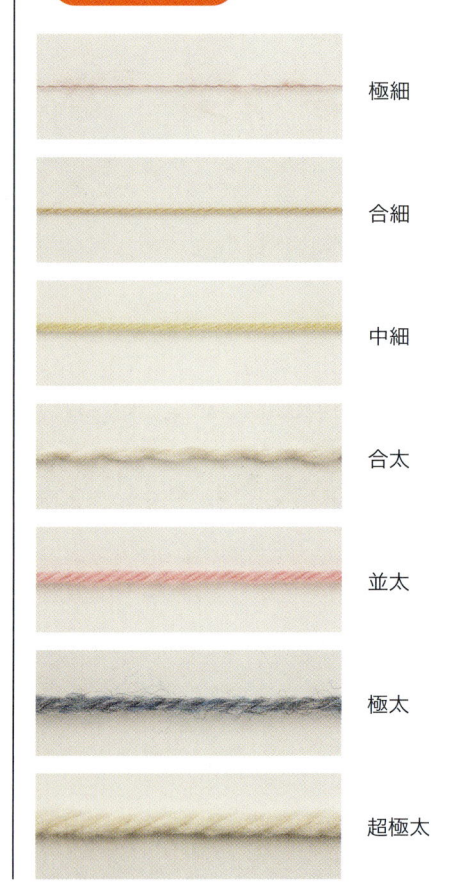

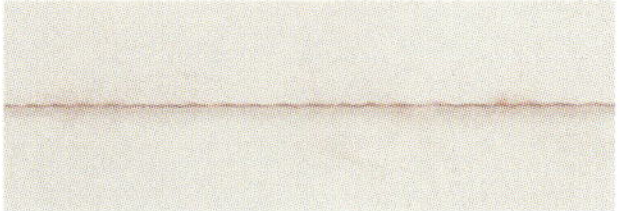

極細

合細

中細

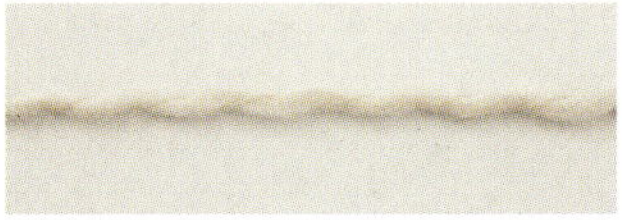

合太

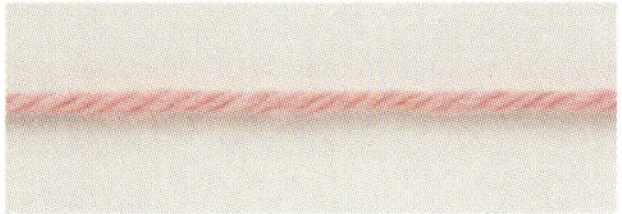

並太

極太

超極太

糸のラベルをチェックしてみよう

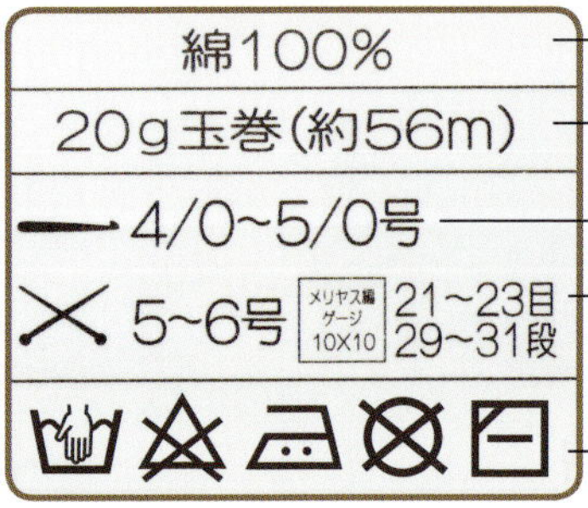

- 綿100% ― 糸の素材を示しています。
- 20g玉巻(約56m) ― 1玉の重さと糸の長さを示しています。
- 4/0~5/0号 ― この糸に適したかぎ針の号数です。
- 5~6号 ― この糸に適した棒針の号数と、適した針で編んだ場合の10cm四方の標準的な目数と段数です。
- 洗濯するときの注意点です(p89参照)。

このほか、ラベルには色番号とロット番号(染めの生産番号)が表示されています。糸を買い足すときは、この2つの番号を確認しましょう。

針の種類

レース針

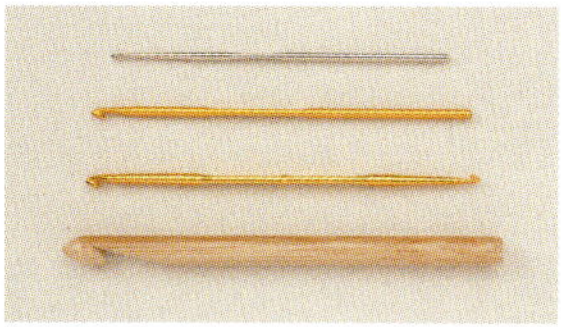

普通のかぎ針に比べて細い針で、レース糸を編むときに使います。号数は0、2、4、6、8、10、12、14号の8段階があります。数字が大きくなるほど、針は細くなります。

かぎ針

かぎ針編み用の針で、片側だけでなく両側がかぎ状になっている「両かぎ針」もあります。2/0、3/0、4/0、5/0、6/0、7/0、7.5/0、8/0、9/0、10/0号があり、かぎ針は数字が大きくなるほど太くなっています。

ジャンボかぎ針

かぎ針よりもさらに太い針で、極太以上の太い糸を編むときに使います。サイズはジャンボ7mm、ジャンボ8mm、ジャンボ10mm、ジャンボ12mm、ジャンボ15mm、ジャンボ20mmがあります。

とじ針

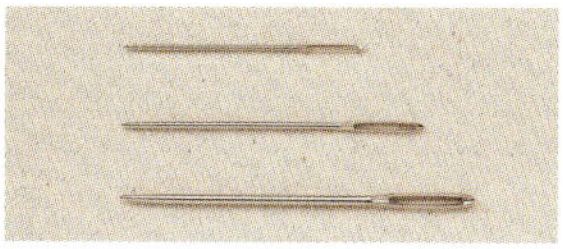

毛糸用の太めの針で、針先に丸みがあり、針穴も縫い針に比べて大きいのが特徴です。編み地をとじたり、はぎ合わせたり、糸端の始末をしたりするときに使います。さまざまな長さと太さのとじ針があるので、糸の太さに合わせて選びます。

レース針と糸の太さの目安

実物大	号数	レース糸
	14	80～100番
	12	70～80番
	10	50～80番
	8	40～60番
	6	20～30番
	4	18～30番
	2	10～20番
	0	8～18番

かぎ針・ジャンボかぎ針の太さの目安

<table>
<tr><th colspan="2">実物大</th><th>号数</th><th>極細</th><th>中細</th><th>並太</th><th>極太</th><th>極々太</th><th>超極太</th></tr>
<tr><td rowspan="10">かぎ針</td><td></td><td>2/0</td><td rowspan="2">1~2本どり</td><td rowspan="2">1本どり</td><td></td><td></td><td></td><td></td></tr>
<tr><td></td><td>3/0</td><td></td><td></td><td></td><td></td></tr>
<tr><td></td><td>4/0</td><td rowspan="3">2本どり</td><td rowspan="3">1~2本どり</td><td rowspan="4">1本どり</td><td></td><td></td><td></td></tr>
<tr><td></td><td>5/0</td><td></td><td></td><td></td></tr>
<tr><td></td><td>6/0</td><td></td><td></td><td></td></tr>
<tr><td></td><td>7/0</td><td></td><td rowspan="2">2本どり</td><td rowspan="4">1本どり</td><td></td><td></td></tr>
<tr><td></td><td>7.5/0</td><td></td><td></td><td></td></tr>
<tr><td></td><td>8/0</td><td></td><td></td><td rowspan="3">2本どり</td><td></td><td></td></tr>
<tr><td></td><td>9/0</td><td></td><td></td><td></td><td></td></tr>
<tr><td></td><td>10/0</td><td></td><td></td><td rowspan="3">1本どり</td><td></td></tr>
<tr><td rowspan="6">ジャンボかぎ針</td><td></td><td>ジャンボ
7mm</td><td></td><td></td><td></td><td rowspan="2">1~2本どり</td><td></td></tr>
<tr><td></td><td>ジャンボ
8mm</td><td></td><td></td><td></td><td></td></tr>
<tr><td></td><td>ジャンボ
10mm</td><td></td><td></td><td></td><td></td><td rowspan="2">2本どり</td><td></td></tr>
<tr><td></td><td>ジャンボ
12mm</td><td></td><td></td><td></td><td></td><td rowspan="2">1本どり</td></tr>
<tr><td></td><td>ジャンボ
15mm</td><td></td><td></td><td></td><td></td><td></td></tr>
<tr><td></td><td>ジャンボ
20mm</td><td></td><td></td><td></td><td></td><td></td><td>1~2本どり</td></tr>
</table>

※ジャンボかぎ針12mmまでが実物大です。

2 針の持ち方と糸のかけ方

針や糸をそろえたら、さっそく持ってみましょう。正しい針の持ち方と糸のかけ方を覚えておくと、指が疲れず、スムーズに編めます。

糸端の出し方

糸玉の中心にある穴に指を入れ、糸端を探して引き出します。外側の糸端から使い始めると、編んでいる最中に糸が転がって編みにくくなってしまいます。

針の持ち方

針先から4cmぐらいのところを右手の親指と人さし指で持ち、軽く中指を添えます。中指は針の動きを助けたり、針にかけた糸や編み地を押さえる役目をします。

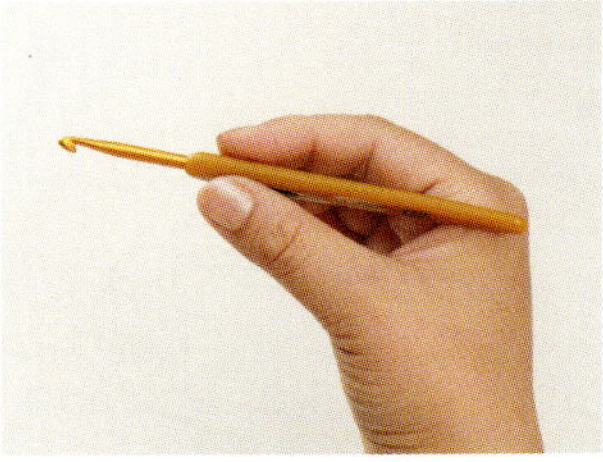

糸のかけ方

糸のかけ方には2通りあり、一般的には右の写真のかけ方をします。下の写真のように小指に一巻きするかけ方は、細い糸やすべりやすい糸がゆるんでくるのを防ぎ、糸の出具合を調節できます。

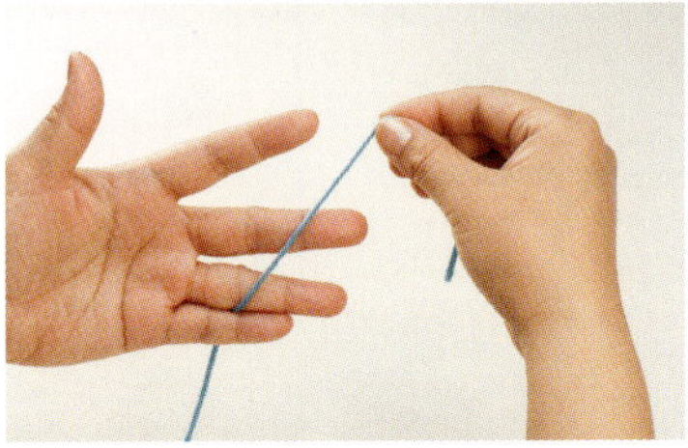

1 糸端を右手に持ち、左手の小指と薬指の間から糸を出して人さし指にかけます。

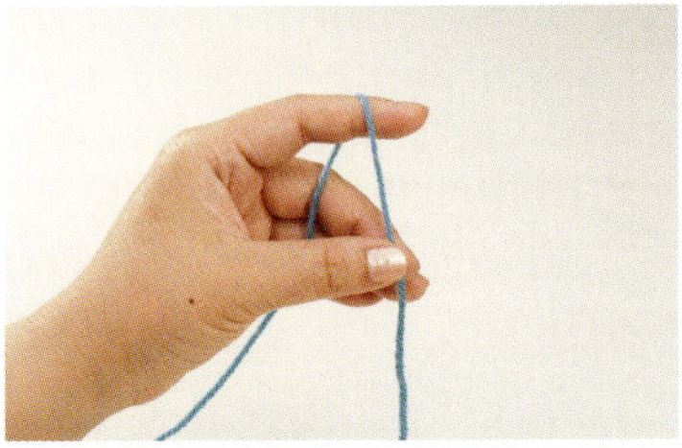

2 人さし指を立てて糸をピンと張り、親指と中指で糸端から8～10cmのところを持ちます。

●小指に一巻きするかけ方

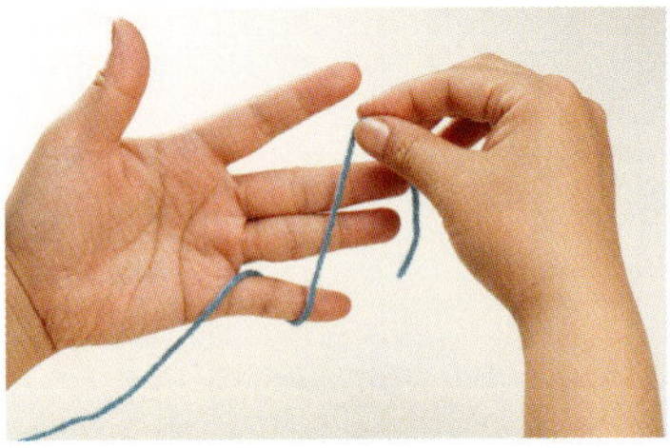

1 糸端を右手に持ち、小指に1回糸を巻きます。

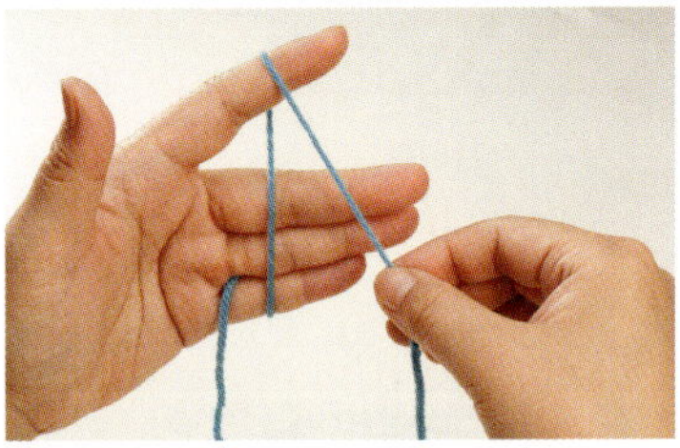

2 人さし指を立てて糸をピンと張ります。

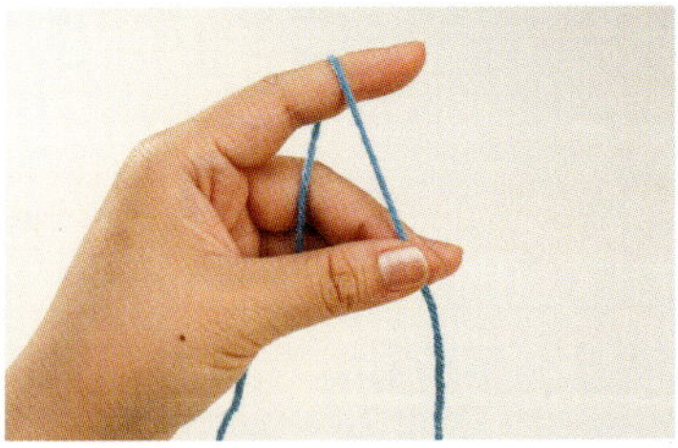

3 親指と中指で糸端から8～10cmのところを持ちます。

そろえておくと便利な道具

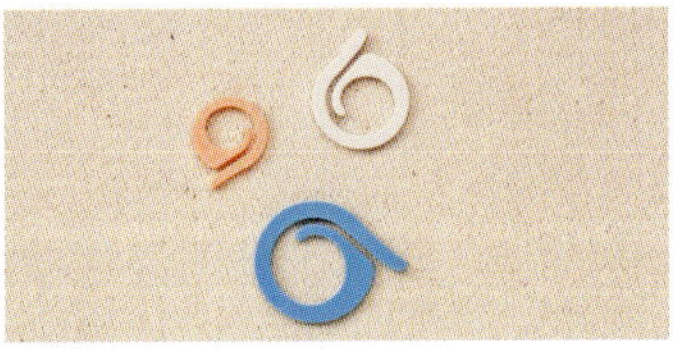

段数リング
何段めまで編んだかをわかりやすくするために、数段ごとにつけて目印にします。

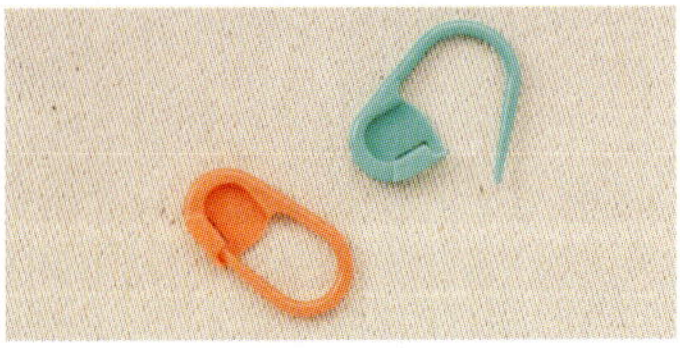

段数マーカー
段数リングと同様、目印に使います。ウエアなど多くの段数を編むときに役立ちます。

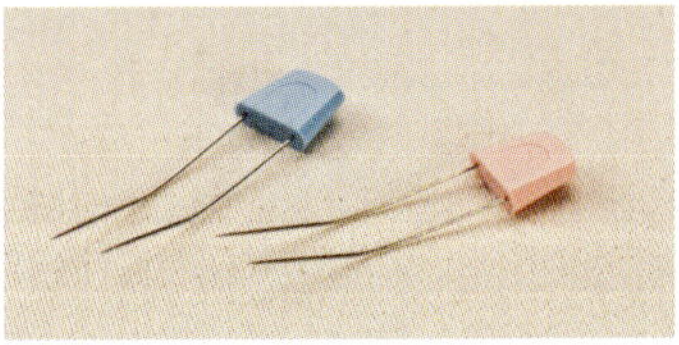

フォークピン
編み上がった編み地にアイロンをかけるとき、アイロン台に編み地を固定するために使います。

3 まず「作り目」を編んでみましょう

作品の1段めを編むために必要な編み目を「作り目」といいます。作り目には鎖編みをする場合と、輪を作って中心から編む場合があります。

鎖編みの作り目

1段ごとに表面、裏面と返しながら編む「平編み（往復編み）」の作り目は鎖編みで編みます。また鎖編みの作り目から輪を編む場合もあります（p.17参照）。

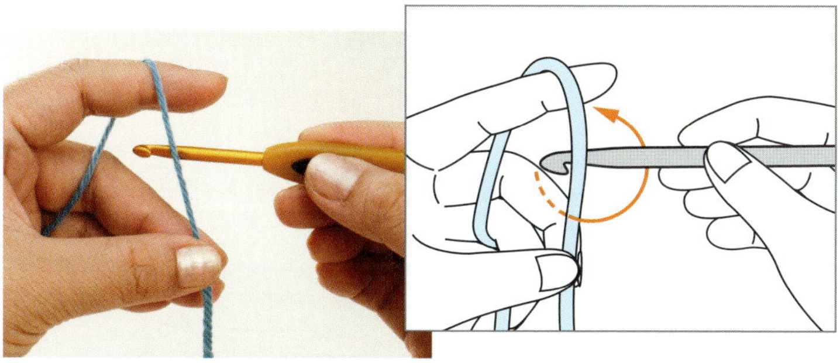

1 針を糸の向こう側から矢印のように回します。

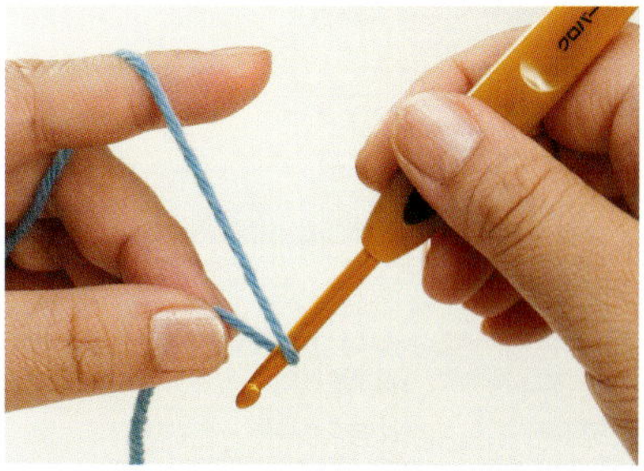

2 いったん、針先が下を向きます。

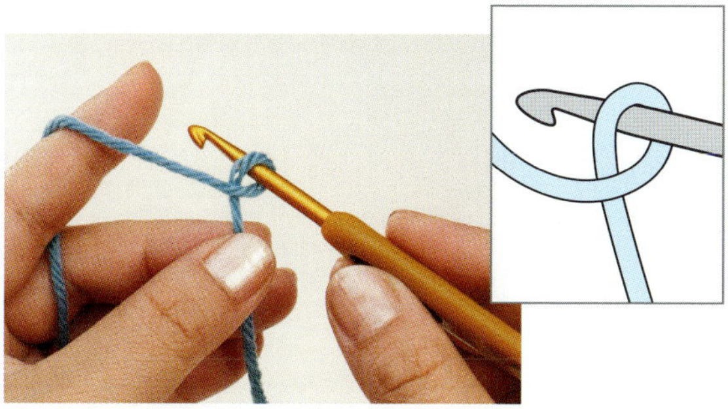

3 針に糸が巻きつきました。

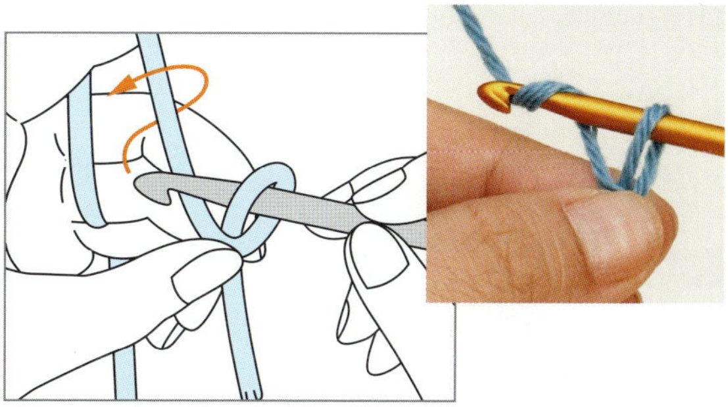

4 糸が交差しているところを左手の親指と中指で押さえ、イラストの矢印のように針を動かし、人さし指にかかっている糸に針をかけてループから引き出します。

5 糸端を引いてループを引き締めます。

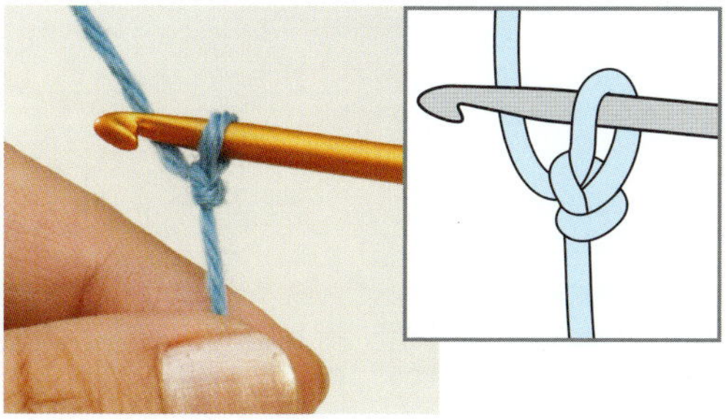

6 ループが引き締められました。この目は作り目の数には含まれません。針に糸をかけてループから糸を引き出し、鎖編みを編みます。

7 鎖3目が編めました。

平編みの作り目の拾い方

作り目が編めたら、作り目に針を入れて１段めを編んでいきます。平編みの作り目の拾い方には３種類あります。

鎖目（鎖編みの作り目）の表と裏を見てみよう

鎖目には表と裏があります。裏側の真ん中に１本渡っている糸（イラストの色がついている部分）を鎖の「裏山」、裏山の左右の糸を「半目」といいます。

〈表〉

〈裏〉

①鎖の裏山を拾う

縁がきれいに仕上がるので、縁編みをしない作品に向いています。鎖の裏山を拾う場合、作り目（鎖編み）を編むときのかぎ針の号数は２号太くするのが目安。

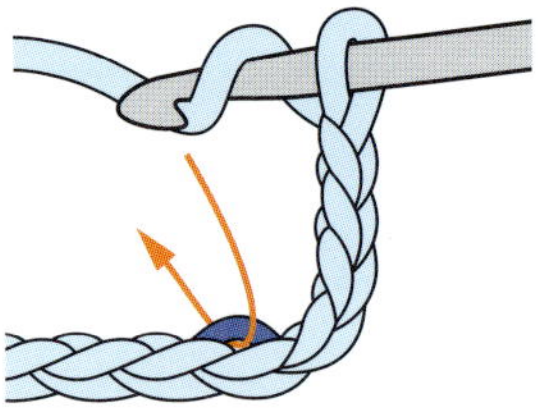

1 鎖編みで作り目を編み、立ち上がりの鎖３目を編みます。針に糸をかけ、矢印のように鎖の裏山を拾って長編み（p.24参照）を編みます。

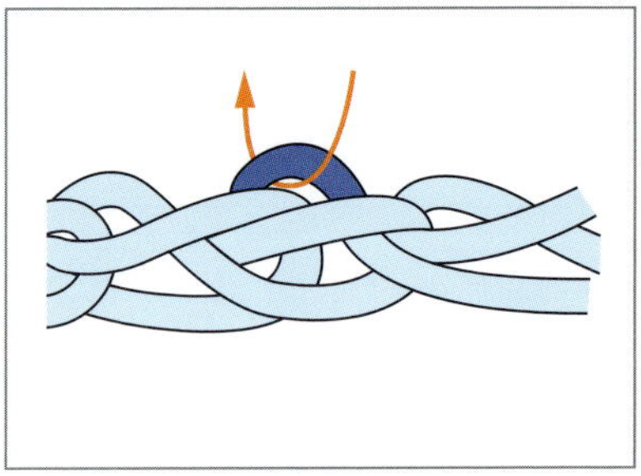

鎖の裏山はこの部分

2 長編みが１目編めたところ（立ち上がりも１目と数えます）。次の鎖目の裏山を拾って同様に編みます。

3 10目編めました。

②鎖の半目を拾う

拾う位置はわかりやすいですが、作り目が伸びやすい欠点があります。鎖の半目を拾う場合は、作り目（鎖編み）は同じ号数のかぎ針で編みましょう。

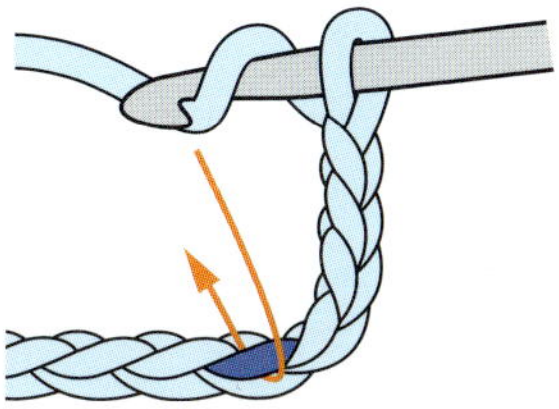

1 鎖編みで作り目を編み、立ち上がりの鎖３目を編みます。針に糸をかけ、矢印のように鎖の半目を拾って長編みを編みます。

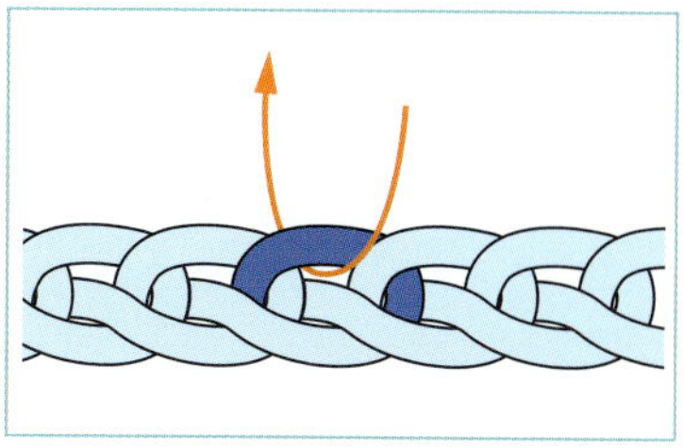

鎖の半目はこの部分

2 長編みが１目編めたところ。次の鎖の半目を拾って同様に編みます。

3 10目編めました。

③鎖の裏山と半目を拾う

鎖の２本を拾うので安定します。鎖目をとばして拾う編み方に向いています。鎖の裏山と半目を拾う場合は、目が詰まった編み地であれば作り目を編むときのかぎ針は１号太くし、目が詰まっていない編み地であれば同じ号数のかぎ針で編むのが目安。

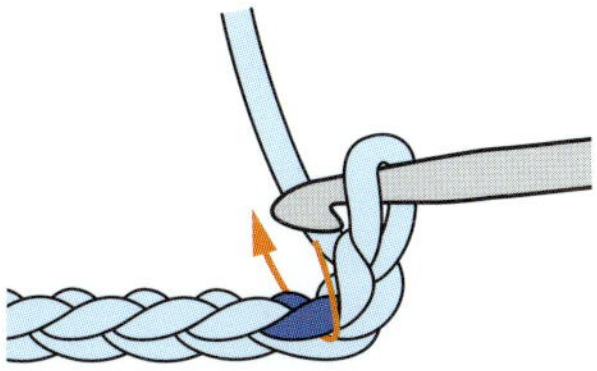

1 鎖編みで作り目を編み、立ち上がりの鎖１目を編みます。矢印のように鎖の裏山と半目の２本を拾って細編み（p.20参照）を編みます。写真は２本を拾ったところ。

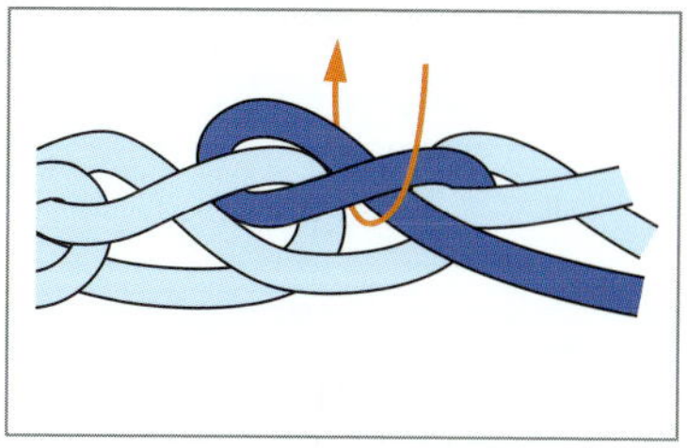

鎖の裏山と半目はこの部分

2 細編みが１目編めたところ。鎖編みを５目編み、作り目の鎖編みを４目とばして鎖の裏山と半目を拾って細編みを編みます。

3 鎖編みと細編みを組み合わせて編んだネット編み。

輪の作り目

モチーフや帽子など、丸い形の作品を編んでいくときは輪の作り目を作って中心から編んでいきます。輪の作り目にはいくつかの方法があります。

①一重の輪の作り目

糸端で一重の輪を作り、その中に編み入れていく方法です。

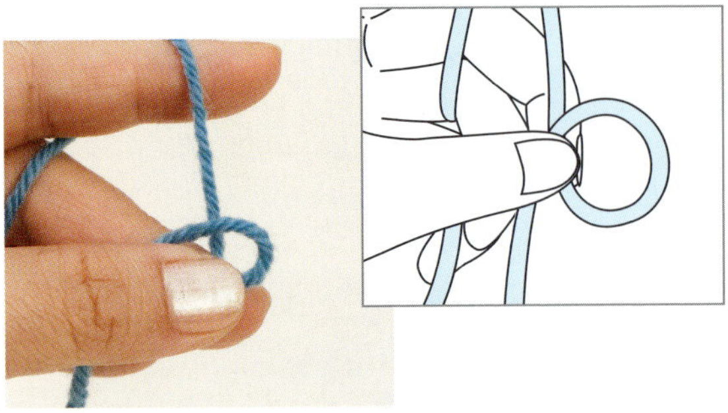

1 糸端(7〜8cm程度残しておきます)で輪を作って持ちます。

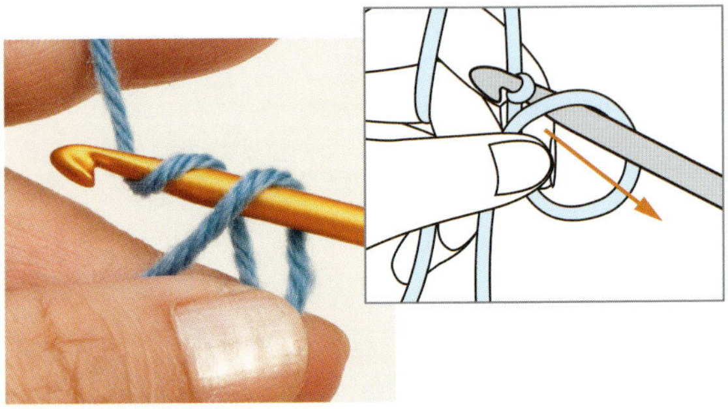

2 針に糸をかけ、矢印のように輪の中から糸を引き出します。

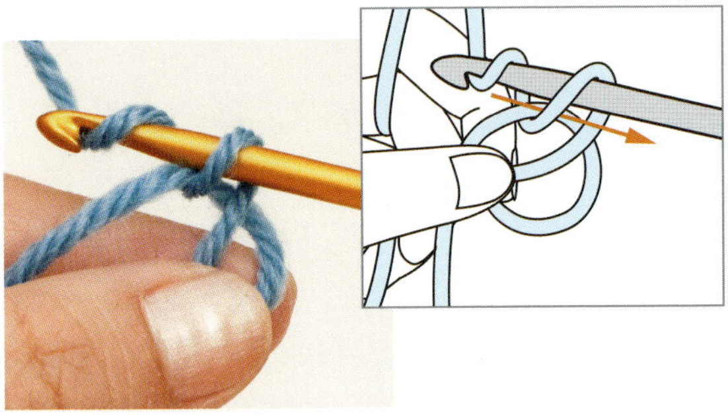

3 鎖1目を編みます。この目は立ち上がりの1目に数えます。

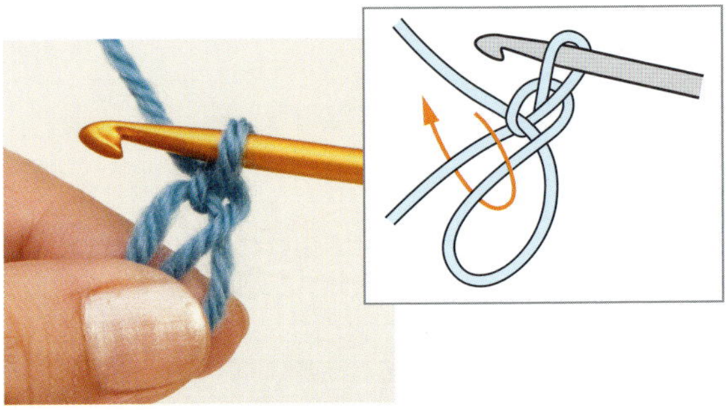

4 立ち上がりの鎖目が1目編めたところ。イラストのように糸2本をすくって編んでいきます。

こんな方法も！

鎖1目の作り目：鎖1目を作って、その中に編み入れていく方法もあります。

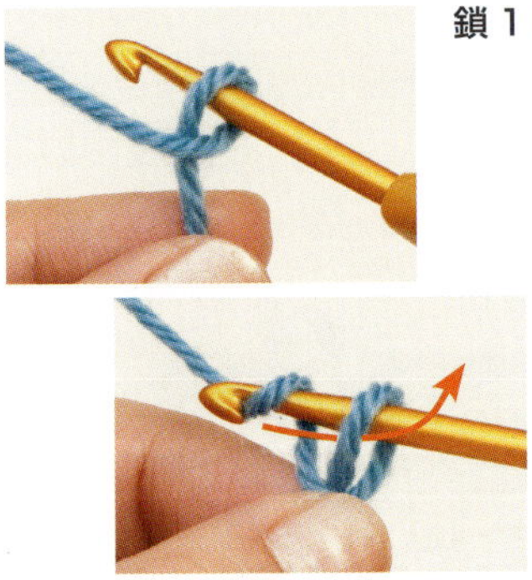

1 針に糸を巻きつけ、糸をかけて引き出します。

2 鎖1目を編みます。この目は立ち上がりの1目に数えます。

3 矢印のように針を入れて、糸2本をすくい細編みを編みます。

4 細編みが1目編めました。次からも糸2本をすくって編んでいきます。

②二重の輪の作り目

糸端を指に二重に巻いて輪を作り、その中に編み入れていく方法です。

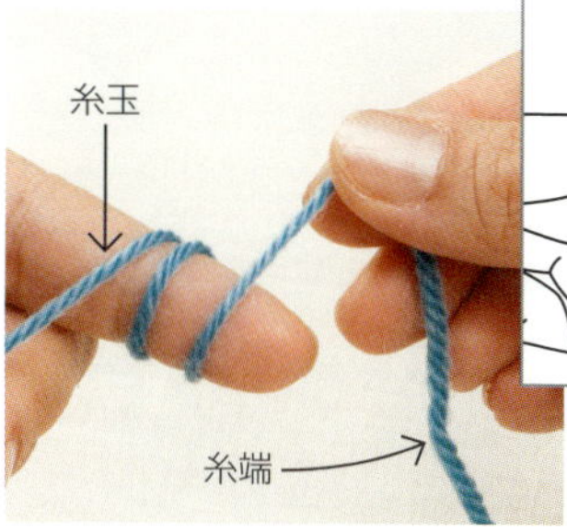

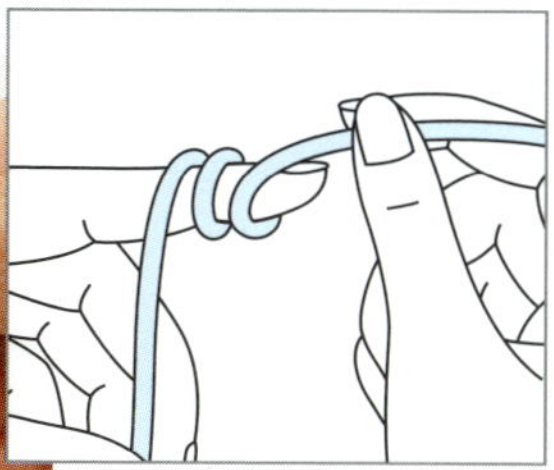

1 人さし指に糸を2回巻きつけて輪を作ります。

2 指から輪をはずします。糸端は7～8cm程度残しておきます。

3 糸玉につながる糸を左手の人さし指にかけ、輪を親指と中指で挟んで持ちます。輪の中に針を入れ、糸をかけて引き出します。

4 糸を引き出したところ。

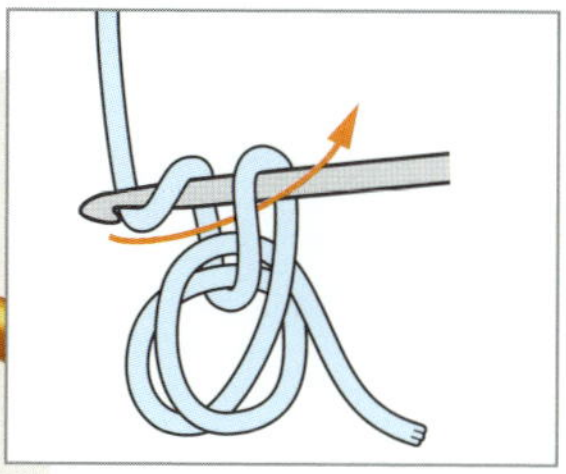

5 もう一度針に糸をかけて引き出します。

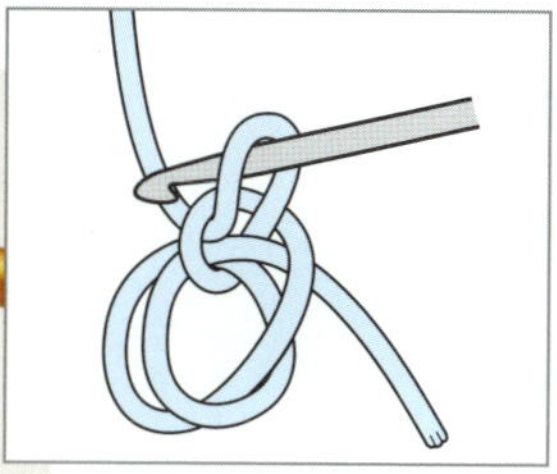

6 これで作り目ができ上がりました。この目は1目とは数えません。

二重の輪の作り目から編む

作り目ができ上がったら細編みを編み入れて１段めを編んでいきます。

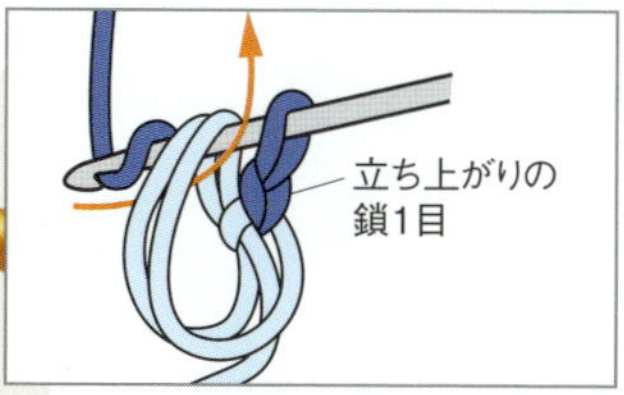

1 立ち上がりの鎖を１目編みます。次に輪の中に針を入れ、糸をかけて引き出します。

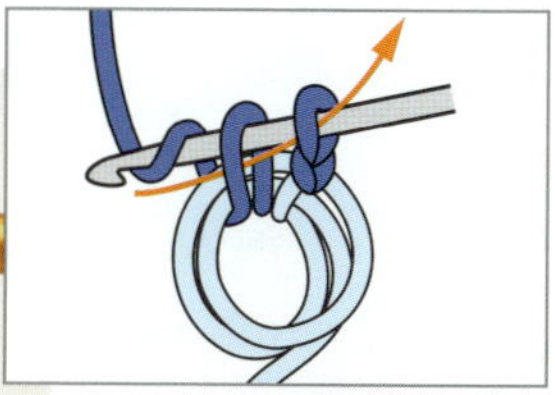

2 もう一度針に糸をかけて、矢印のように糸２本を引き抜きます。

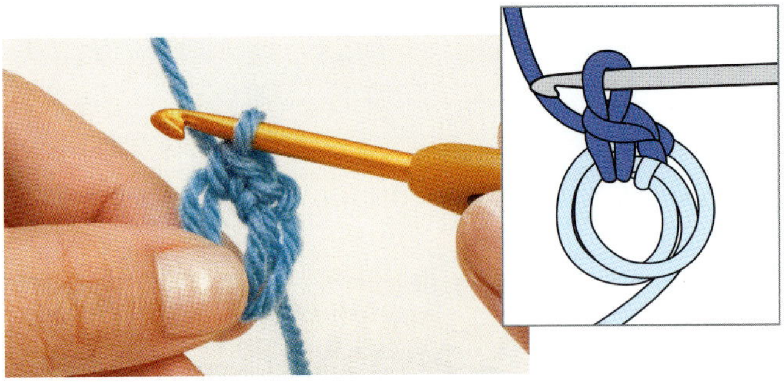

3 細編みが1目編めたところ。同様にあと5目編み入れます。

4 細編みが6目編めたところ。ここで作り目の輪を引き締めます。

5 糸端を矢印の方向に少し引っ張り(①)、輪にした2本の動くほうを矢印の方向に引っ張って(②)③の糸を縮めます。

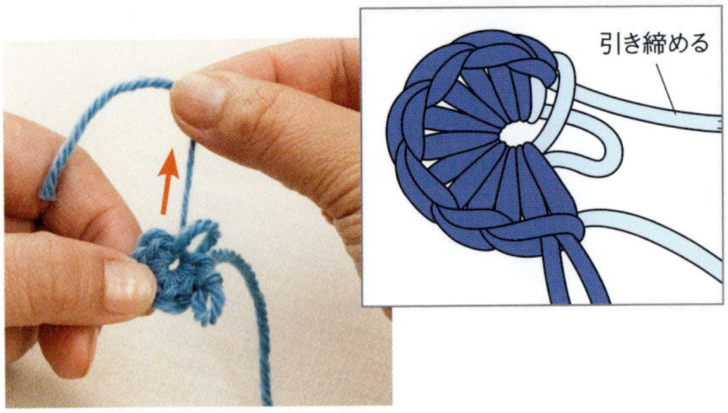

6 さらに糸端を引っ張って輪を引き締めます。

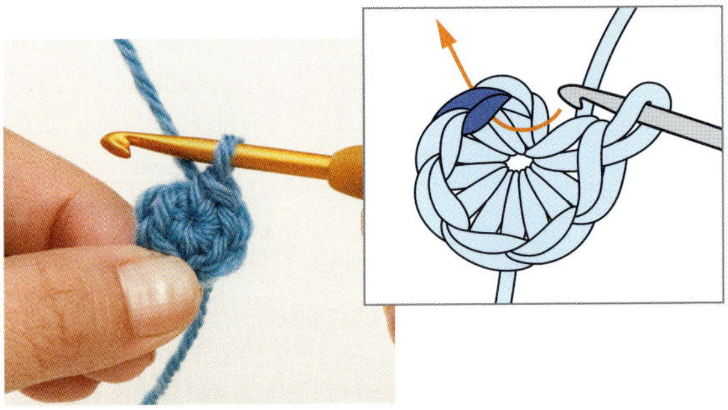

7 1段めの編み終わりは、最初の細編みの頭の鎖2本を拾って針を入れ、引き抜き編みをします。

8 針に糸をかけて引き抜きます。

9 引き抜き編みができました。

10 右手の中指で針にかかっているループを押さえ、矢印方向に引いて引き抜き編みの目を小さくします。

鎖編みの作り目から輪を編む

鎖編みで輪を作り、その輪を作り目として編み入れていく方法です。

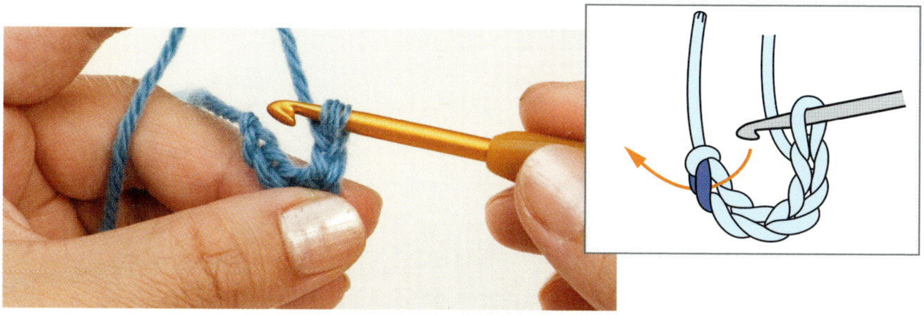

1 輪の作り目にする6目を編みます（編み図に合わせて必要な目数を編みます）。1目めの鎖の外側半目と裏山の2本を拾います。

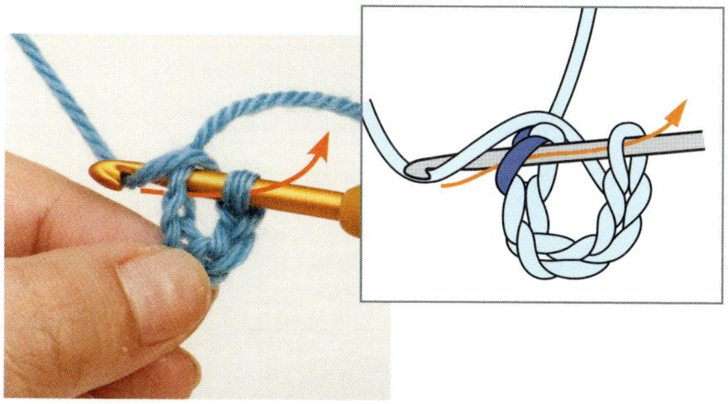

2 針に糸をかけて引き出します。

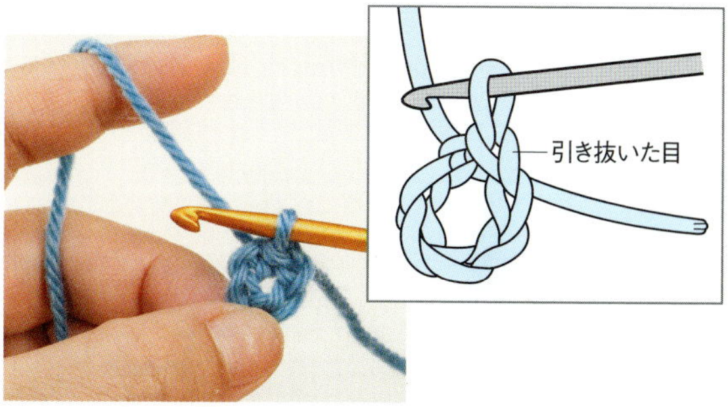

3 引き抜いたところ。鎖編みの輪が完成。

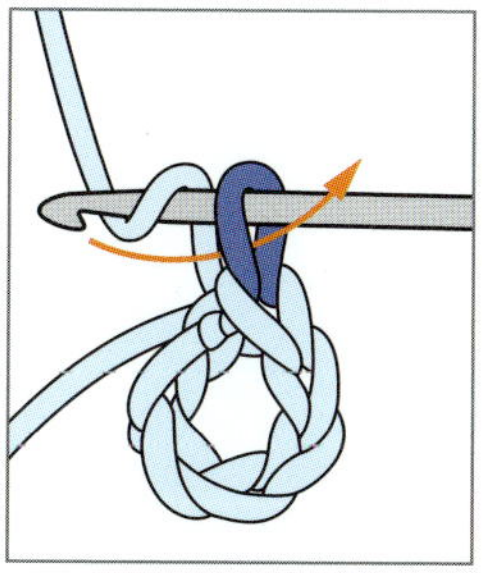

4 立ち上がりの鎖1目を編みます。

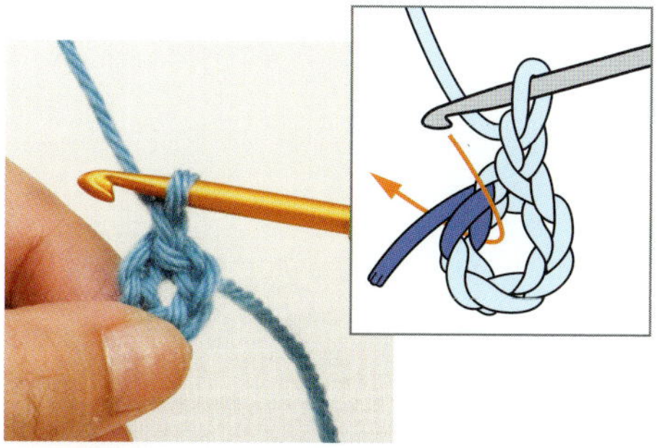

5 輪の中に針を入れ、針に糸をかけて引き出します。

6 もう一度糸をかけて、針にかかっている2本を引き抜きます。糸端は一緒に編みくるんでいきます。

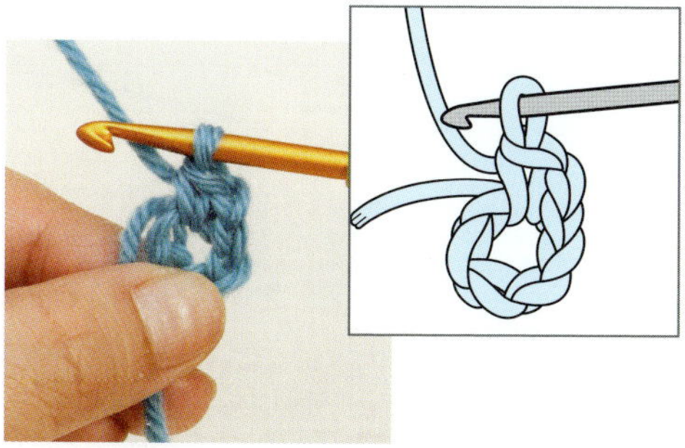

7 細編みが1目編めたところ。同じように全部で12目細編みを編み入れます。

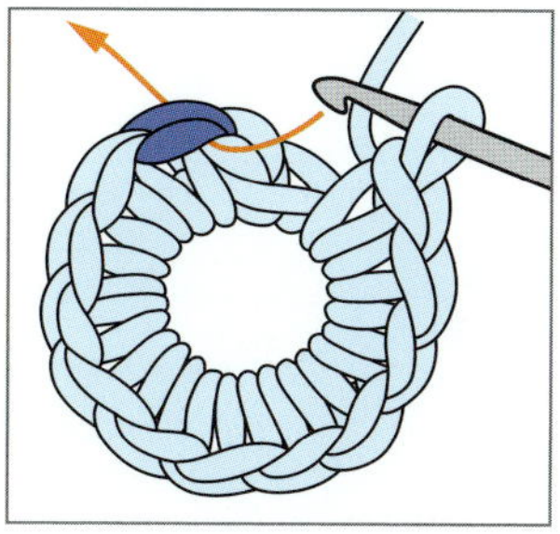

8 編み終わりは、最初の細編みの頭の鎖2本を拾い、糸をかけて引き抜きます。

9 1段めが編めました。

ビニールリングに編み入れる

手芸用ビニールリングは、輪の作り目で編み始めるとき、糸を輪にする代わりに使う便利グッズ。連続モチーフ編みをするとき（p.70 参照）などによく使われます。

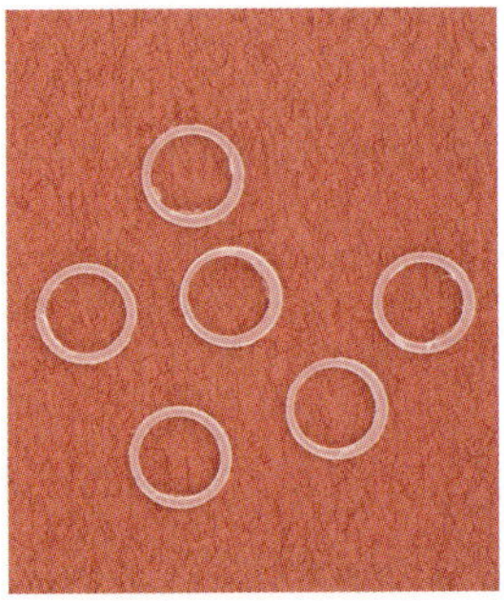

ビニールリング
ほとんどのビニールリングはポリエチレン樹脂を使用しているため、水に強く、洗濯も可能です。

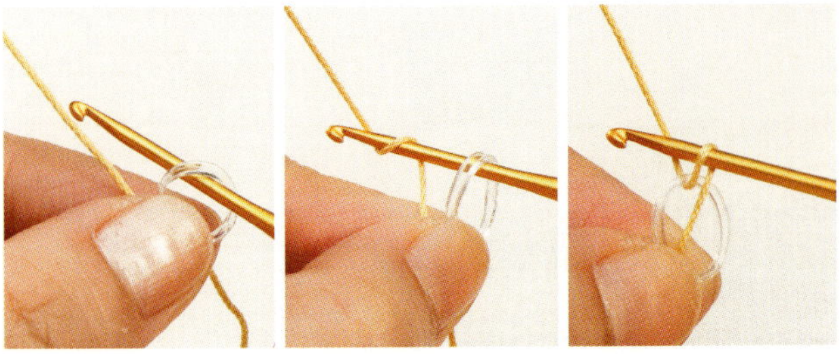

1　ビニールリングの中に針を入れ、針に糸をかけて引き出します。

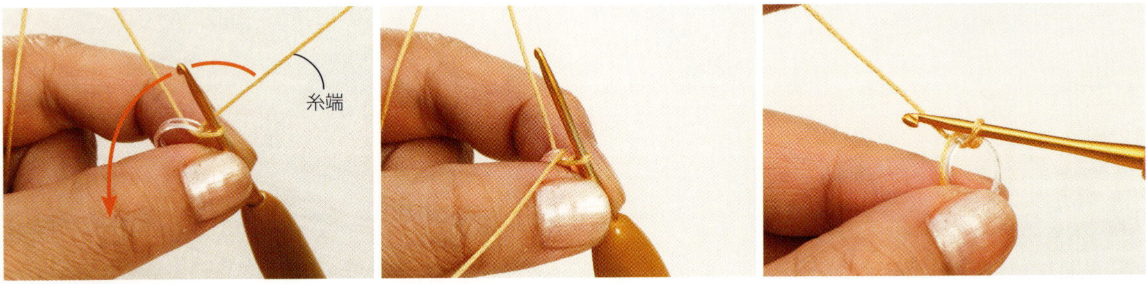

2　糸端を右から左に回し、ビニールリングに添わせて持ちます。このあと、糸端はビニールリングと一緒に編みくるんでしまいます。

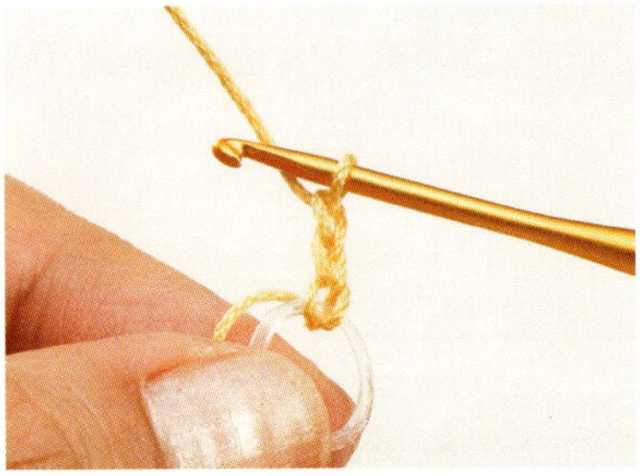

3　立ち上がりの鎖3目を編みます。

4　ビニールリングと糸端の両方をすくって針を入れ、長編みを編みます。写真はリングの半分ぐらいまで編めたところ。

5　編み終わりは、立ち上がりの鎖編みの一番上の目に針を入れて引き抜き編みをします。

6　ビニールリングに長編みを1段編んだところです。

Column 編み目の高さと立ち上がりの目

編み地

編み図

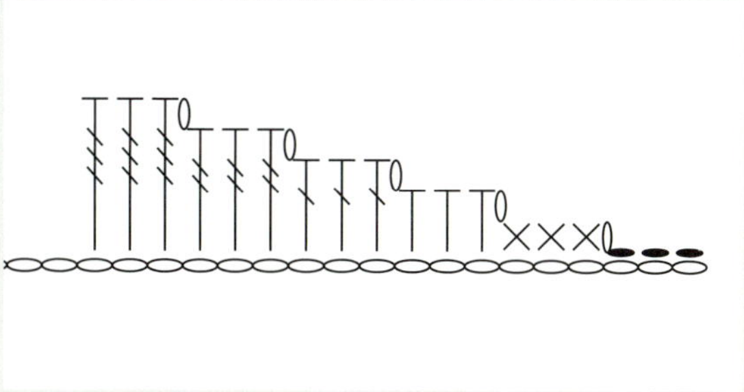

編み目記号

編み目記号はそれぞれの編み方を記号で表したもので、JIS（日本工業規格）によって定められています。また、編み地を編み目記号で表したものを「編み目記号図（編み図）」といい、編み図はすべて表から見た状態で描かれています。

編み目記号

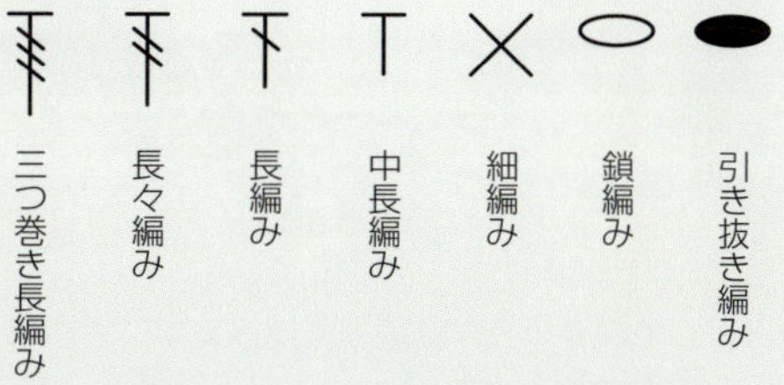

編み目の高さ

細編み、中長編みなどの編み目には決まった高さがあります。そのため毎段編み始めには、編み目の高さ分だけ鎖編みをします。この鎖のことを「立ち上がりの鎖編み」といい、編み目によってそれぞれ編む鎖の数が違います。細編み以外は、立ち上がりの鎖を１目として数えます。

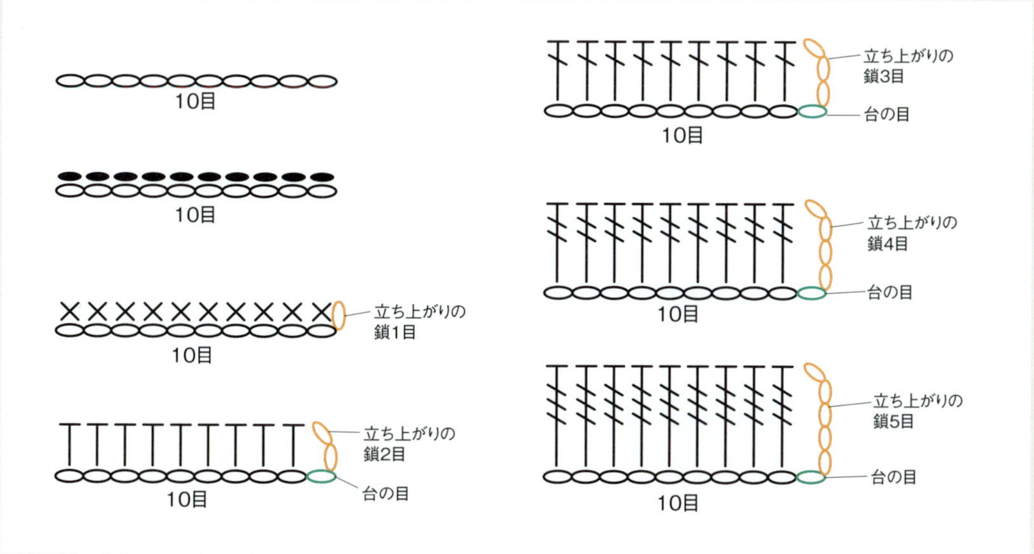

4 基本の編み方を知っておきましょう

作り目が編めたら、基本の編み方を覚えましょう。ここで紹介する３種をマスターできれば、それらを組み合わせていろいろな編み方ができます。

細編み

細編みは立ち上がりの鎖目１つ分の高さがあります。

１段め

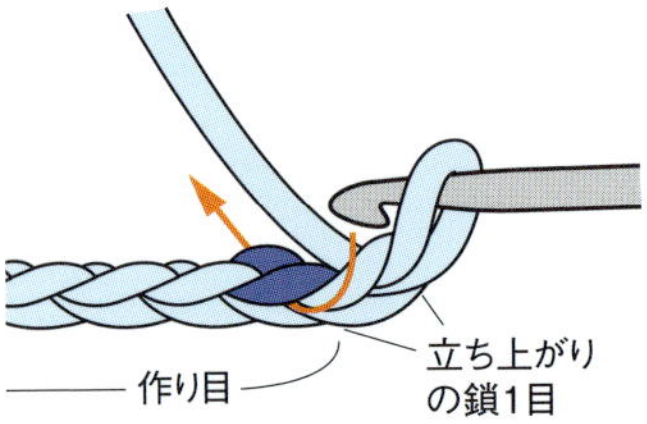

1 作り目として必要な数の鎖編みを編みます。さらにこのあと、鎖編みを１目編み（立ち上がりの鎖目）、矢印のように鎖の裏山と半目を拾います。

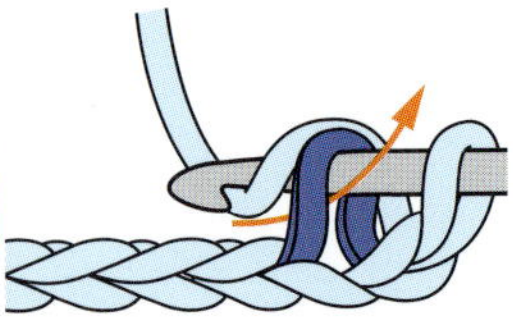

2 針に糸をかけ、矢印のように針を動かして糸を引き出します。

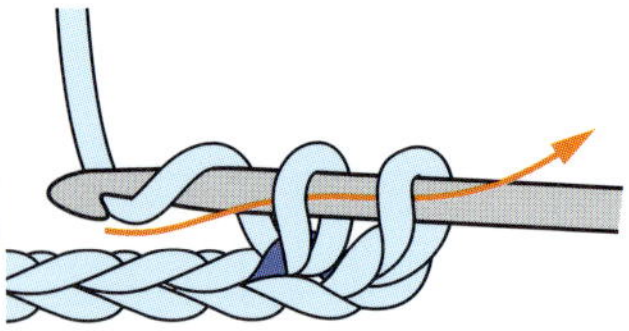

3 もう一度針に糸をかけ、矢印のように針を動かして糸を引き抜きます。

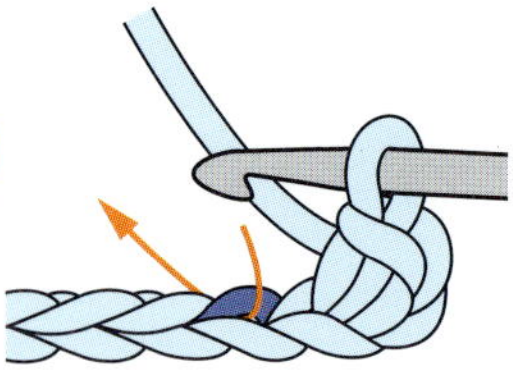

4 細編みが１目編めました。次からも鎖の裏山と半目を拾って編みます。

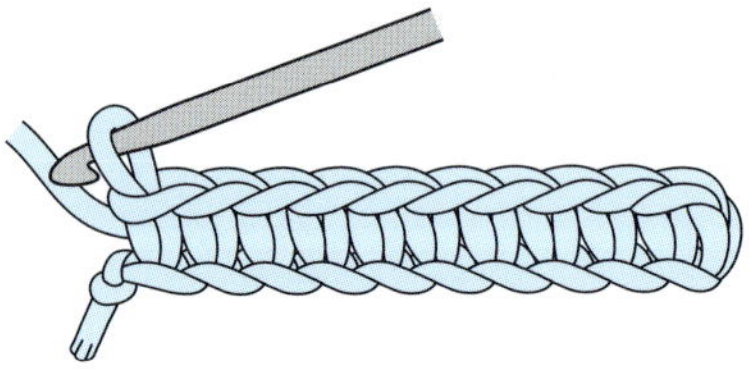

5 １段めが編み終わりました。

2段め

6 針に糸をかけ、立ち上がりの鎖1目を編みます。

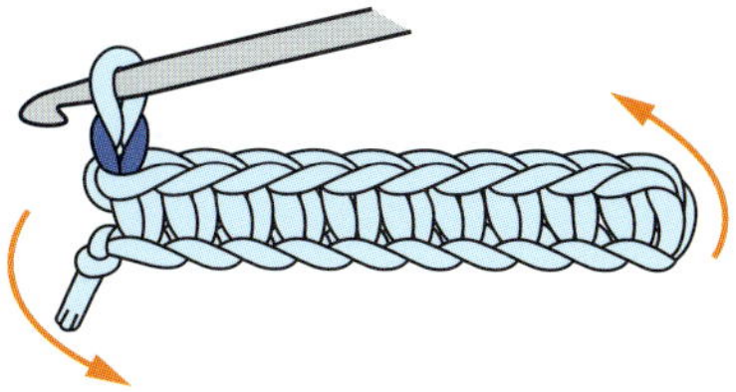

7 右端を向こう側に押して編み地を回します。

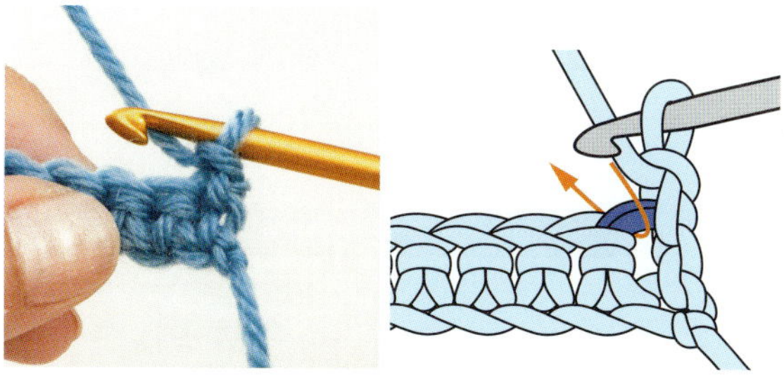

8 前段右端の細編みの頭の鎖2本を拾って針を入れ、細編みを編みます。

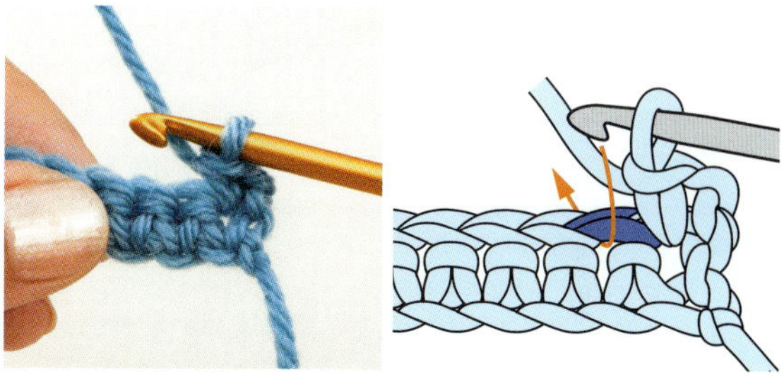

9 2段めの最初の細編みが編めました。次の目からも同じように編んでいきます。

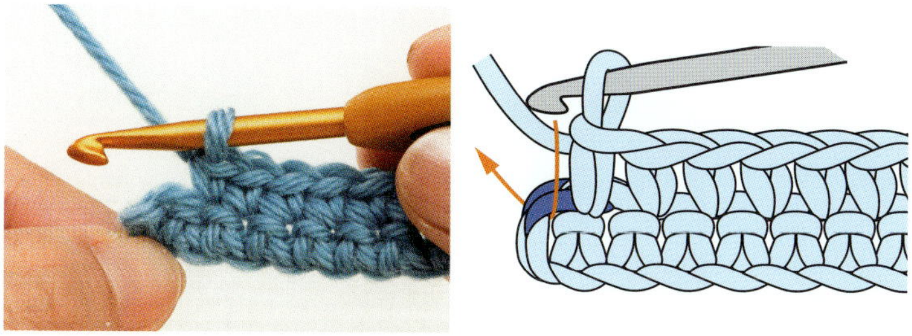

10 2段めの最後の目も、前段の細編みの頭の鎖2本を拾って編みます。

11 2段めが編み終わりました。3段めも6と同じように立ち上がりの鎖1目を編んでから編み地を回します。

編み終わったあとの糸は？

鎖編みを1目編み（この鎖編みは編み図にはありません）、糸端を10cmぐらい残して糸を切ります。

かぎ針で糸を引き出します。

糸端を引いて、鎖目を引き締めます。

中長編み

中長編みは立ち上がりの鎖目２つ分の高さがあります。

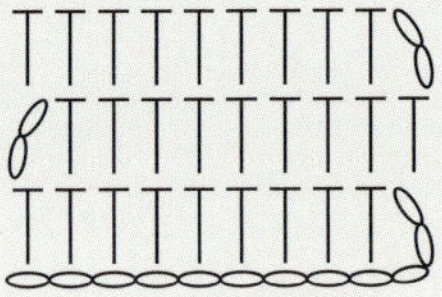

１段め

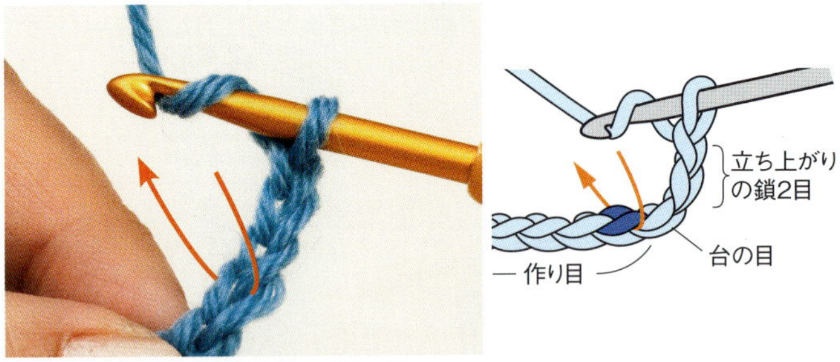

1　必要な数の鎖編みを編みます。さらにこのあと鎖編みを２目編み、矢印のように鎖の裏山と半目を拾います。

2　針に糸をかけ、矢印のように糸を引き出します。このとき鎖2つ分の高さの糸を引き出します。

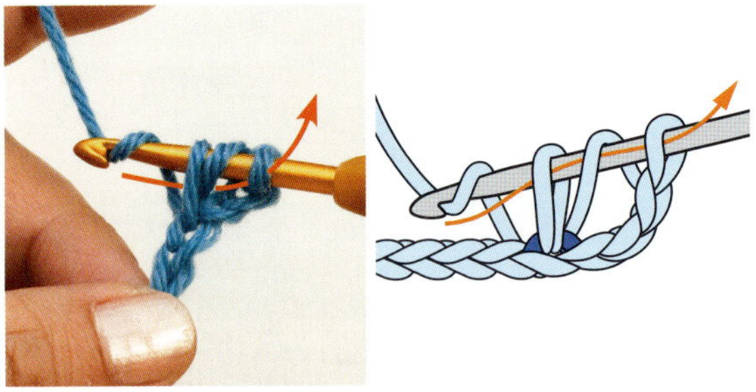

3　もう一度針に糸をかけて、矢印のように３本を一度に引き抜きます。

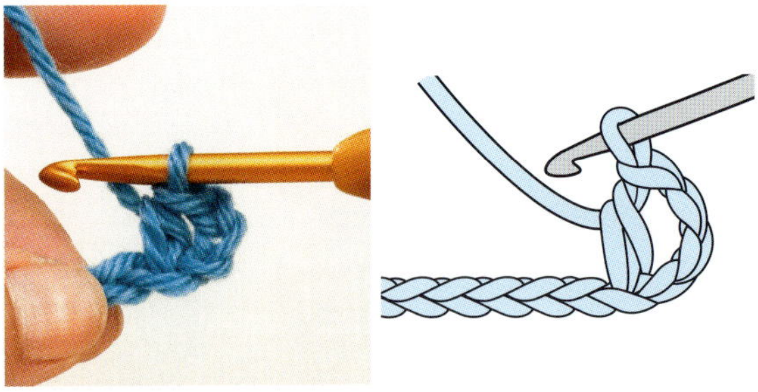

4　中長編みが１目編めました。

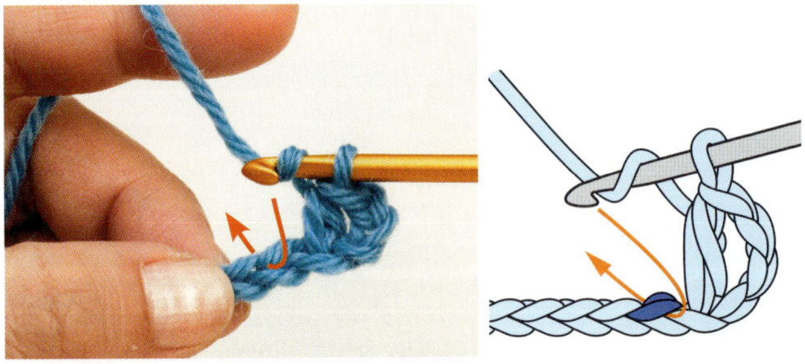

5　次からも鎖の裏山と半目を拾います。

6　１段めが編み終わりました。

2段め

7 立ち上がりの鎖2目を編み、右端を向こう側に押して編み地を回します。

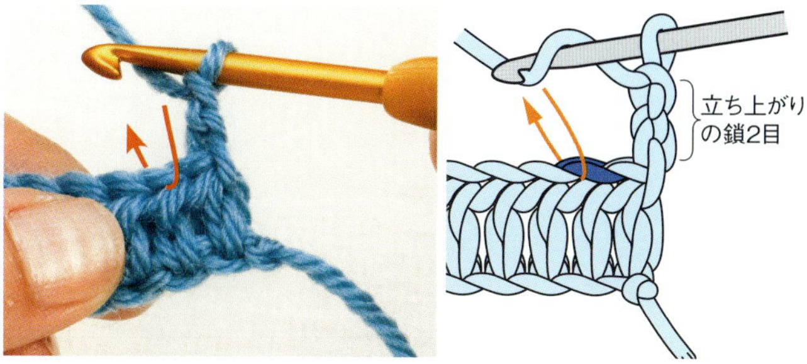

8 前段の右端から2目めの中長編みの頭の鎖2本を拾い、針に糸をかけて引き出します。

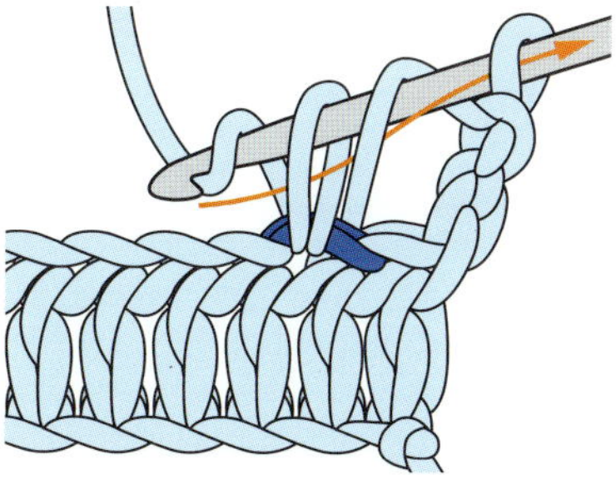

9 もう一度針に糸をかけて、針にかかっている3本を一度に引き抜きます。

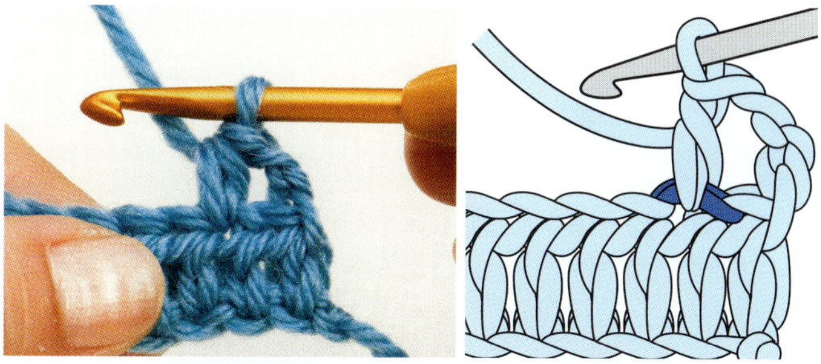

10 2段めの中長編みが1目編めました。次の目からも同じように編んでいきます。

11 2段めの最後の目は、前段の立ち上がりの鎖2目めの裏山と半目の2本を拾って編みます。

12 2段めが編み終わりました。

3段め

13 同じように3段めも編みます。3段めの最後の目も前段の立ち上がりの鎖2目めの裏山と半目の2本を拾って編みます。

長編み

長編みは立ち上がりの鎖目３つ分の高さがあります。

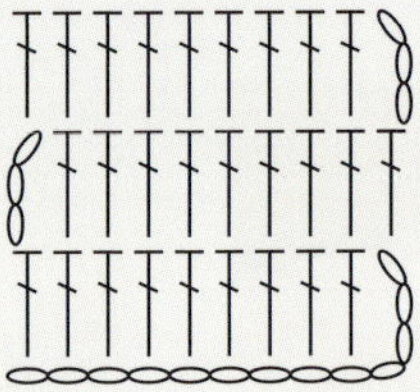

１段め

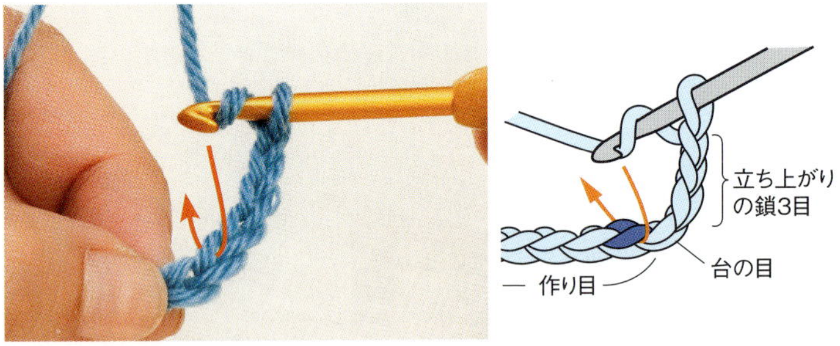

1　必要な数の鎖編みを編みます。このあと鎖編みを３目編み、矢印のように鎖の裏山と半目を拾います。

2　針に糸をかけ、鎖２つ分の高さに糸を引き出します。

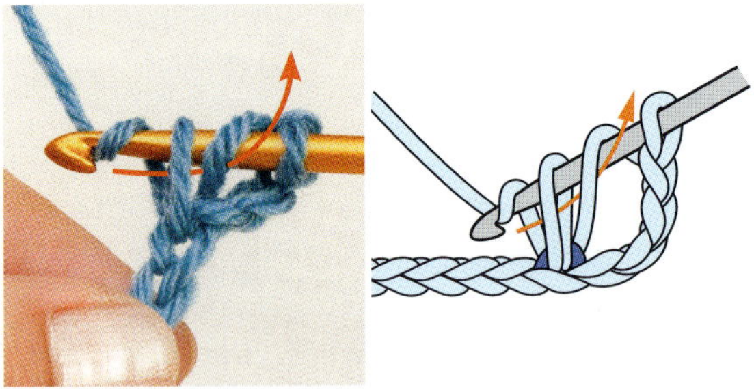

3　もう一度針に糸をかけ、矢印のように２本のループから引き抜きます。

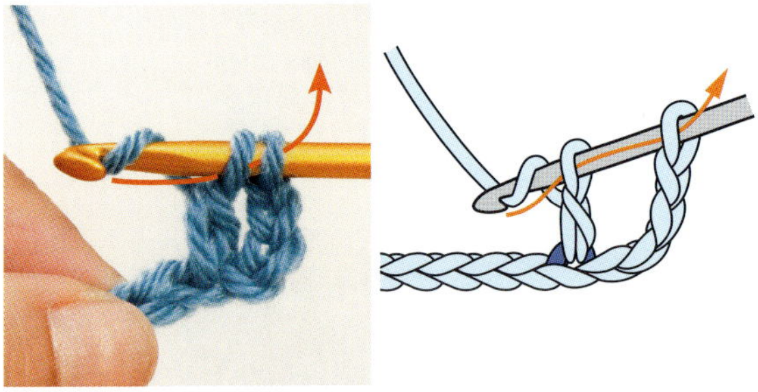

4　さらにもう一度針に糸をかけ、矢印のように残りの２本を引き抜きます。

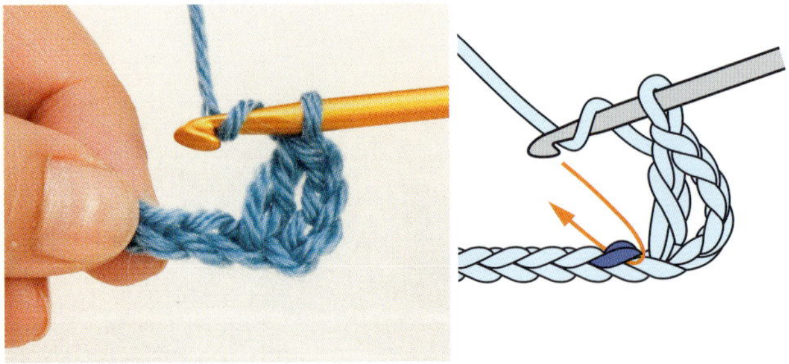

5　長編みの場合は、立ち上がりの目も１目と数えるので、これで２目分編めました。次からも同様に長編みを編みます。

6　１段めが編み終わりました。

2段め

7 立ち上がりの鎖3目を編み、右端を向こう側に押して編み地を回します。

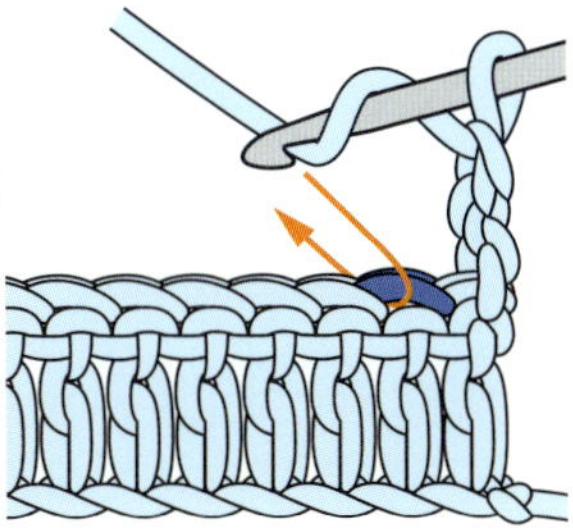

8 前段の右端から2目めの長編みの頭の鎖2本を拾い、長編みを編んでいきます。

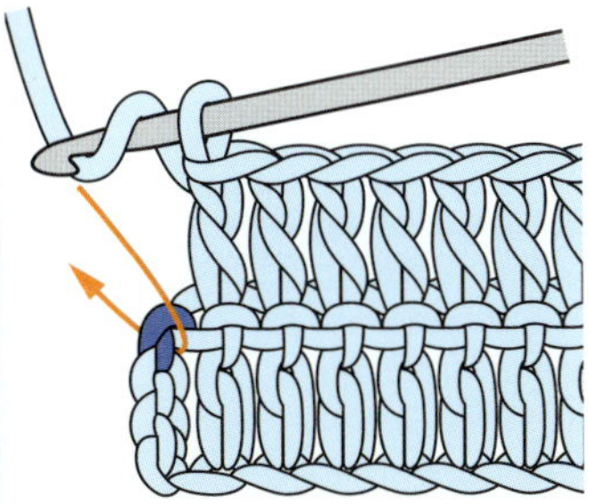

9 2段めの最後の目は、前段の立ち上がりの鎖3目めの裏山と半目の2本を拾って編みます。

3段め

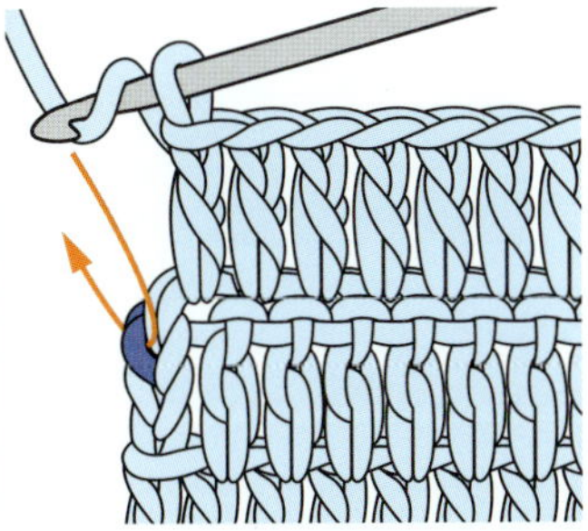

10 同じように3段めも編み、最後は前段の立ち上がりの鎖3目めの裏山と半目の2本を拾います。2段め以降は、1段めの立ち上がりと見える向きが違いますが、どちらも立ち上がりの一番上の鎖の半目と裏山を拾って編みます。

頭と足はどの部分？

細編み

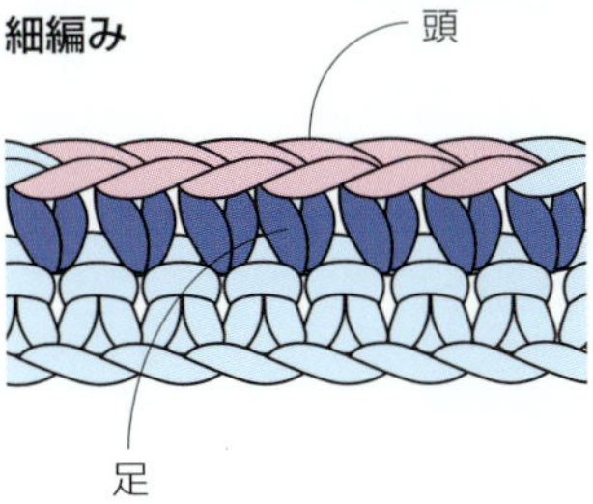

長編み

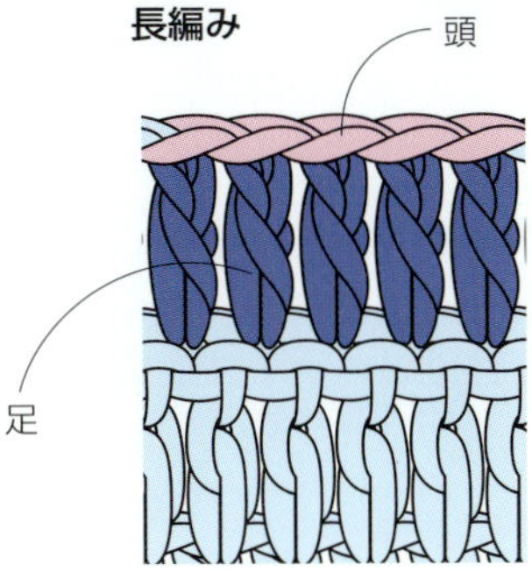

細編みや長編みなどの高さのある編み目の上端の鎖部分を「頭」、そこから下の部分を「足」（または軸）といいます。通常（うね編み、すじ編み、引き上げ編み以外）は、前段の「頭」の鎖2本をすくって編みます。

5 基本の編み方で編んでみましょう

基本の編み方をマスターしたら、模様を編んだり、円やだ円、立体などを編んでみましょう。

平編みで編む

●鎖編みと細編みだけで編む模様（よね編み）

鎖編みと細編みを繰り返し編んでいきます。

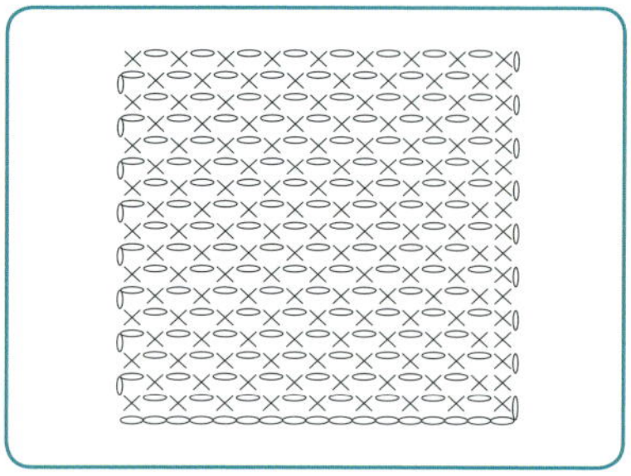

1 針に糸をかけ、鎖編みを編みます。

2 次に細編みを編みます。矢印のところに針を入れ、針に糸をかけて引き出します。

3 もう一度針に糸をかけ、針にかかった2本を一度に引き抜きます。鎖編みと細編みを繰り返し編んでいきます。

●鎖編みと長編みだけで編む模様（方眼編み）

鎖編みと長編みを繰り返し、マス目のような編み地になるのが特徴です。間の鎖を 2 目編む 2 目方眼がよく使われます。
マス目を埋めたり空けたりすることで模様を作ります。

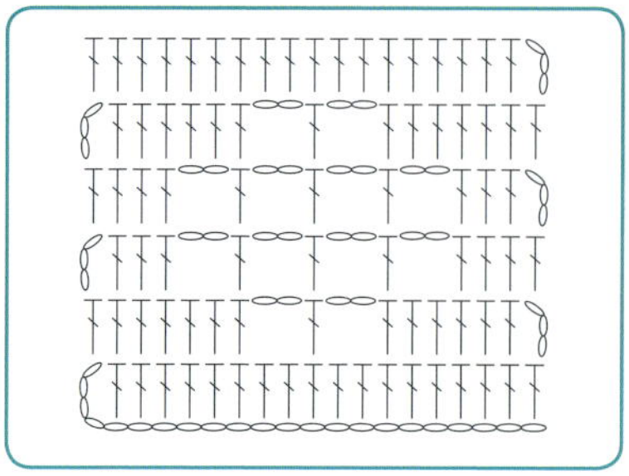

1 針に糸をかけ、矢印のところに針を入れて糸を引き出し、長編みを２目編みます。

2 長編みを２目編み入れたところ。さらに前段の長編みの頭にもう１目編みます。

3 鎖編みを２目編み、さらに矢印のところに長編みを１目編みます。

4 方眼のマス目を埋めたり空けたりすることで、模様を作っていきます。

●鎖編みと細編みと長編みで編む模様（ネット編み）

鎖編み、細編み、長編みを組み合わせて、ネットのようなきれいな透かし模様を編みます。

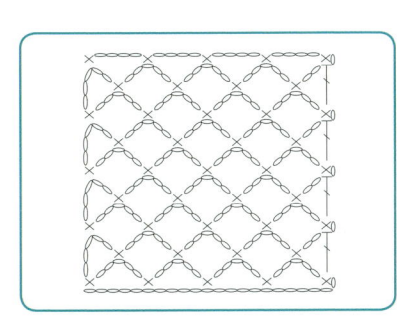

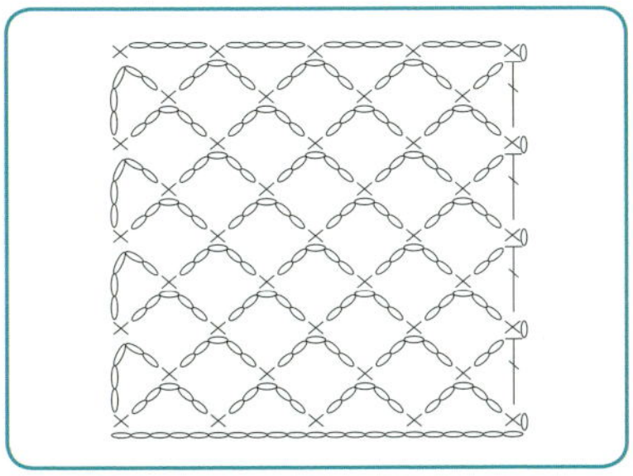

1 鎖５目を編み、前段の鎖編みをそっくり拾って針を入れます。

2 細編みを編みます。

3 段の終わりは鎖２目を編み、前段の細編みの頭の鎖２本を拾って長編みを編みます。

Column 「割って編む」「束《そく》に編む」「目と目の間を拾う」とは？

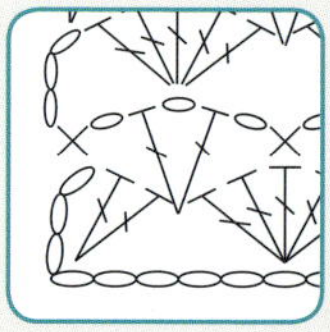

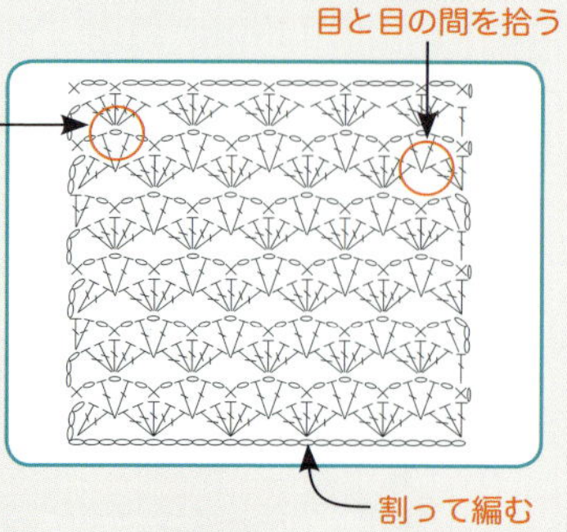

割って編む

前段の鎖目に針を入れて編む方法。編み目の根元が固定されます。

1 針に糸をかけ、作り目の鎖の半目と裏山を拾って針を入れ、糸を引き出します。

2 長編みを編みます。

3 1つの鎖目に長編みを5目編み入れました。

束に編む

前段の鎖をそっくり拾って編む方法。

1 針に糸をかけ、前段の鎖をそっくり拾って針を入れて糸を引き出します。

2 長編みを編みます。

3 長編みを5目編み入れました。

目と目の間を拾う

前段の目と目の間を拾って編みます。

1 針に糸をかけ、前段の長編みと長編みの間に針を入れて糸を引き出します。

2 長編みを編みます。

3 長編みを2目編み入れました。

中心から編む

〈表〉

〈裏〉

●細編み

中心から編む場合、2 段め以降は増し目（大きくするために編み目を増やすこと）をしながら編みます。輪の作り目の編み方と 1 段めの編み方は p.14 ～ 16 を参照してください。

2段め

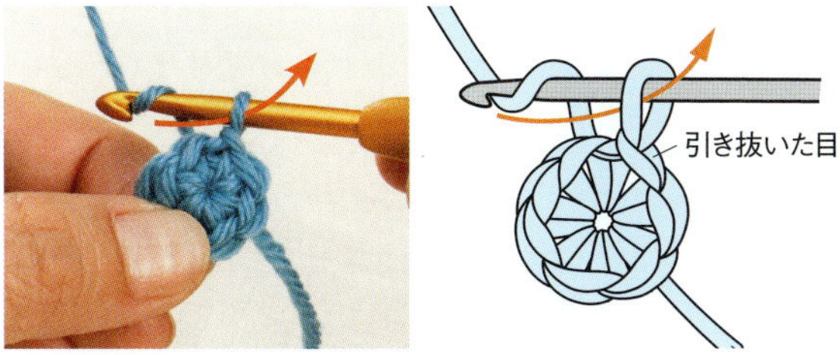

1　立ち上がりの鎖 1 目を編みます。

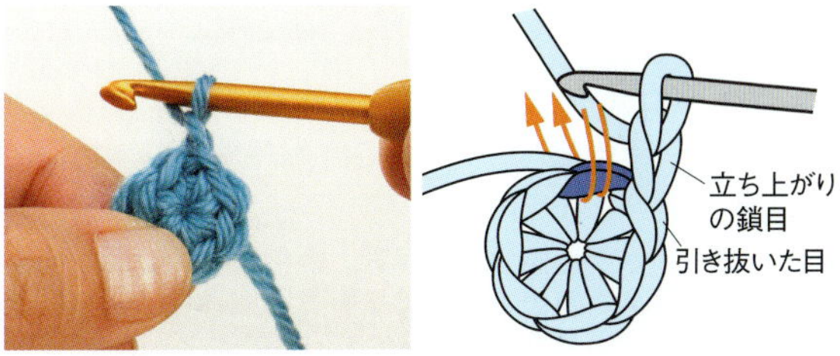

2　前段の細編みの頭の鎖 2 本を拾って細編みを編みます。さらに、もう 1 度同じ目に細編みを編みます（増し目）。

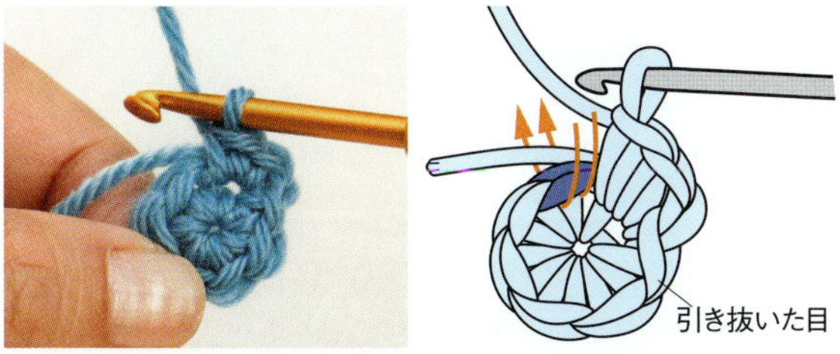

3　最初の目に細編みを 2 目編んだところ。次の目からも前段の 1 目に 2 目編み入れていきます。

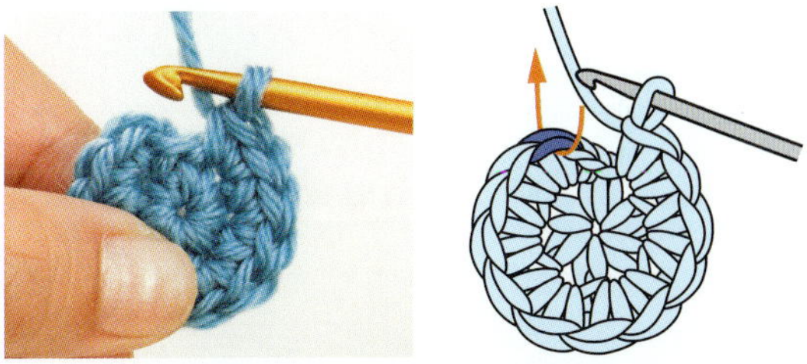

4　編み終わりは、前段の細編みの頭の鎖 2 本に針を入れ、引き抜き編みをします。

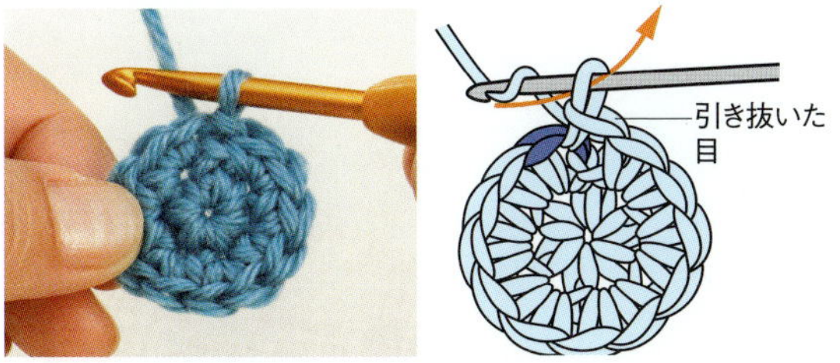

5　2 段めが編み終わったところ。次に 3 段めの立ち上がりの鎖 1 目を編みます。

3段め

6　前段の引き抜き編みをしたところと同じ目の頭の鎖 2 本を拾い、細編みを編みます。次の目に細編みを 2 目編み入れます（増し目）。3 段めは 1 目おきに増し目をしながら編み進めます。

●長編み

円に編むために、増し目のテクニックをつかみましょう。輪の作り目の編み方はp.14～15を参照してください。

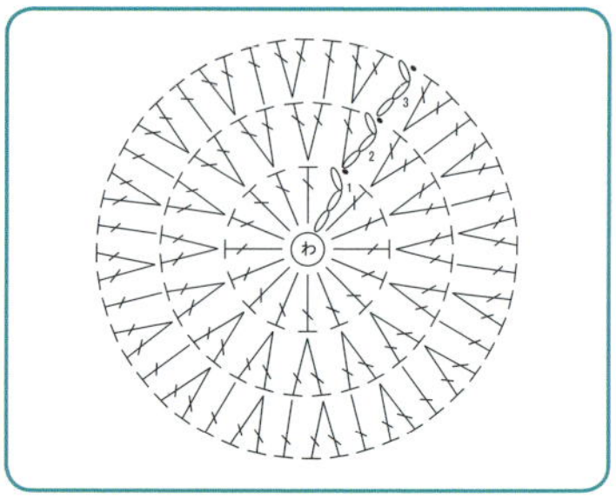

〈表〉

〈裏〉

1段め

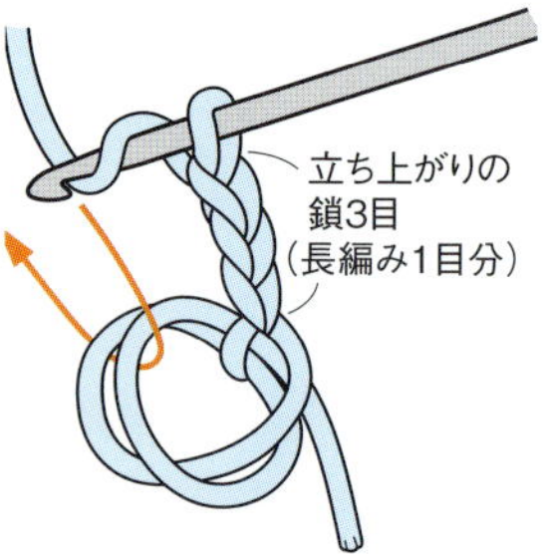

1 立ち上がりの鎖3目を編み、針に糸をかけ、輪の2本の糸をすくって長編みを編みます。

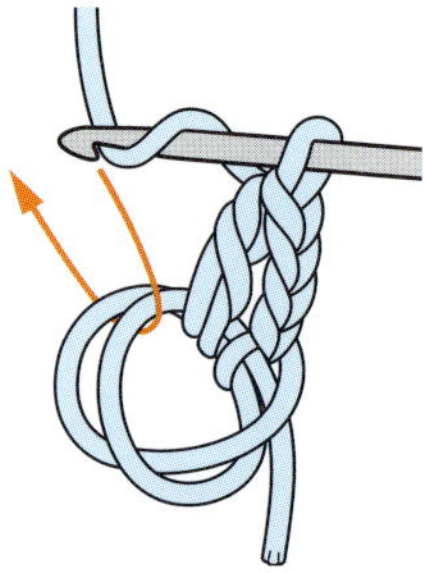

2 長編みが1目編め、合計2目編めました（立ち上がりも1目と数えます）。続けて長編みを編んでいきます。

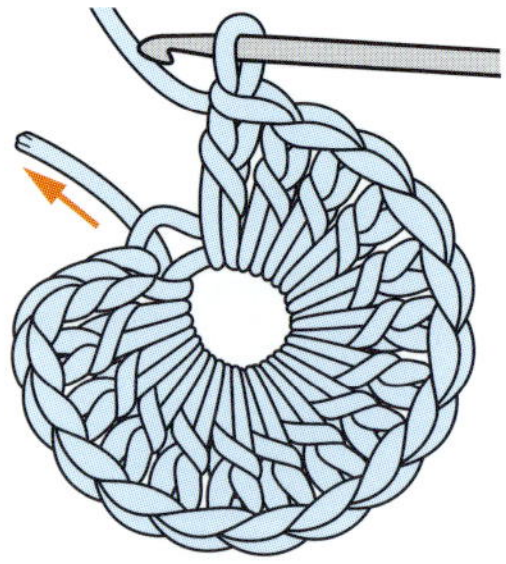

3 1段めが編み終わったら糸を引き締めます（p.16参照）。まず糸端を矢印の方向に引きます。

動くほうの輪を引き締めます。

糸端を引いて、もう一方の輪を引き締めます。

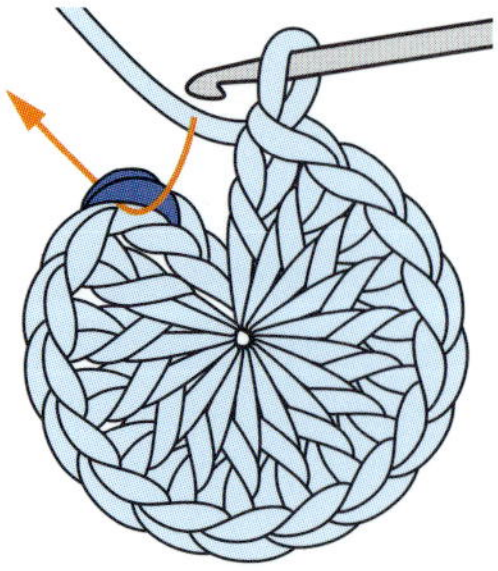

4 編み終わりは、立ち上がりの鎖3目めの裏山と半目の2本をすくいます。

5 針に糸をかけて引き抜きます。

6 1段めが編み終わりました。

2段め

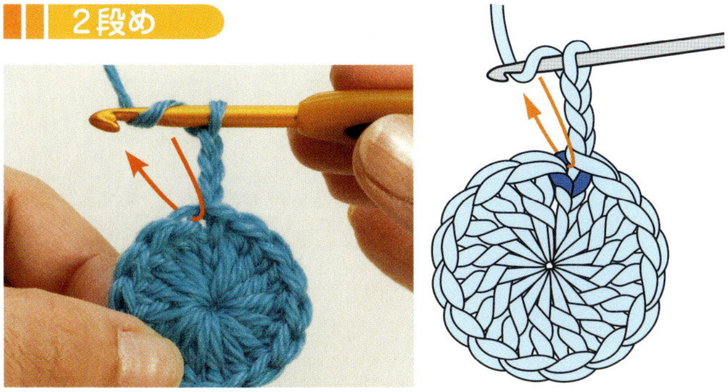

7　立ち上がりの鎖3目を編みます。針に糸をかけ、矢印の位置に針を入れて長編みを編みます。

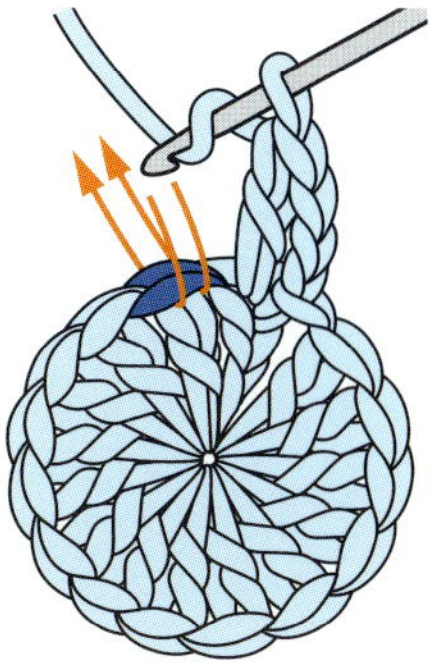

8　前段の長編みの頭の鎖2本を拾って、長編みを2目編みます（増し目）。

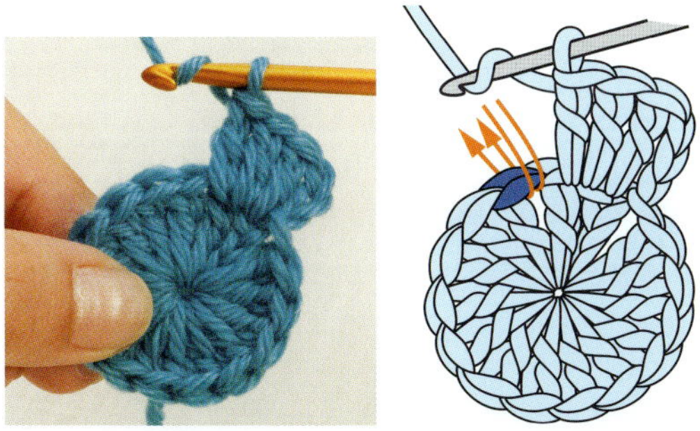

9　次の目にも同じように長編みを2目ずつ編み入れていきます。

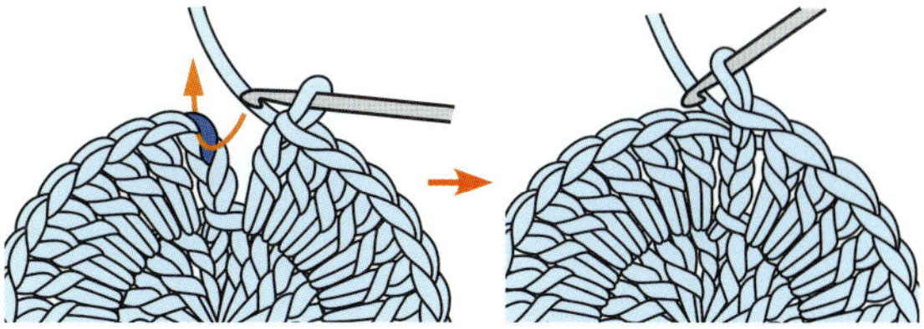

10　2段めの編み終わりも、前段の立ち上がりの鎖3目めの裏山と半目の2本を拾い、針に糸をかけて引き抜き編みをします。3段めは前段の長編みの目に1目おきに長編みを2目（増し目）編み入れます。

Column　増し目の位置によって編み地の形が変わる

中心から編んでいくとき、毎段同じ位置で増し目をした場合（左）は、編み地が六角形になります。これに対し、増し目の位置をずらして編んだ場合（右）は、編み地が円形になります。

段の最後はしっかり引き抜こう

段の最後の引き抜き編みは「p.16の10」の要領で小さく締めておきます。引き抜き編みを締めておかないと（左）、つないだ位置が目立ちやすく、引き抜き編みを締めておくと（右）、つないだ位置が目立たず、すっきり仕上がります。

だ円に編む

だ円に編むときは鎖編みの両側に編み目を編み入れていきます。ルームシューズやバッグの底などを編むときにこの手法を使います。

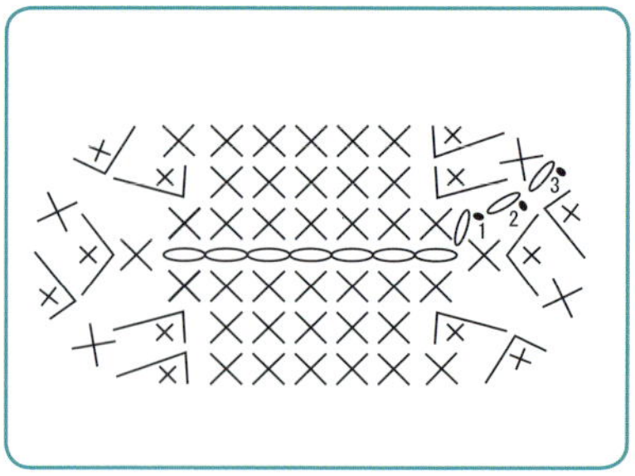

1 必要な数の鎖の作り目を編み、立ち上がりの鎖1目を編みます。2目めの鎖の裏山と半目の2本を拾い、細編みを編みます。

2 同様に細編みを編み進めます。

3 作り目の端まで編めたところ。

4 端の目にもう2目細編みを編み入れます。今度は作り目の残った鎖の半目を拾って細編みを編みます。糸端は編みくるみます。

5 作り目の端まで編めたら、同じ目にもう一度細編みを編みます。編み終わりは、矢印のように最初の細編みの頭の鎖2本に針を入れ、引き抜きます。

6 1段めが編み終わりました。

7 2段めからは立ち上がりの鎖1目を編み、両端で増し目をしながら編んでいきます。

Column

途中で糸がなくなったら？

編んでいる途中で糸がなくなったときは、なるべく結び目をつくらない方法でつなぎます。

1　未完成の長編み（p.108参照）を編み、最後の糸を引き抜くときに、新しい糸（写真ではピンク色）に替えます。

2　新しい糸を引き出したところ。

3　新しい糸で長編みが1目編めました。

Column

ゲージについて

ゲージとは編み目の密度のこと。一般的には10×10cmの編み地の中に編まれている目数、段数を示します。同じ目数、同じ段数でも編む人の手加減によって編み目の密度にばらつきが出るため、試し編み（15cmぐらいの正方形）をしてゲージを測ります。ウエアなどを希望のサイズに編む場合、ゲージの1/10が1cmの目数と段数になるので、編みたい寸法とかけ算をして割り出すことができます。

長編み

模様編み

立体に編む

帽子や編みぐるみを編むときなど、筒状にして立体的に編んでいく方法を輪編みといいます。輪編みには毎段同じ方向に編んでいく方法と、1 段ごとに方向を変えて往復しながら編んでいく方法があります。細編みでも長編みでも同じ要領です。

●一方向に編む輪編み（細編みの場合）

1段め

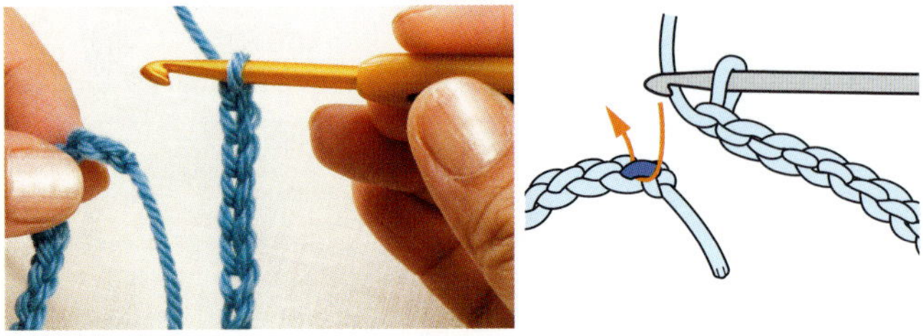

1　必要な数の鎖の作り目を編み、最初の目の裏山をすくって針を入れます。

2　針に糸をかけ、引き抜き編みをします。

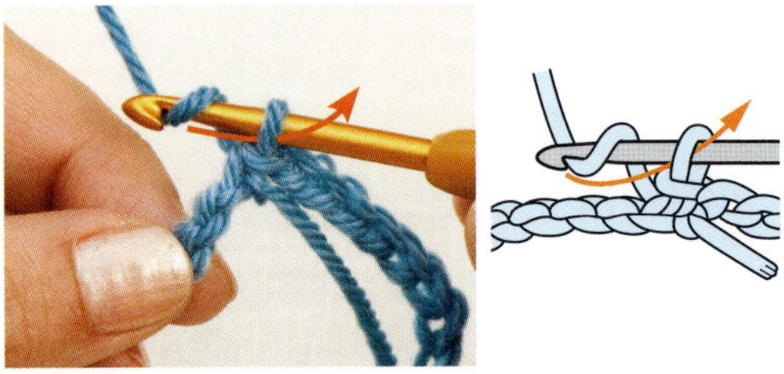

3　立ち上がりの鎖1目を編みます。

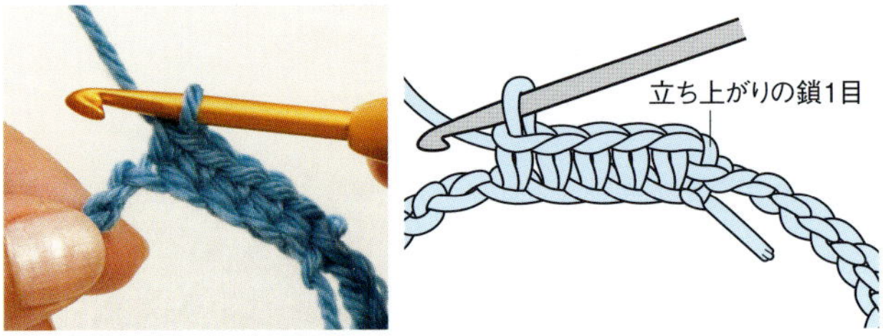

4　引き抜いた鎖の裏山に細編みを1目編み、次からも鎖の裏山を拾って編みます。

5　編み終わりは、編み始めの細編みの頭の鎖2本を拾って引き抜き編みをします。

2段め

6　立ち上がりの鎖1目を編み、前段の細編みの頭の鎖2本を拾ってひと回り編みます。

3段め

7　3段編めたところ。立ち上がりの位置は少しずつ右に傾きます。

●往復して編む輪編み（長編みの場合）

2段め

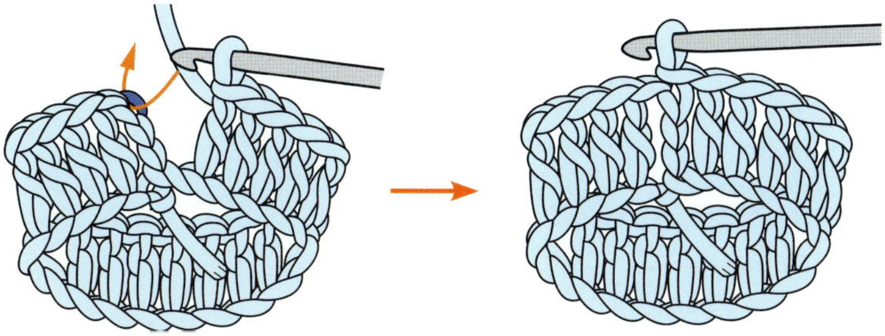

1　必要な数の作り目を編み、一方向に編む輪編みと同じように長編みを編んでいきます。1段めの終わりは、立ち上がりの鎖の3目めの半目と裏山を拾って、引き抜き編みをします。

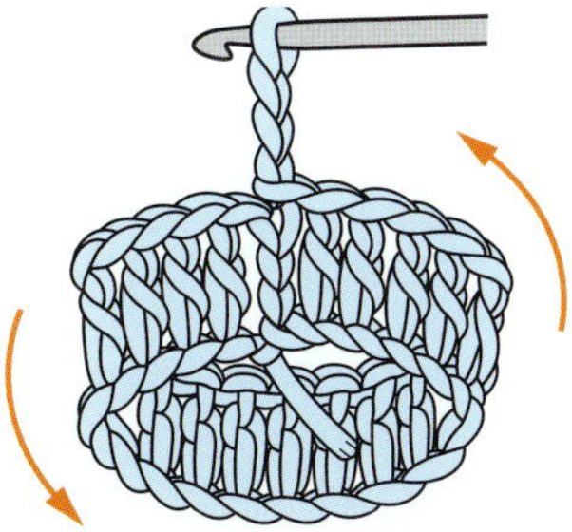

2　2段めの立ち上がりの鎖3目を編んでから、編み地の右側を向こう側に押して回します。

3　2段めは輪の内側を見ながら、前段の長編みの頭の鎖2本を拾って長編みを編み、一周します。

長編みを編んでいるところ。

4　2段めの編み終わりは、立ち上がりの鎖の3目めの裏山と半目の2本を拾って引き抜き編みをします。

5　2段編めたところ。3段めも立ち上がりの鎖目を編んでから編み地を回し、同じように編みます。

3段め

6　3段編めたところ。立ち上がりの位置が垂直になります。

コースターとマットの作り方

作品は p.6

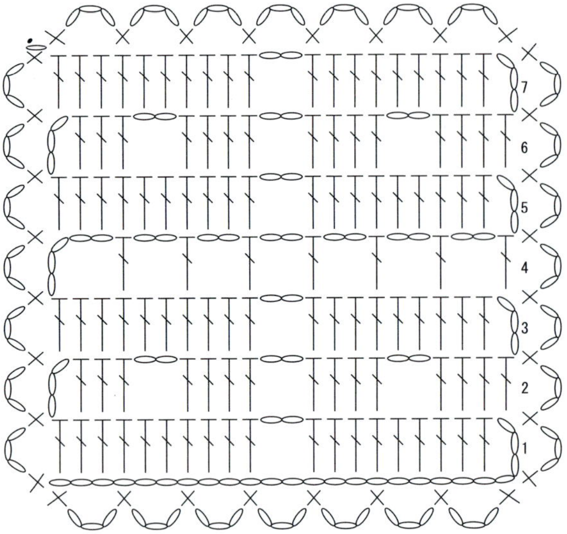

緑のコースター

[用意するもの]
糸／ハマナカ　コットンチャルカ(5)　5g
針／かぎ針　5/0 号

[作り方]
※糸は 1 本どりで編む
①鎖編みを 22 目編み、方眼編みで 7 段編む。
②続けて縁編みを編む。

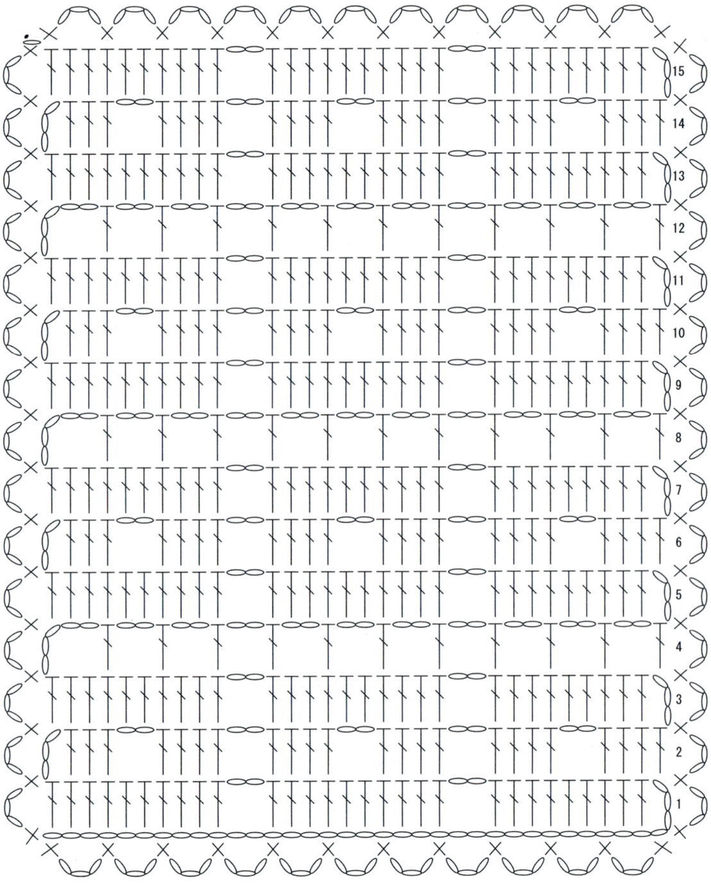

白いマット

[用意するもの]
糸／ハマナカ　コットンチャルカ(2)　10g
針／かぎ針　5/0 号

[作り方]
※糸は 1 本どりで編む
①鎖編みを 34 目編み、方眼編みで 15 段編む。
②続けて縁編みを編む。

入れ子のリバーシブル小物入れの作り方

作品は p.6 ～ 7

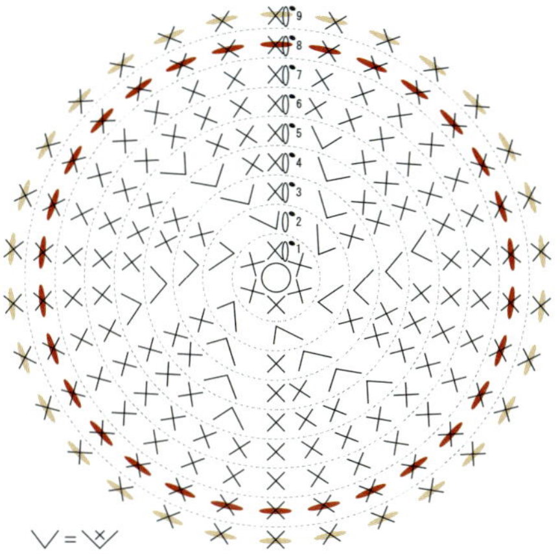

小物入れ(小)

[用意するもの]
a 糸／クロバー　ノスタルジア(60-978・グレー)10 g
b 糸／クロバー　ノスタルジア(60-971・ベージュ)少量
c 糸／クロバー　ノスタルジア (60-974・赤)少量
針／かぎ針　9/0 号

[作り方]
※糸は 2 本どりで編む。
① a 糸で輪の作り目から編みはじめ、増し目をしながら 5 段編む。
②増減なく 4 段編み、b 糸と c 糸で引き抜き編みをする。

小物入れ(中)

[用意するもの]
a 糸／クロバー　ノスタルジア(60-974・赤)25 g
b 糸／クロバー　ノスタルジア(60-971・ベージュ)少量
c 糸／クロバー　ノスタルジア(60-978・グレー)少量
針／かぎ針　9/0 号

[作り方]
※糸は 2 本どりで編む。
① a 糸で輪の作り目から編み始め、増し目をしながら 6 段編む。
②増減なく 5 段編み、b 糸と c 糸で引き抜き編みをする。

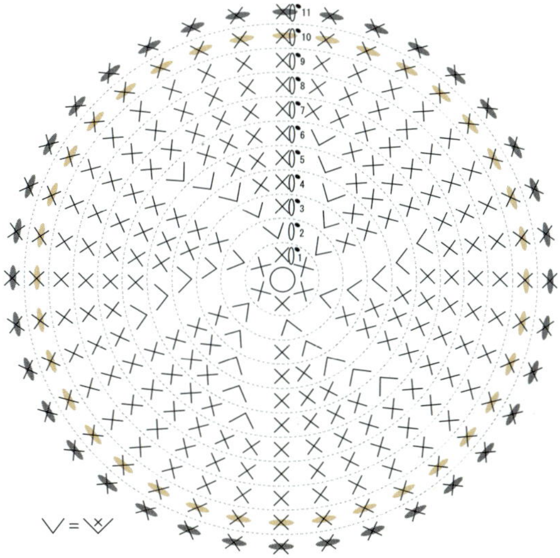

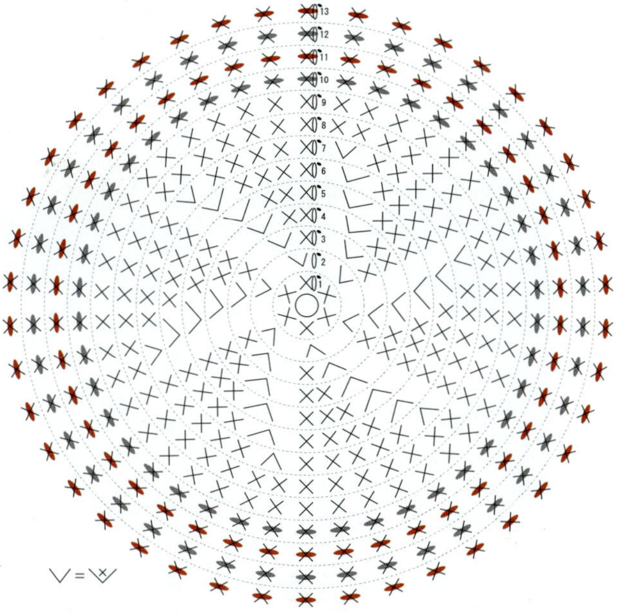

小物入れ(大)

[用意するもの]
a 糸／クロバー　ノスタルジア(60-971・ベージュ)40 g
b 糸／クロバー　ノスタルジア (60-974・赤)少量
c 糸／クロバー　ノスタルジア(60-978・グレー)少量
針／かぎ針　9/0 号

[作り方]
※糸は 2 本どりで編む。
① a 糸で輪の作り目から編み始め、増し目をしながら 7 段編む。
②増減なく 6 段編み、b 糸と c 糸で引き抜き編みをする。

応用編

かぎ針の基本的な編み方がわかったら、今度はさまざまな編み方や技法を取り入れてみましょう。編み方を組み合わせれば、いろいろな形や模様を作ることができ、作品のバリエーションが広がっていきます。ポーチやバックなどの雑貨から、シュシュやストールなどのファッション小物まで、さまざまなアイテムが作れるだけでなく、好みのデザインにアレンジすることもできるようになります。

ドイリー（作り方と編み図p.91）

ペンケース（作り方と編み図p.90）

シュシュ、ヘアゴム（作り方と編み図p.92、p.93）

1 編み込み模様を編む

編み込み模様は２色以上の糸や種類の違う糸を使ってカラフルな作品にする方法です。どんな模様を編むかによって糸の渡し方に違いがあります。

１段ごとに横ボーダーを編む ……長編みの場合

糸を切らずに休ませておき、糸を替える段の端で糸を引き抜きます。１段ごとに色を替える場合は両側に糸が渡ります。

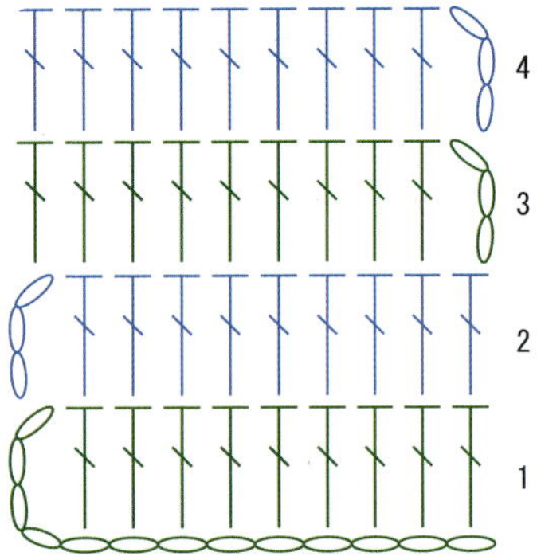

〈表〉

〈裏〉

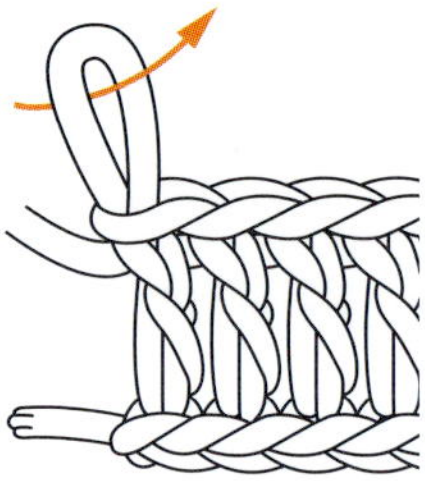

1　１段めの編み終わりは矢印のように糸玉を輪にくぐらせて糸を引き締め、休ませておきます。

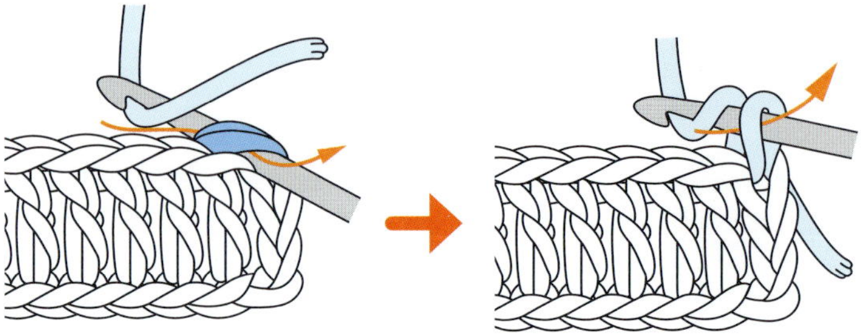

2　１段めの立ち上がりの鎖３目めの裏山と半目の２本を拾い針を入れ、配色糸をかけて２段めを編み始めます。

3 配色糸で立ち上がりの鎖3目を編み、長編みを編み進めます。

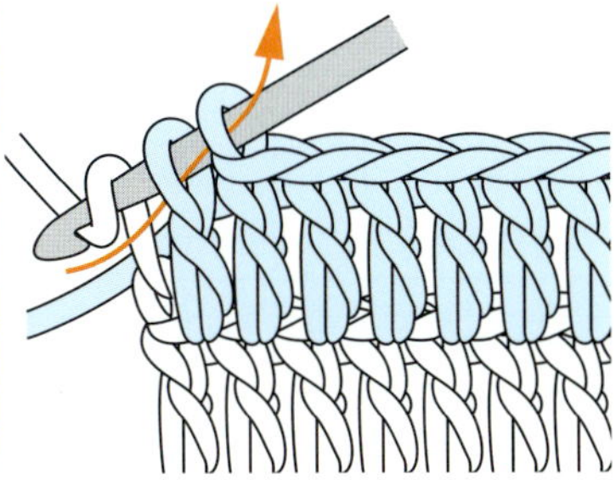

4 2段めの最後の目は、休ませておいた1段めの糸で引き抜き、配色糸はそのまま休ませておきます。

5 立ち上がりの鎖3目を編み、編み地の向きを変えます。

6 3段めも編み進めていきます。

7 最後は1と同じように糸玉をくぐらせ、糸を引き締め、休ませておきます。

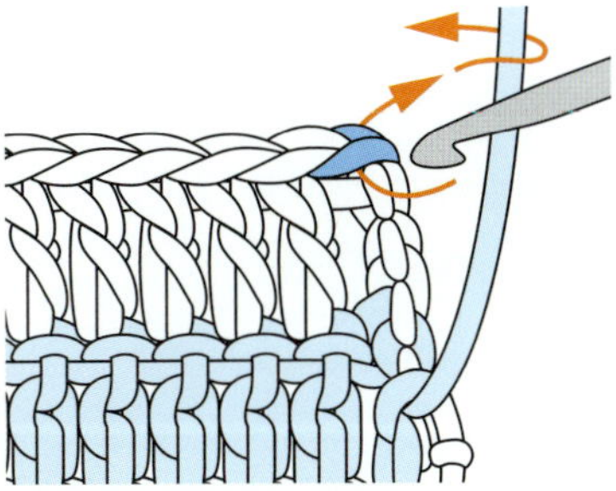

8 3段めの立ち上がりの鎖3目めの裏山と半目の2本を拾って針を入れます。

9 4で休ませておいた配色糸を引き出します。このとき、端に渡る糸がつれないようにします。

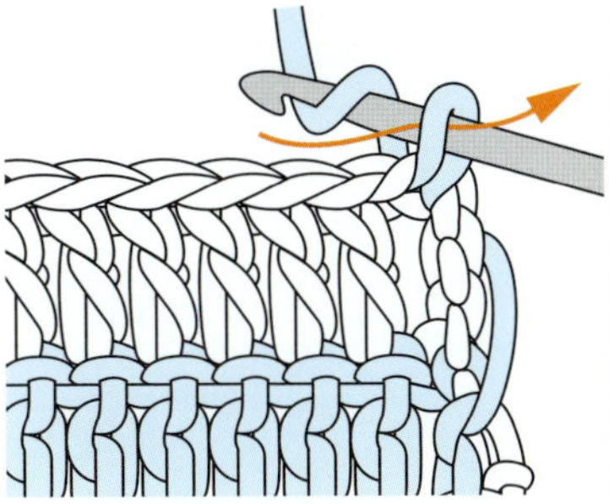

10 4段めの立ち上がりの鎖3目を編み、編み進めます。

2段ごとに横ボーダーを編む ……長編みの場合

2段ごとに色を替える場合は、片側だけに糸が渡ります。下から上に渡る糸がつれないよう、休ませるときに注意します。

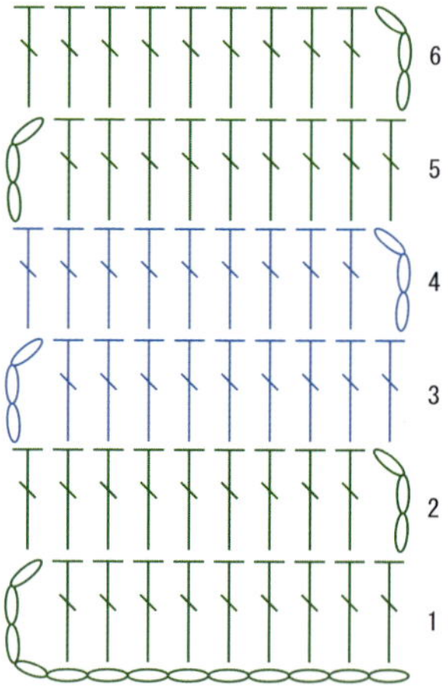

〈表〉

〈裏〉

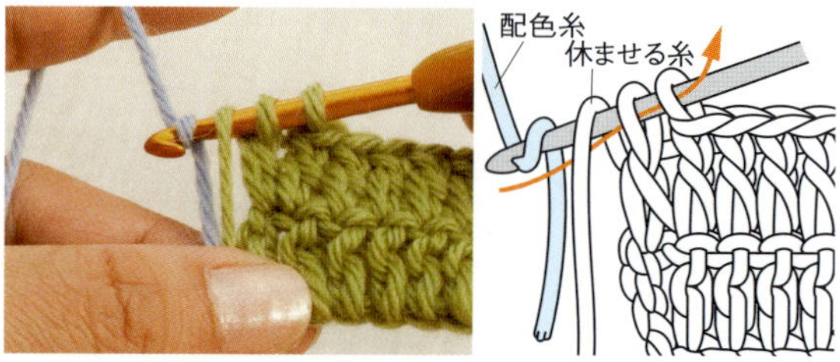

1

2段めの最後の目を引き抜くときに、配色糸を針にかけて引き抜きます。このとき、休ませる糸も向こう側から手前にかけておきます。

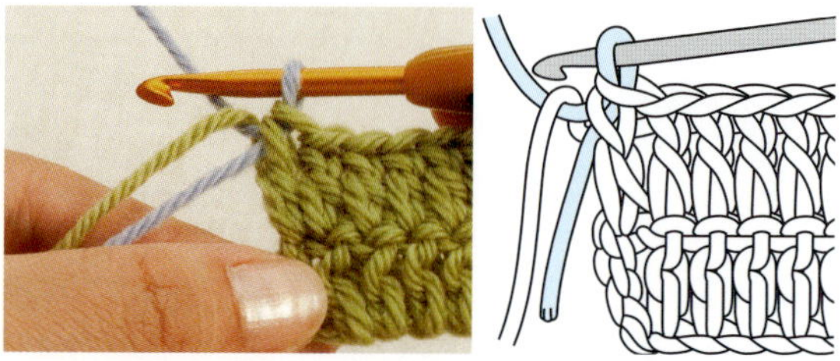

2

配色糸を引き抜いたところ。このまま3段めの立ち上がりの鎖3目を編み、編み地の向きを変えます。

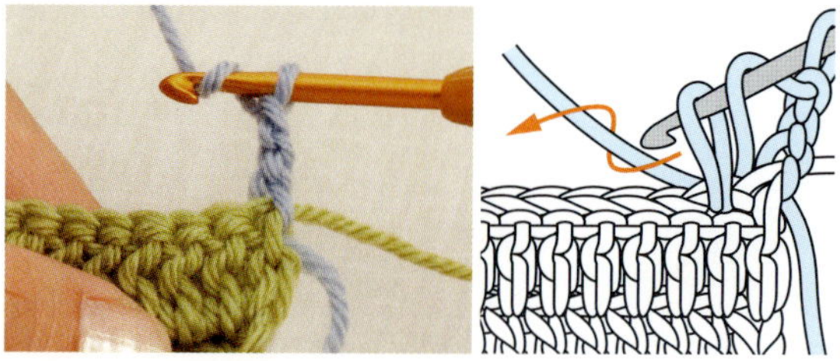

3

配色糸で長編みを編みます。

4

4段めの端まで編み進んだら、休ませておいた2段めの糸を針にかけ、最後の目を引き抜きます。このとき、休ませる糸も向こう側から手前にかけておきます。

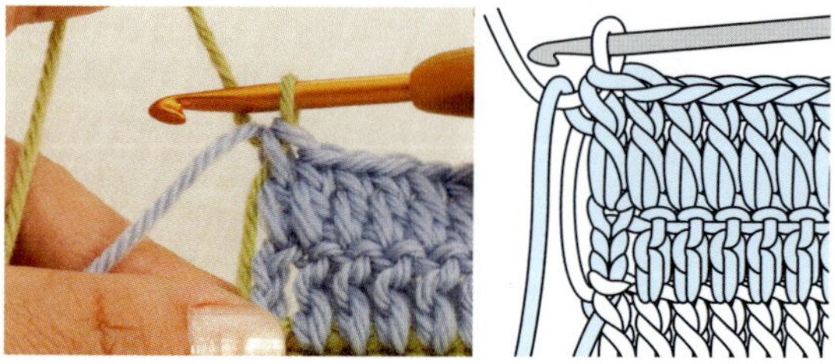

5

引き抜いたところ。続けて5段めの立ち上がりの鎖3目を編み、編み地の向きを変えて編み進めます。

輪編みで糸を替えて編む ……細編みの場合

輪編みで糸の色を替えるときも、段の最後の目を完成させるときに配色糸に替えて引き出します。

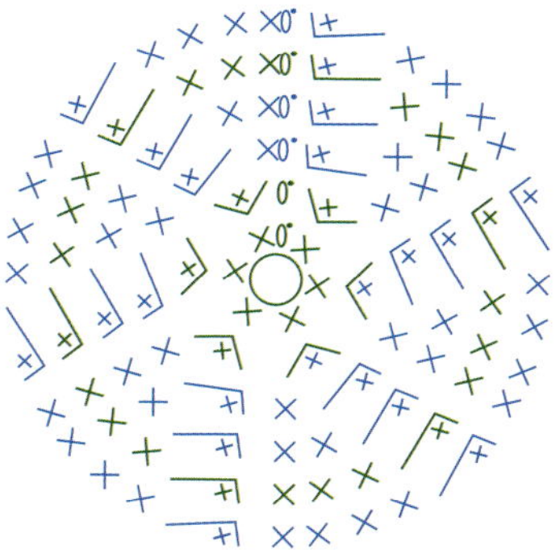

〈表〉

〈裏〉

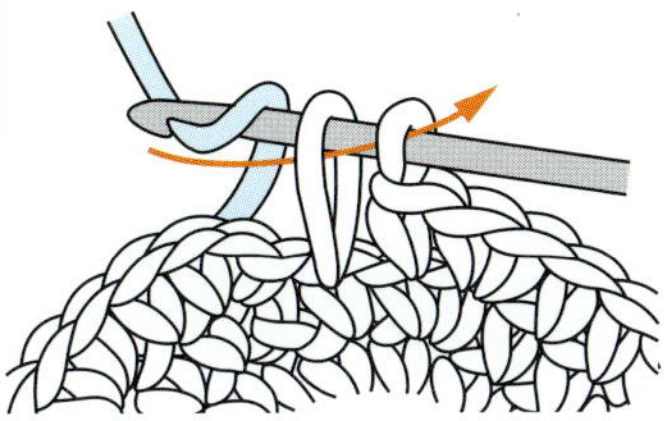

1 輪の作り目から2段編み、最後の細編みの目を引き抜くときに、配色糸を針にかけて引き出します。1、2段めを編んだ糸は休ませておきます。

2 配色糸を引き出したところ。

3 段の最初の細編みの頭の鎖2本に針を入れ、引き抜き編みをします。

4 引き抜き編みの目を締めて小さくしてから、立ち上がりの鎖を1目編みます。続けて3、4段めを編みます。

5 4段めの最後の細編みを完成させるときに、休ませておいた糸を針にかけて引き出します。

6 休ませておいた糸を引き抜いたところ。続けて5、6段めを編みます。引き抜き編みの目は、毎段小さく締めたほうがきれいに仕上がります。

縦に糸を渡して編む ……長編みの場合

ストライプや大きな模様を編み込む場合に適している方法です。休めた糸は編みくるまずに裏で渡していきます。

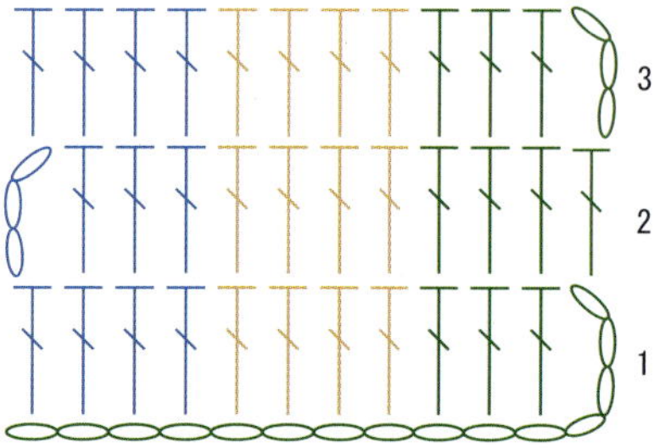

1 新しい糸（B糸）に替える直前の長編みを完成させるときに、新しい糸（B糸）を針にかけて引き出します。

〈表〉

2 B糸を引き出したところ。続けてB糸で長編みを編みます。

〈裏〉

3 C糸に替えるときも1と同じように編みます。

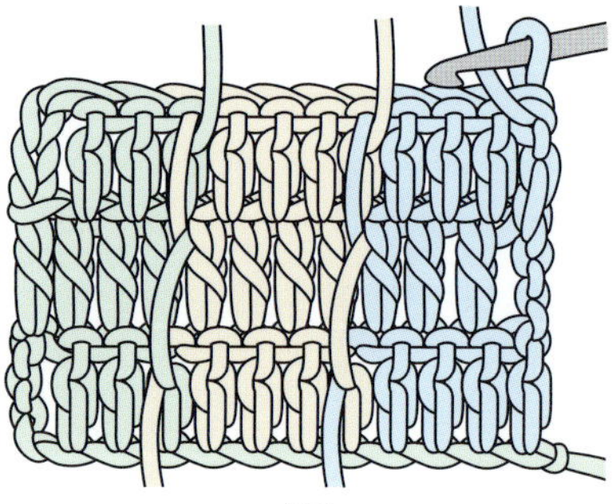

〈裏〉

4 1段めの編み終わりで立ち上がりの鎖3目を編み、編み地の向きを変えます。

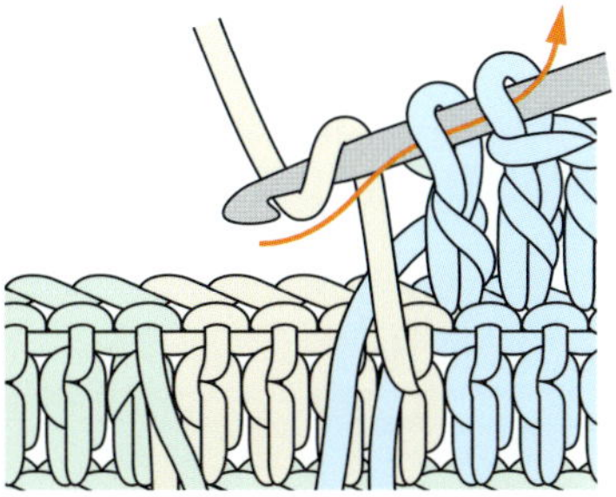

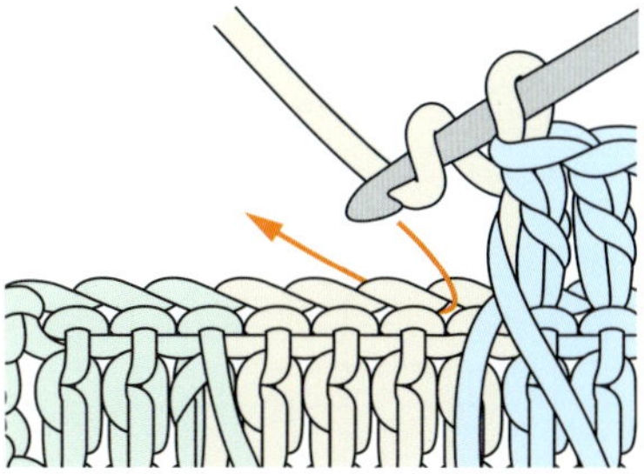

5 B糸に替える直前の長編みを完成させるときに、C糸を手前側に置いて休ませ、B糸を針にかけて引き出します。

6 B糸で編み進めます。

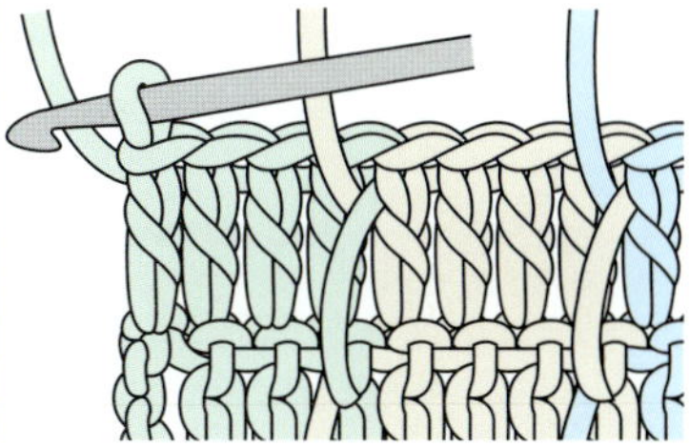

7 A糸に替えるときも5と同じように編みます。

8 2段編み終わり、裏側から見たところです。

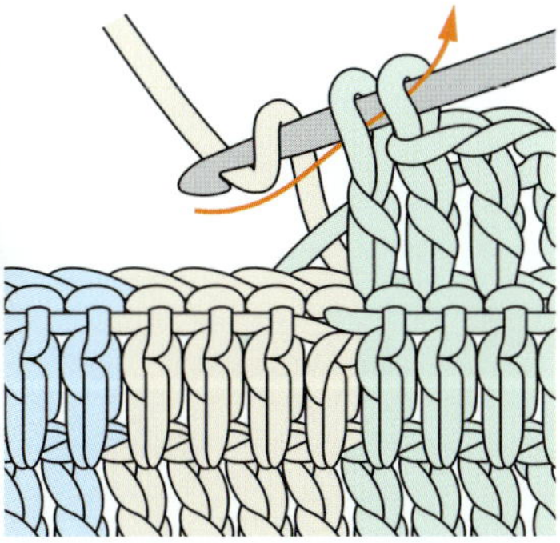

9 3段めでA糸からB糸に替えるときも1と同じように、替える直前の長編みを完成させるときにB糸を引き出します。

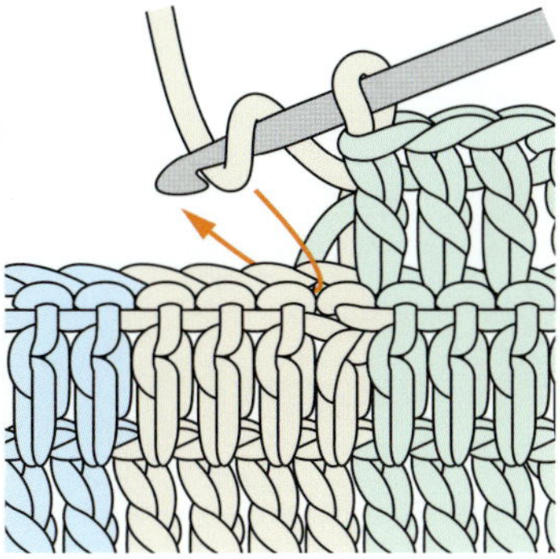

10 B糸で編み進め、C糸に替えるときも同様に編みます。

＊A糸＝緑、B糸＝クリーム、C糸＝青

渡す糸を編みくるんで編む ……長編みの場合

渡す糸が表にも裏にも出ない方法です。離れたところに糸を渡す場合でも糸が表に渡らないのでひっかかりません。また、表から見ても裏から見ても模様が同じように見えるので両面使えます。

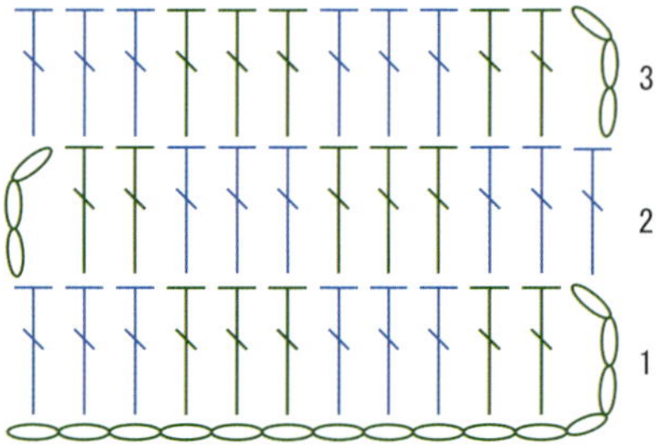

〈表〉

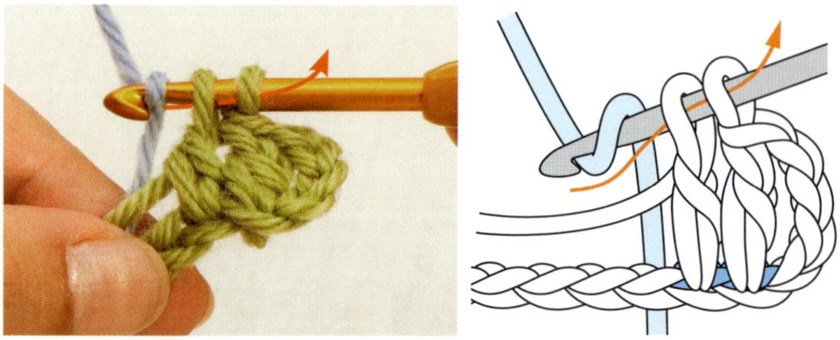

1 B糸に替える直前の長編みを完成させるときに、B糸を針にかけて引き出します。

2 A糸・B糸の糸端はともに前段の目の頭の鎖(ここでは作り目の鎖)に添わせて持ちます。

3 A糸とB糸の糸端を前段(作り目)に添わせたまま糸をかけて引き出し、長編みを編みます。

4 同じように1〜3を繰り返して、長編みを編み進めます。A糸・B糸の糸端は長編みに編みくるまれ、表に出ません。

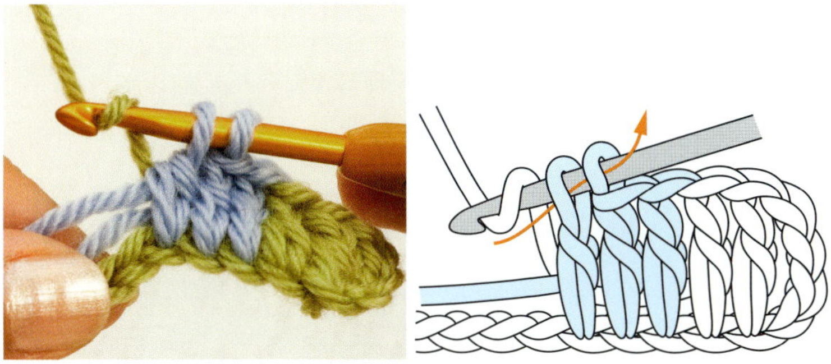

5 再びA糸に替えるときは、B糸の最後の長編みを完成させるときにA糸を針にかけて引き出します。B糸は前段(作り目)に添わせて持ちます。

6 5と同様に、再びA糸からB糸に替えます。

7 段の終わりは、休ませる糸(B糸)を手前から向こうに針に乗せ、A糸を針にかけて引き出します。

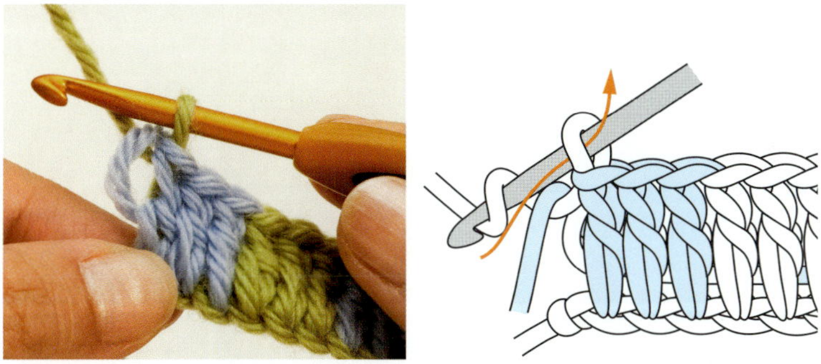

8 A糸を引き出したところ。さらにA糸を針にかけ、立ち上がりの鎖3目を編みます。

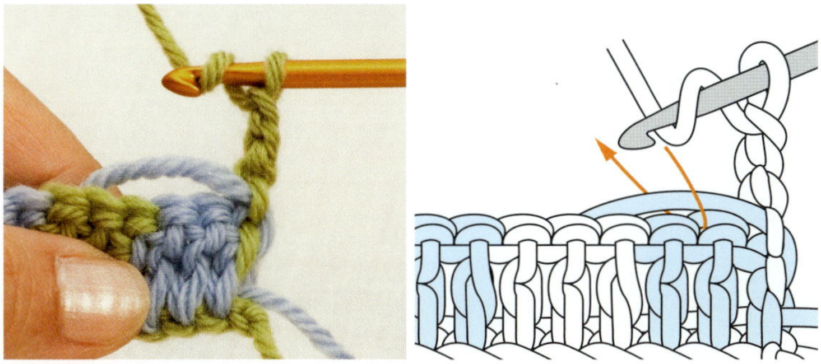

9 編み地の向きを変え、休ませる糸(B糸)を編みくるみながら編みます。

10 1〜8を繰り返し、編み進めます。

＊A糸＝緑、B糸＝青

渡す糸を編みくるんで編む ……細編みの場合

長編みの場合と同じように渡す糸を編みくるみます。細編みの場合は細かい模様も表現できます。

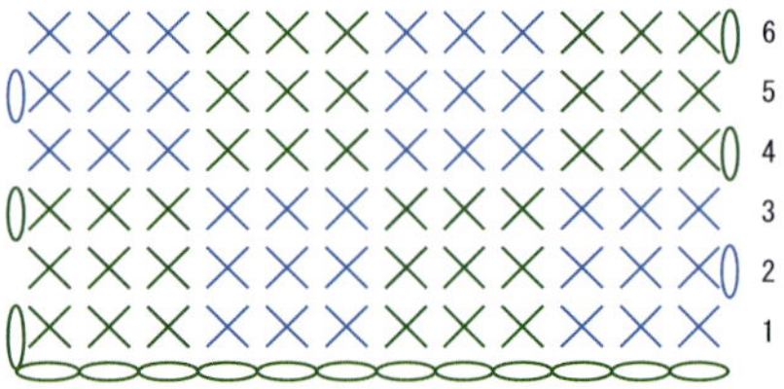

〈表〉

1
新しい糸に替える直前の細編みを完成させるときに、新しい糸（B糸）を針にかけて引き出します。

2
A糸・B糸とも糸端は前段（ここでは作り目）に添わせて持ち、前段（作り目）と一緒にすくって細編みを編みます。

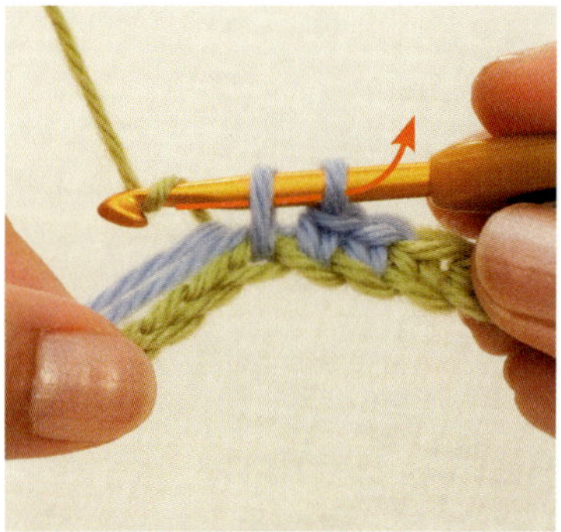

3
B糸の最後の目を完成させるときに、休ませていたA糸を針にかけて引き出します。

4
段の終わりはA糸を向こう側から針にかけ、B糸で立ち上がりの鎖1目を編みます（A糸はかけるだけ）。

5
編み地の向きを変えたところ。このままA糸を編み地に添わせて編み進めていきます。

2 縁編みを編む

編み地の飾りや補強のために、縁に編んでいくことを「縁編み」といいます。2 枚の編み地をつなぎ合わせるときに縁編みを編む場合もあります。

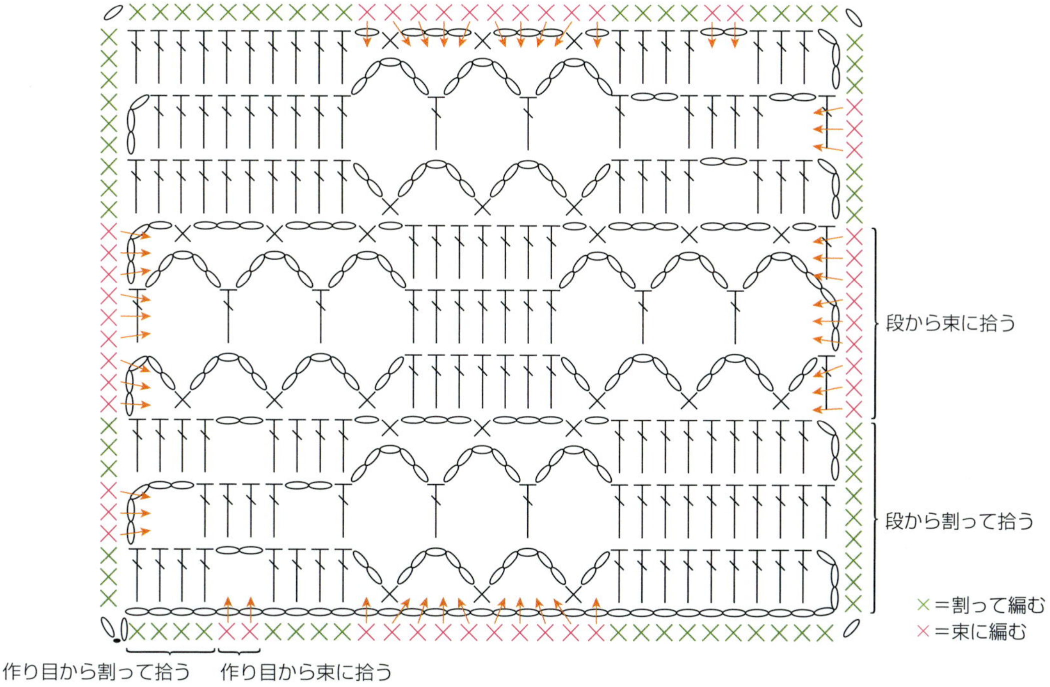

作り目から目を拾う

編み地の詰まっている部分では、ひとつひとつの目を拾っていきます。ショールの縁などを編むときに、この方法がよく使われます。

1
作り目の最初の目を拾って（作り目の残っている糸をすくいます）針を入れ、縁編みの糸を引き出します。

2
立ち上がりの鎖1目を編み、次の目に針を入れて糸端を2本とも編み地に添わせ、拾い目をするのと同時にすくって細編みを編みます。

3
縁編みの細編みが1目編めました。糸端を編み地に添わせて編みくるんでしまうと、糸始末も同時にすることができます。

4
続けて長編みの作り目を拾って、細編みを編みます。

作り目から束に拾う

ネット編みなどのように編み地が透けている部分では、作り目の鎖編みを束にすくって拾い目をします。

1　透かし模様のところは、鎖編みをそっくりすくって縁編みを編みます。

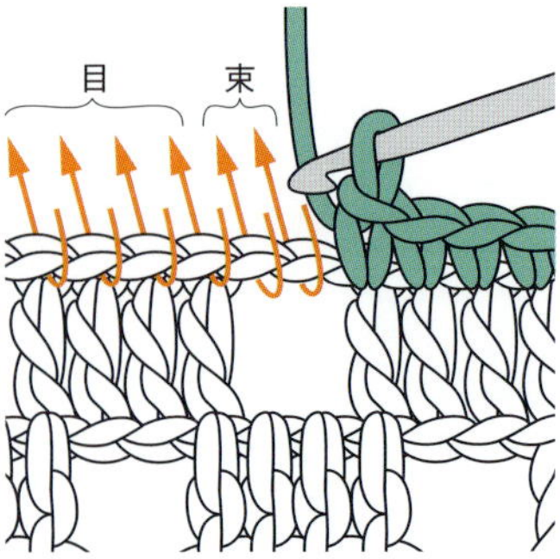

目が詰まっている部分は、作り目の残っているほうの糸を拾い、透かしの部分は束に拾います。

編み地を割って拾ったところと束に拾ったところ。

段の目を割って拾う、束に拾う

編み地の目が詰まっている部分では、立ち上がりの鎖目または長編みの軸を割って拾い目をします。
編み地に透けが多い部分では立ち上がりの鎖目または軸を束にすくって拾い目をします。

1
作り目側の縁編みの最後を編み終えたら、段に移ります。鎖1目を編み、段の側の縁編みを編んでいきます。

2
鎖目からはそれぞれの半目と裏山の2本を拾って細編みを編みます。

3
長編みからは軸の糸2本を拾って、細編みを編みます。

4
透かしのところは、長編みの軸（または鎖）を束に拾って細編みを編みます。

●段の目の拾い方

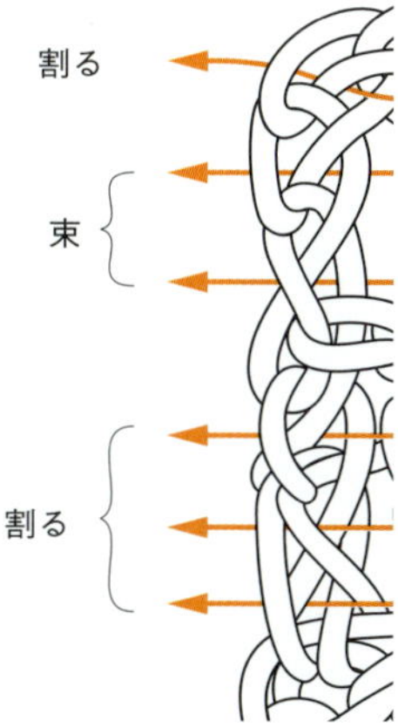

端の目が長編みや細編みの場合は、糸を2本拾います。

編み地を段から割って拾ったところと束に拾ったところ。

編み終わりから拾う

1
段の縁編みを編み終えたら、鎖1目を編み、最後の段の頭の鎖に矢印のように針を入れ、細編みを編みます。

2
編み地が透けている部分では、束に拾います。

3 モチーフを編む

モチーフは1枚だけでもドイリーやコースターになり、何枚か編んでつなぐとバッグやクッションなどが楽しめます。また、モチーフには平らに編むだけでなく立体に編むものもあります。

四角形のモチーフを編む

長編みと鎖編みで編むモチーフです。角で目を増やして編みます（編み図は p.54）。

1段め

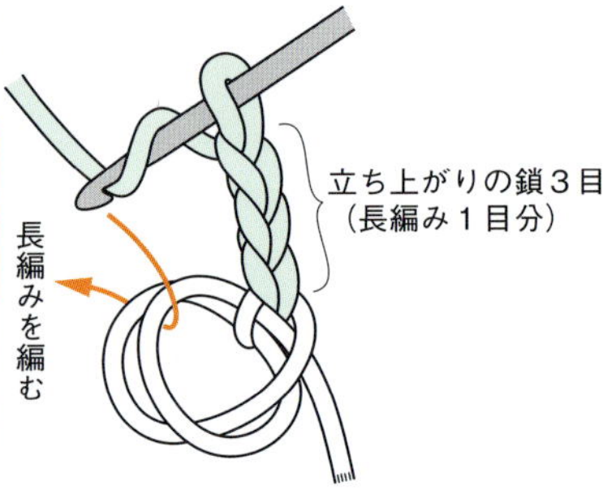

1 輪の作り目（p.15参照）に立ち上がりの鎖3目を編みます。

2 輪の中に長編みを2目編み、続けて鎖編みを3目編みます。

3 さらに輪に長編みを編み入れていきます。

4 同じように繰り返して4辺を編みます。

5 糸端を引き、輪を引き締めます（p.16参照）

6 編み始めの立ち上がりの鎖3目めの半目と裏山に針を入れ、引き抜き編みをします。

7 1段めが編み終わったところ。

2段め

8 立ち上がりの鎖3目と鎖1目を編みます。針に糸をかけ、角の鎖編みの下に針を入れます。

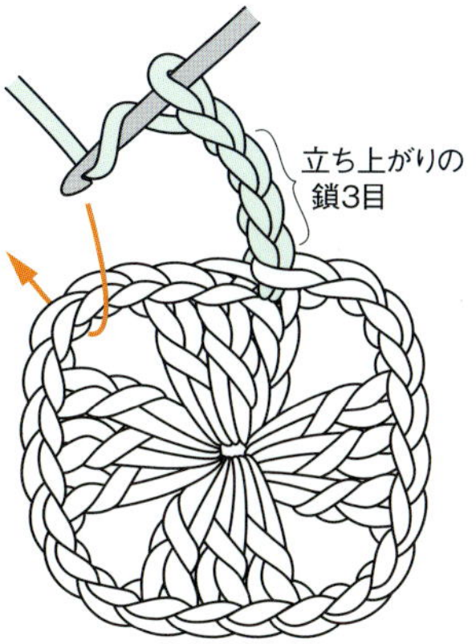

9 長編み3目を編み、続けて鎖編みを3目編みます。

10 9で長編み3目を編み入れたところに、さらに長編み3目を編み入れます。同じように繰り返して残り3辺の角を編みます。

11 編み終わりは、矢印のように針を入れて束に拾い、引き抜き編みをします。

12 続けて立ち上がりの鎖目を編み、2段めと同じ要領で3段めを編みます。最後はとじ針で糸の始末をします（p.80参照）。

とじ針に糸を通すには……

とじ針に糸を通す方法は、裁縫で針に糸を通す要領と異なります。とくにモチーフ編みではとじ針で糸端の始末をすることが多いので覚えておきましょう。

1 とじ針を使って、親指と人さし指の腹で糸端を小さく折ります。

2 糸の折り目に針穴を当て、針穴の中に糸を押し出すようにして糸を通します。

親指をはずすと写真のようになっています。折り目が出たら糸を引き出します。

いろいろなモチーフを編んでみましょう

四角形、円形、六角形、八角形など、

●四角形のモチーフ

●円形のモチーフ

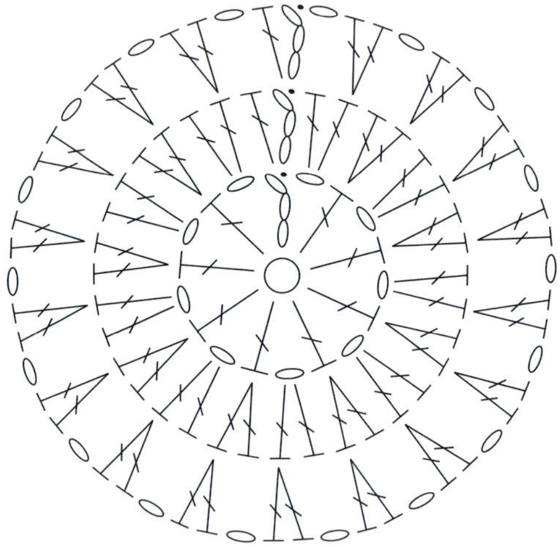

一般的なモチーフの編み終わりの始末

モチーフの編み終わりは、とじ針を使ってきれいに仕上げましょう。

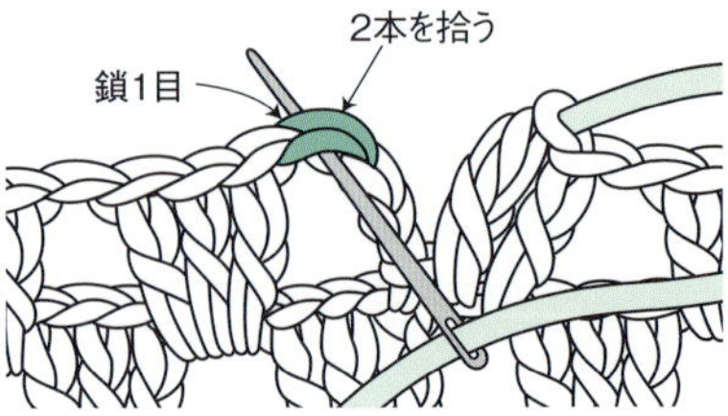

1 かぎ針にかかっているループを引き出して、編み終わりの糸端を10cm残して切り、とじ針に通します。段のはじめの立ち上がりの鎖目の次の目の頭の鎖2本に手前から針を入れ、向こう側に出します。

2 糸端が出ている目の鎖の中に針を入れ、編み地の裏側に出します。

モチーフにはさまざまな形があります。さらに編み方や色を変えれば、さまざまなパターンができます。

●六角形のモチーフ

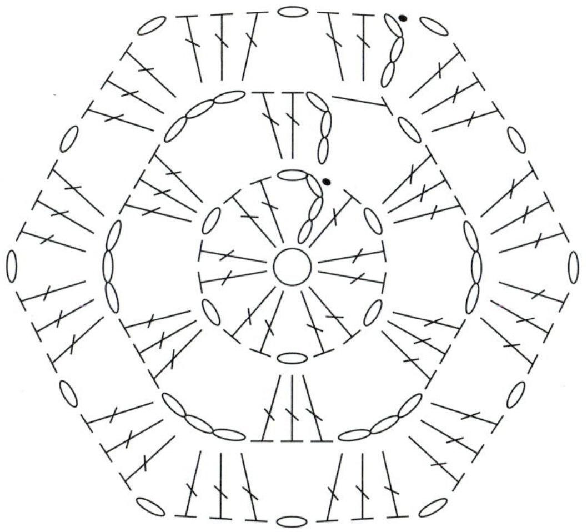

●八角形のモチーフ

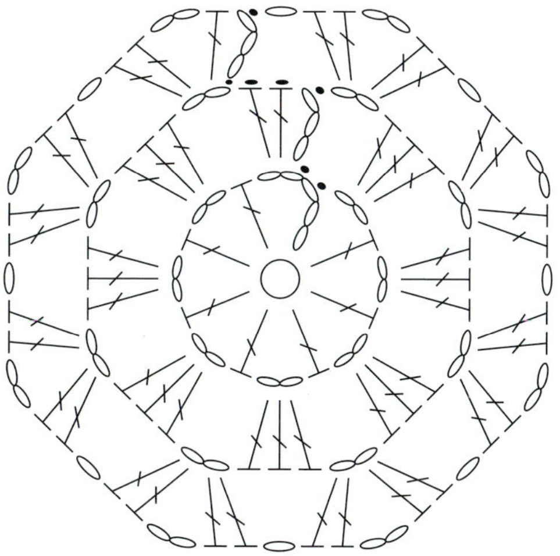

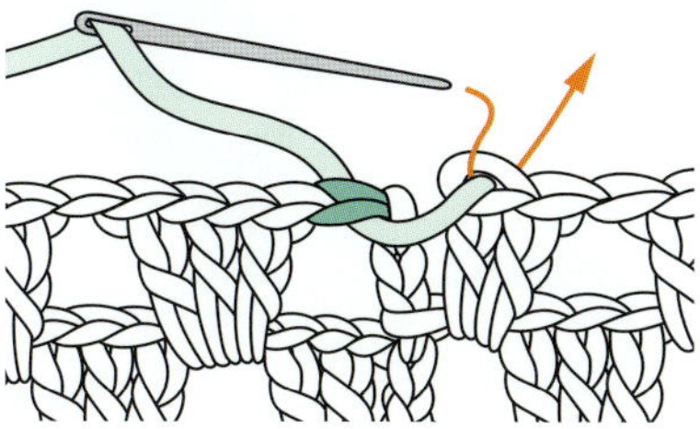

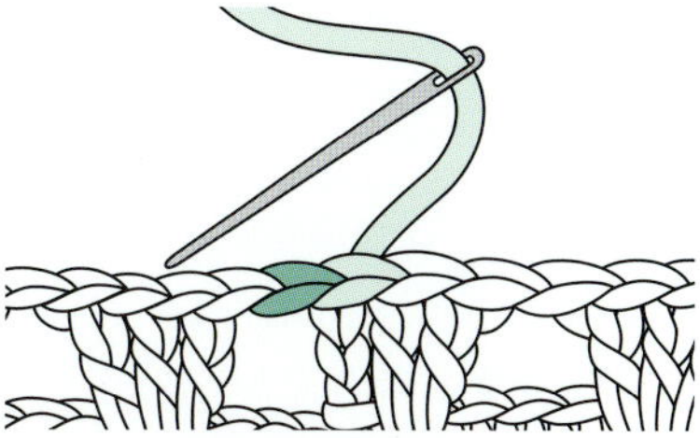

3 鎖1目分の大きさになるように糸を引き、糸端は編み地の裏側で始末します（糸端の始末のし方は p.80 参照）。

Column いろいろな糸を使ってモチーフを編んでみました

レース糸や毛糸、麻糸など、糸の太さや色、素材を変えて、同じモチーフを編んでみました。
それぞれ編み上がりの雰囲気がずいぶん違います。

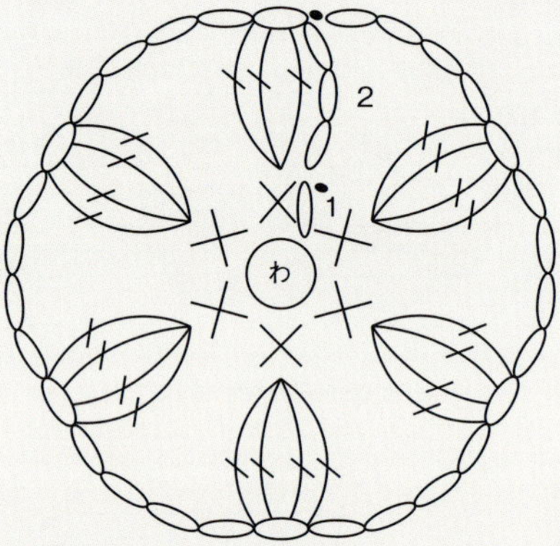

40番レース糸
レース針8号

太めレース糸　レース針0号

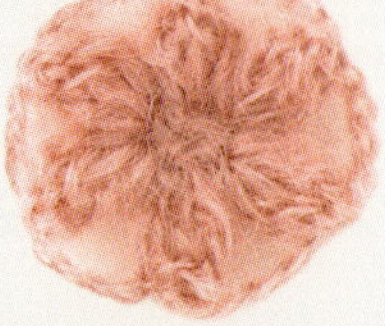

極細モヘア　かぎ針3/0号

合細コットン糸　かぎ針4/0号

並太毛糸　かぎ針5/0号

花のモチーフをつけると……

小さな花のモチーフは、セーター、コートの襟、マフラー、バッグ、帽子などのワンポイントにぴったり。ルームシューズやポーチなどの小物も、かわいらしさがアップします。

さりげなく、おしゃれなマフラー

同色系の花のモチーフをつけて、シンプルなマフラーをおしゃれに。

シックな帽子を華やかに

冬物の帽子には、極太フェルトで編んだ花のモチーフをつけて。

合太ツイード　かぎ針6/0号

極太毛糸　かぎ針7/0号

極太フェルトの糸　かぎ針8/0号

極太リングヤーン　かぎ針8/0号

いろいろな小物につけて

バッグやポーチなど、身の回りの持ち物にもつけてみましょう。使うのが楽しくなりますよ。

立体モチーフを編む

立体モチーフの中でも花びらを重ねる花のモチーフは人気があります。段によって表裏を持ち替えるとスムーズに編めます。

1段め

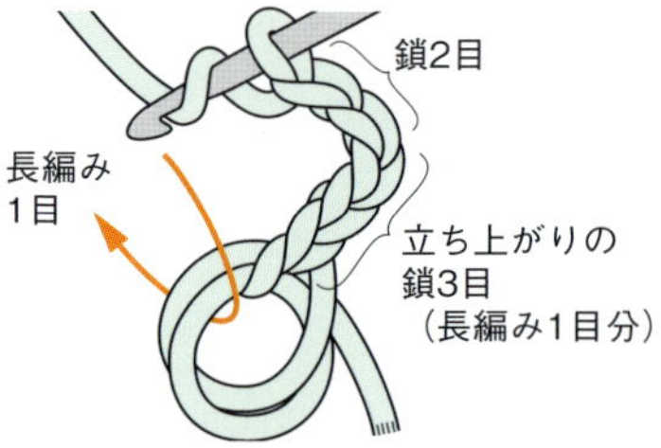

1 輪の作り目(p.15参照)に立ち上がりの鎖3目と鎖2目を編み、針に糸をかけて輪をすくい、長編みを編みます。

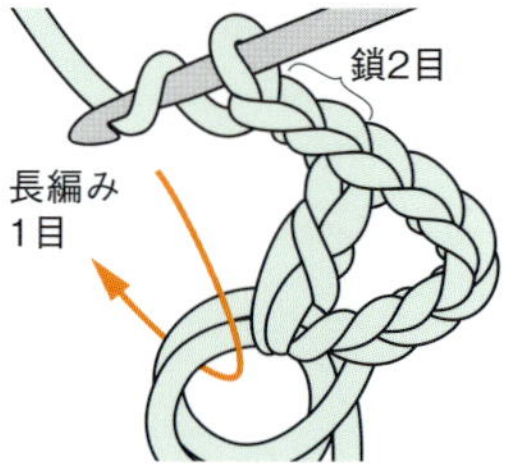

2 鎖2目、長編み1目を編み、これを5回繰り返して花びらの土台を編みます。糸を引いて中央の輪を締めます(p.16参照)。

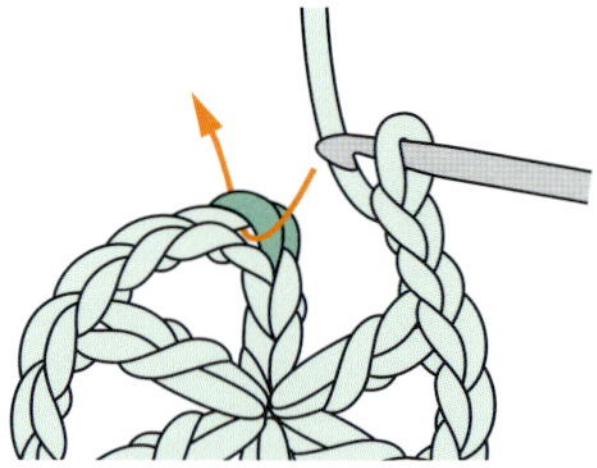

3 最後は編み始めの立ち上がりの鎖3目めの裏山と半目に針を入れ、引き抜き編みをします。

2段め

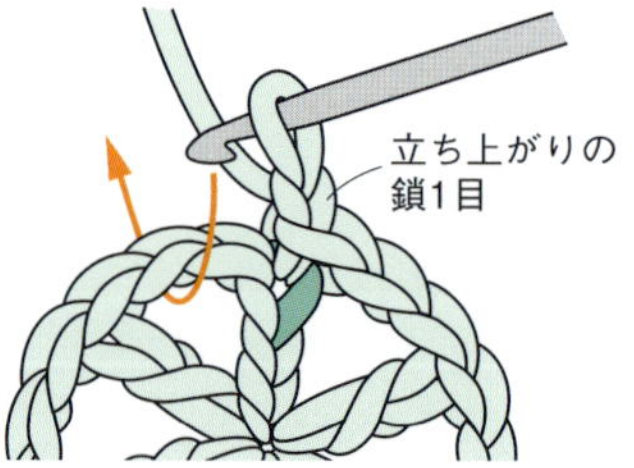

4 立ち上がりの鎖1目を編み、矢印のように針を入れて細編みを1目編みます。

5 細編みが編めたところ。

6
4と同様に針を入れて、中長編みが1目編めたところ。

7
さらに長編みを3目編んだところ。

8
中長編み1目、細編みを1目編み、花びら1枚ができ上がりました。同じように繰り返して6枚の花びらを編みます。

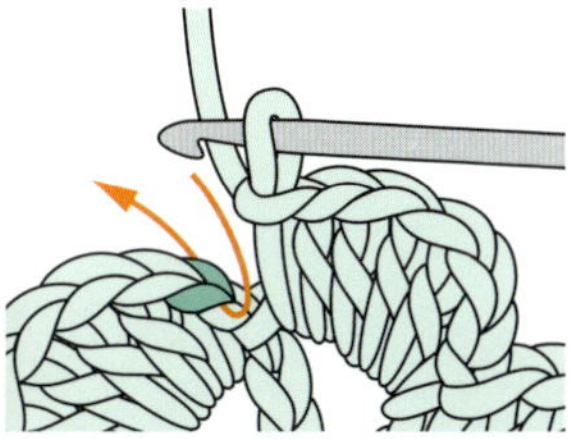

9 編み終わりは、編み始めの細編みの頭の鎖2本に針を入れ、引き抜き編みをします。

3段め

10 立ち上がりの鎖1目を編み、針はそのままで矢印のように回してモチーフを裏返します。

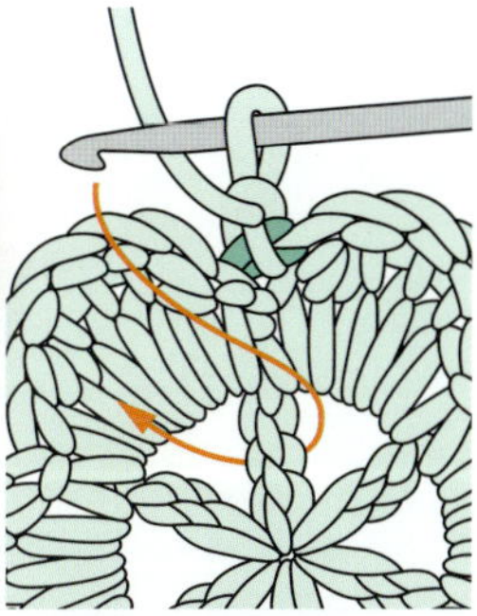

11 ここからはモチーフの裏側を見ながら編みます。

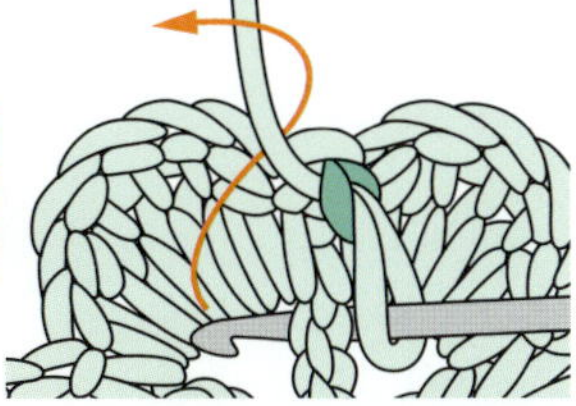

12 1段めの立ち上がりの鎖に右から針を入れ、矢印のように糸をかけて引き出します。

13
もう一度針に糸をかけて引き出し、細編みを編みます（細編みの表引き上げ編み）。

14 引き上げ編みが編めたところ（編み図は表から見たところを描いてあるので、裏引き上げ編みの記号になっています）。

15 鎖5目を編み、1段めの長編みに横から針を入れます。

16 針に糸をかけて引き出し、細編みの表引き上げ編みを編みます（p.59の12～13参照）。

17 これが外側の花びらの土台になります。15～16を繰り返して3段めを編みます。

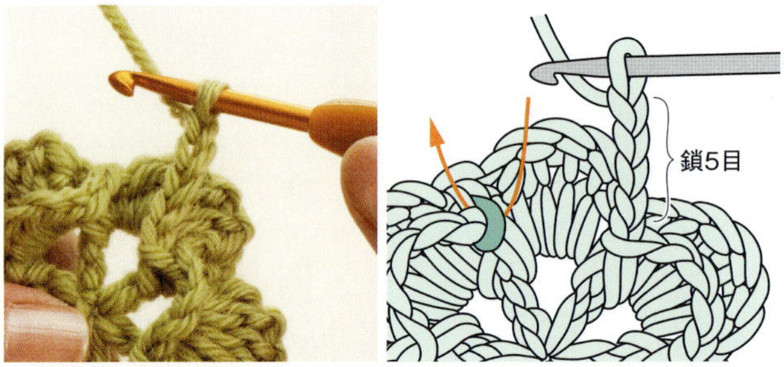

18 最後は鎖5目を編み、編み始めの細編みの頭の鎖2本に針を入れて引き抜き編みをします。

4段め

19 立ち上がりの鎖1目を編み、矢印のように編み地を表に返します。

20 表に向きを変えたところ。

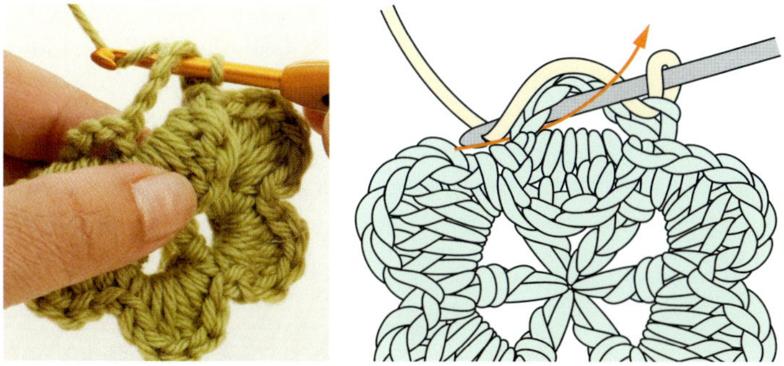

21 花びらを手前に倒し、矢印のように３段めの鎖編みを束にすくって針を入れ、細編みを編みます。

22 細編みが編めたところ。

23 続けて中長編み１目、長編み５目、中長編み１目、細編み１目を編み、外側の花の花びらが１枚編めました。

24 同じように残りの５枚の花びらを編みます。編み終わりの糸端を10cmほど残して切り、ループを引き出します。

●糸端の始末

25 編み終わりの糸端をとじ針に通し、編み始めから２番めの目の頭の鎖２本に手前から針を入れ、向こう側に出します。糸端が出ている目の頭の鎖の中に針を入れ、裏側に出します。

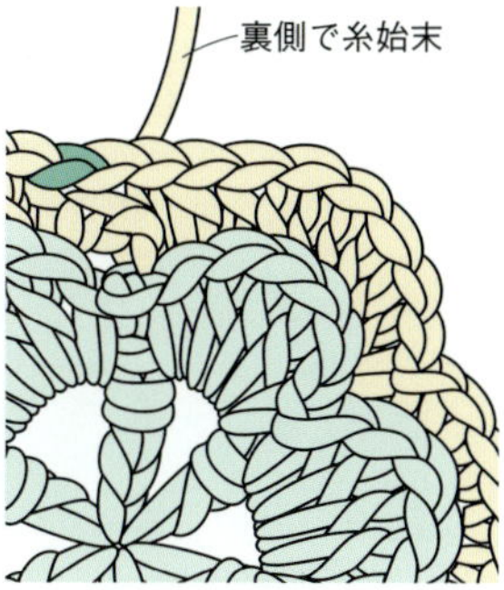

26 裏側で糸始末をします。

Column　花びらの色を替えてきれいに編むには？

3段めの引き上げ編みは表から見えてしまいます。二色の花びらのモチーフを編む場合は、となり合った細編みの足を1本ずつすくって細編みを編むと、花びらの土台が表から見えません。

ハの字を拾おう

1　3段めの細編みの表引き上げ編みの代わりに、花びらと花びらの間の「ハの字」の糸2本に針を入れて拾い、細編みを編みます。

2　細編みが編めたところ。

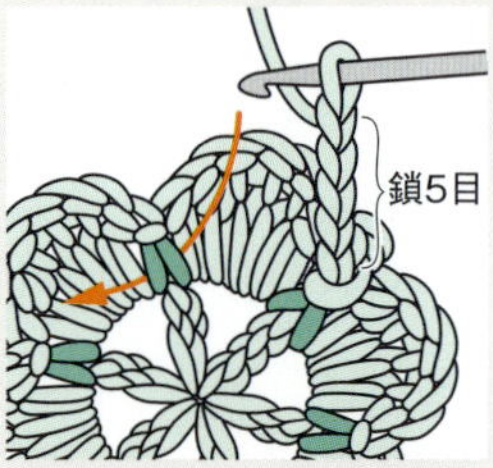

3　鎖5目を編み、次からも「ハの字」に針を入れて編みます。最後は編み始めの細編みの頭の鎖2本に引き抜き編みをします。

引き上げ編みの場合

ハの字を拾った場合

Column　ネット編みのモチーフの編み終わりの始末

ネット編みのモチーフの場合は、最後の鎖編みを1目少なく編み、とじ針で鎖を1目作りながら始末します。

1　最後の鎖目を1目少なく編み、糸端を10cm残して切ります（写真の場合は4目）。針にかかっているループを引き出し、とじ針に通します。編み始めの細編みの頭の鎖2本に手前から針を入れ、向こう側に出します。

2　糸が出ている鎖の目に手前から針を入れます。

3　鎖1目の大きさに整え、裏に返して矢印の位置に針を入れ、糸端の始末をします（p.80参照）。

4 モチーフを編みながらつなぐ

モチーフを 1 枚編み、次のモチーフの最終段を編みながらつないでいく方法です。円形のモチーフやネット編みのモチーフの場合に適しています。

引き抜き編みでつなぐ

最終段を編みながら 1 枚めの鎖目のループを束にすくって引き抜き編みをします。一番簡単なつなぎ方です。

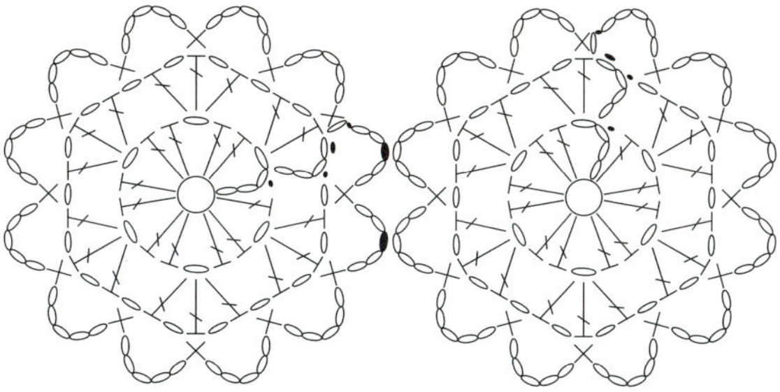

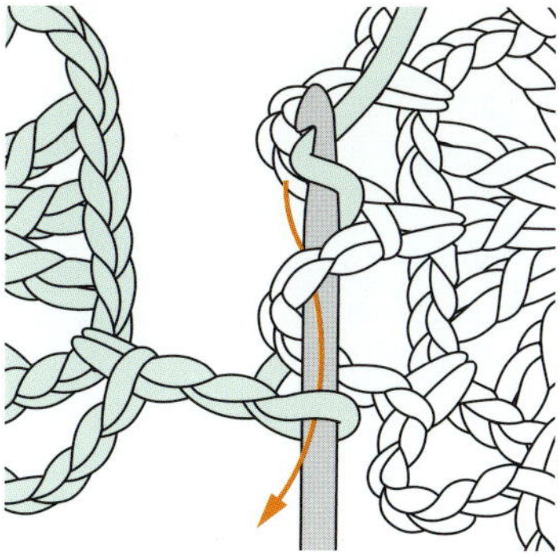

1 鎖2目を編み、1 枚めのモチーフの鎖目を束に拾って、引き抜き編みを編みます。

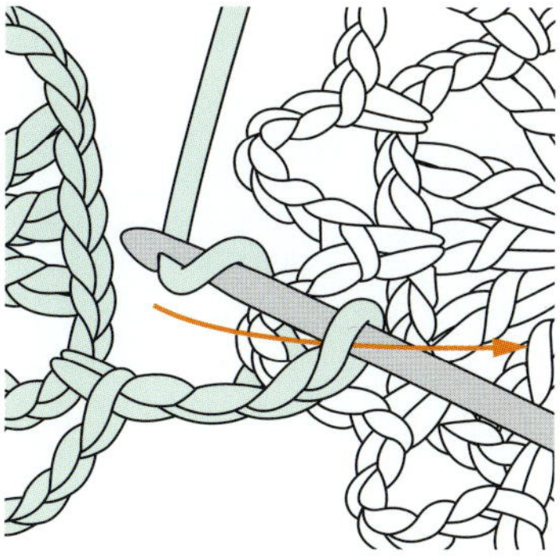

2 続けて鎖2目を編んだあと2枚めのモチーフに細編みを編みます。

3 次のつなぐ位置も同じように編みます。

針を入れ替えて引き抜き編みでつなぐ

色の違うモチーフをこの方法でつなげると、鎖編みが入れ替わったようにつながります。

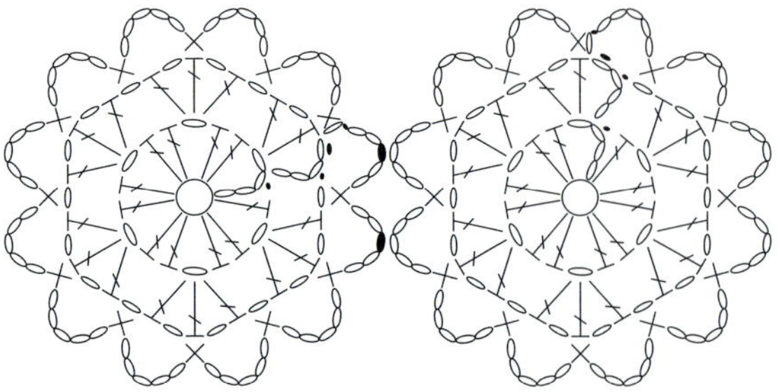

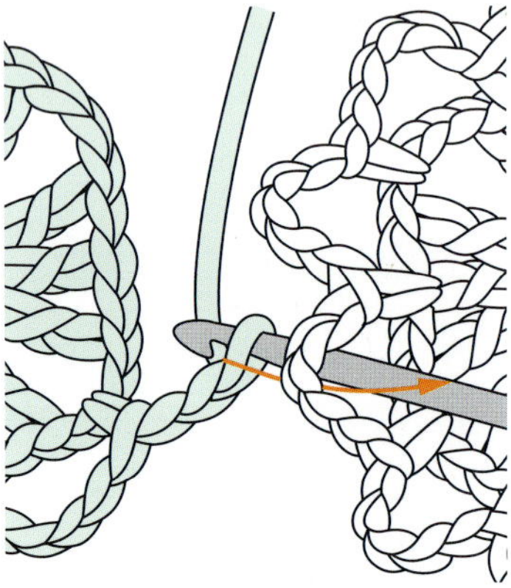

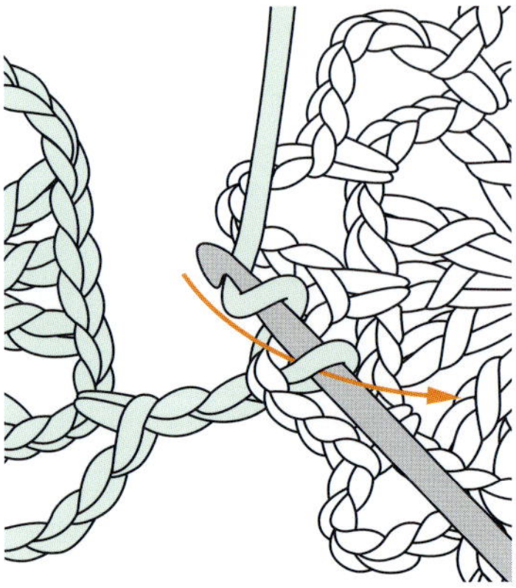

1 つなぐ位置の手前の鎖2目を編んで、いったん針をはずします。イラストのように1枚めのモチーフに針を入れ、はずしたループを引き出します。

2 針に糸をかけて引き抜き編みをし、鎖2目を編んだあと2枚めのモチーフに細編みを編みます。

3 次のつなぐ位置も同じように編みます。

引き抜き編みで割ってつなぐ

色の違うモチーフをこの方法でつなげると、各モチーフの色がつなぎ目で交ざりません。

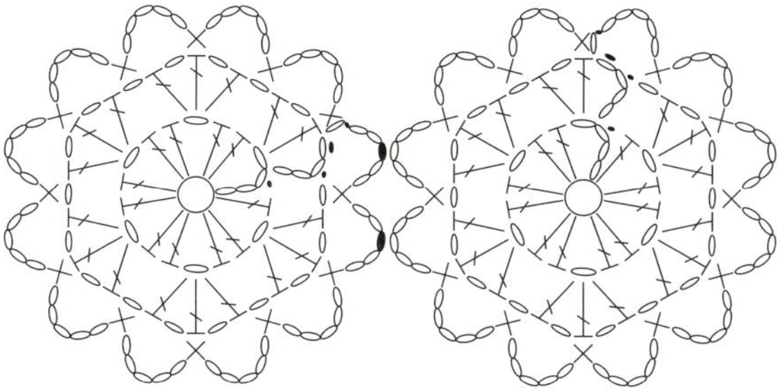

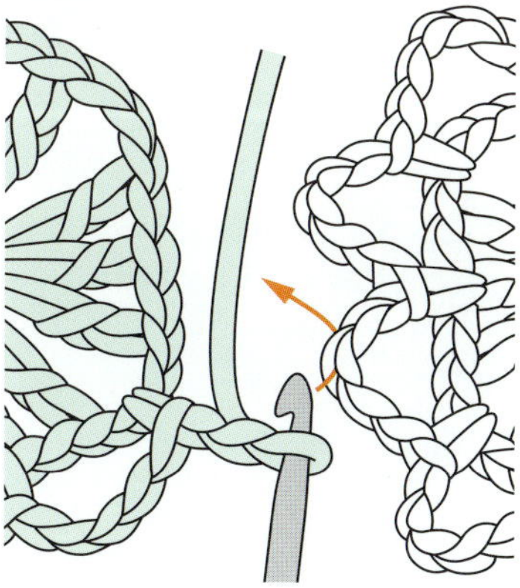

1 つなぐ位置の手前の鎖2目を編んで、1枚めのモチーフの鎖の半目と裏山を拾って針を入れます。

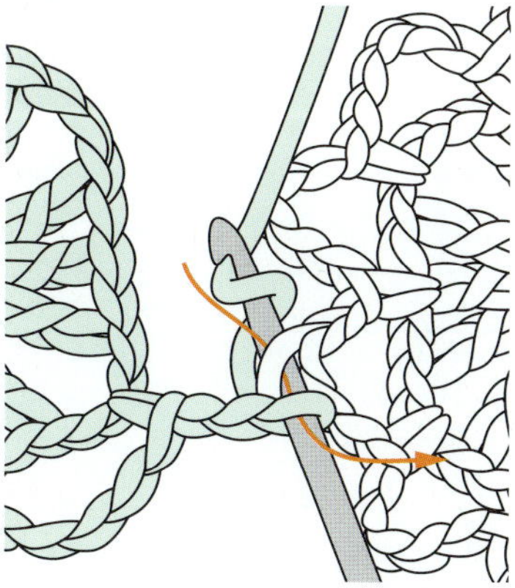

2 針に糸をかけて引き抜き編みをし、鎖2目を編んだあと2枚めのモチーフに細編みを編みます。

3 次のつなぐ位置も同じように編みます。

細編みでつなぐ

最終段を編みながら、1 枚めの鎖目のループに針を入れ、細編みを編みながらつないでいきます。

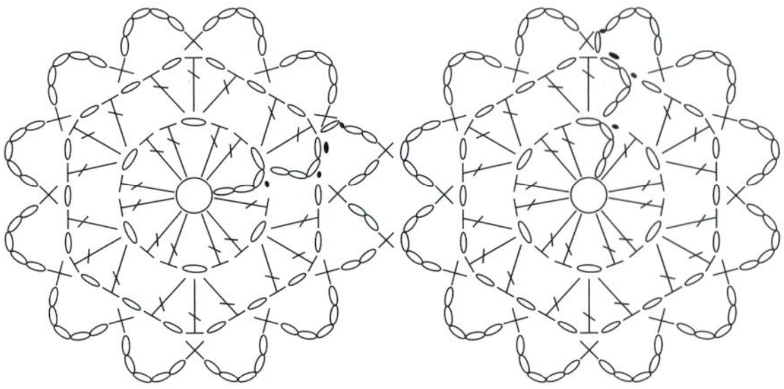

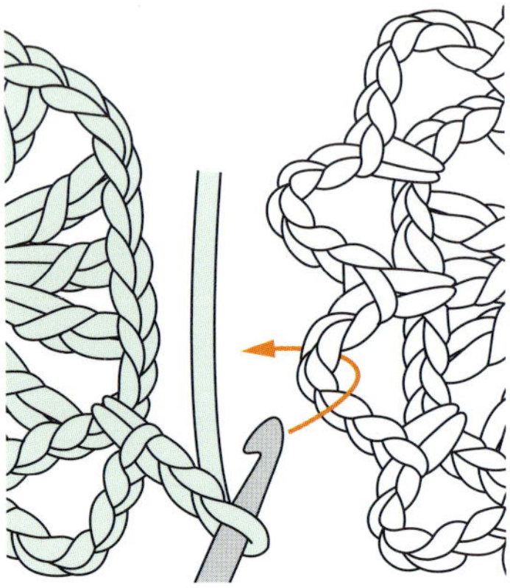

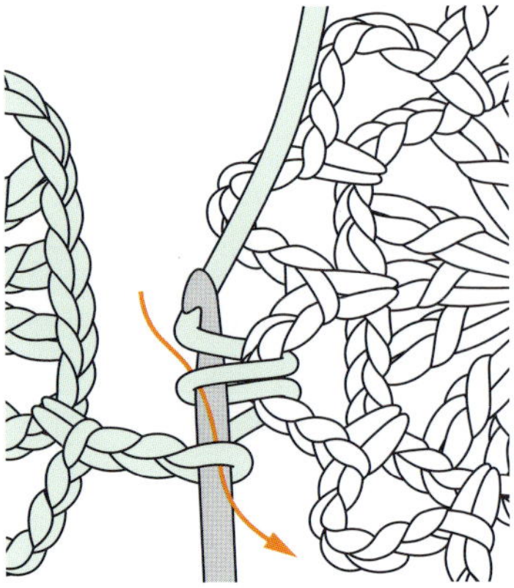

1　つなぐ位置の手前の鎖2目を編んで、1枚めの鎖目を束に拾って針を入れます。

2　針に糸をかけて引き出し、もう一度針に糸をかけて引き抜きます（細編み）。続けて鎖2目を編んだあと2枚めのモチーフに細編みを編みます。

3　次のつなぐ位置も同じように編みます。

長編みで花びらの先をつなぐ

花びらのモチーフの先をもう１枚のモチーフに通し、長編みを編んでつなぎます。

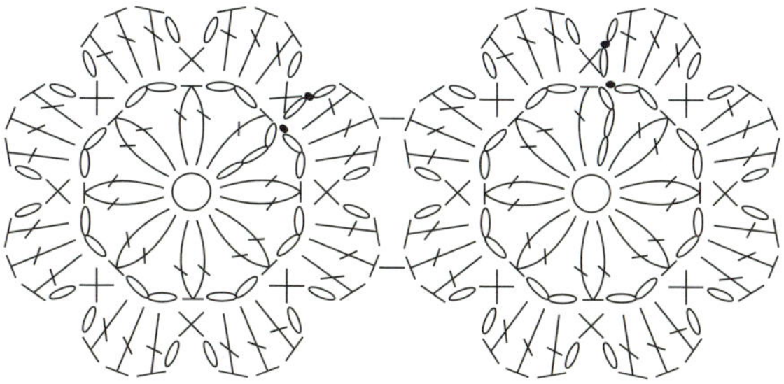

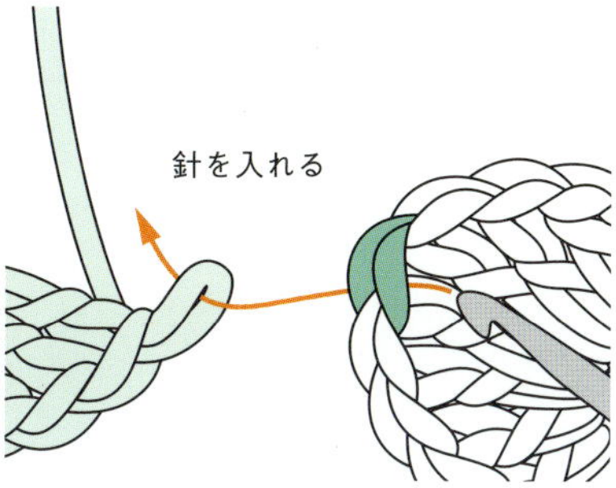

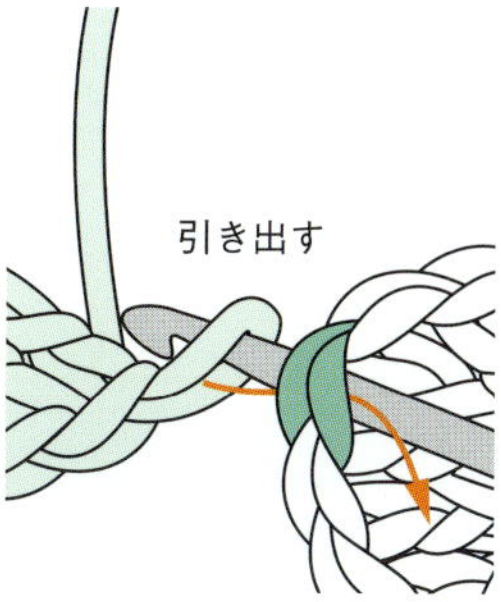

1　つなぐ位置の手前まで編んだら、いったん針をはずし、１枚めの長編みの頭の鎖２本に針を入れ、はずしたループを引き出します。

2　針に糸をかけ、２枚めのモチーフに長編みを編みます。

3　花びらが１枚つながりました。もう１枚も同様に編みつなぎます。

引き抜き編みで４枚をつなぐ

４枚のモチーフをつなぐ場合は、角をつなぐとき３、４枚めを１枚めにはつながず、２枚めのモチーフにつなぎます。

●1枚めに2枚めをつなぐ

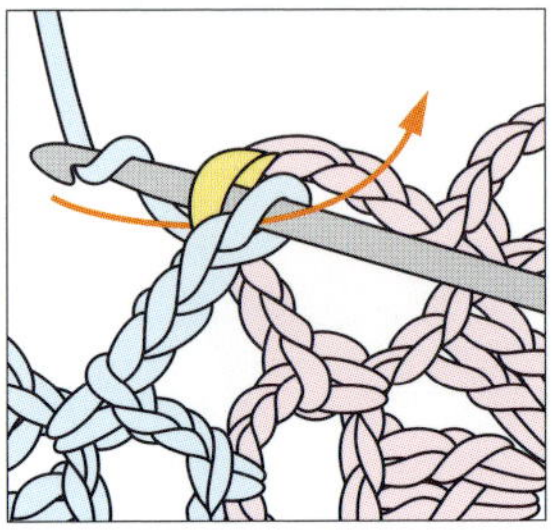

1

つなぐ位置（編み図の引き抜き編みのところ）の手前の鎖３目を編み、１枚めのモチーフの角の鎖目を割って針を入れて引き抜き編みをします。

2

角がつながったところ。さらに鎖編みを３目編み、残りの２カ所も引き抜き編みでつなぎます。

3

２枚のモチーフがつながりました。

※イラスト内（１枚め＝ピンク　２枚め＝うすいブルー　３枚め＝赤　４枚め＝濃いブルー）

●3枚めをつなぐ

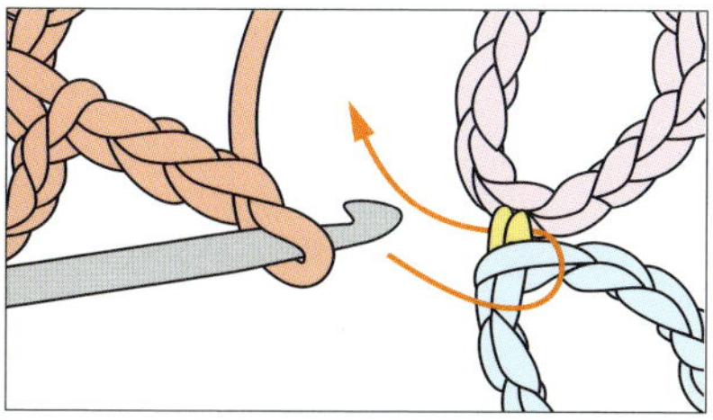

4 つなぐ手前の鎖3目を編み、矢印のように2枚めの引き抜き編みの足2本に針を入れます。

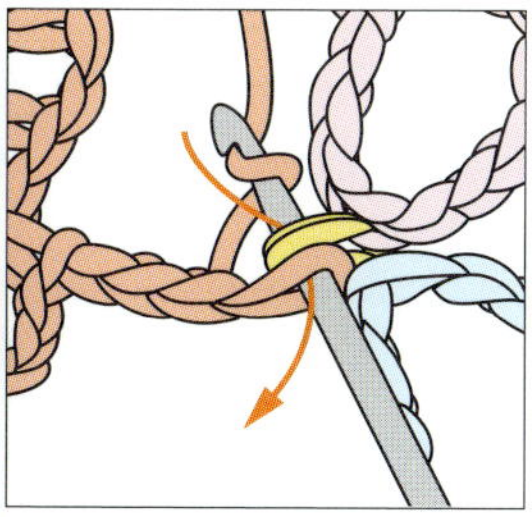

5 針に糸をかけて引き抜きます。残りの2カ所も引き抜き編みでつなぎます。

6 3枚めのモチーフがつながりました。

●4枚めをつなぐ

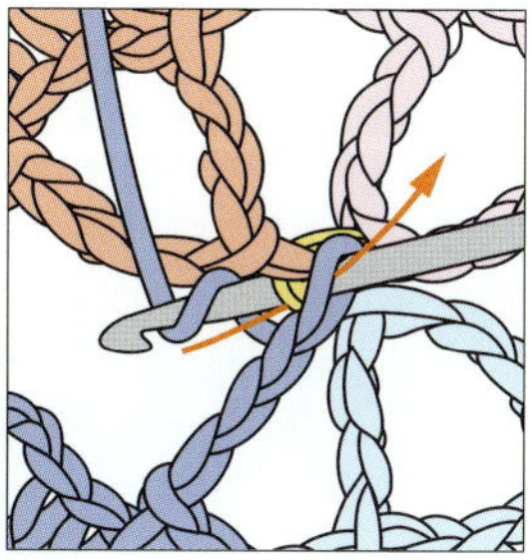

7 つなぐ手前の鎖3目を編み、2枚めの引き抜き編みの足2本に針を入れます。

8 針に糸をかけて引き抜きます。4つのモチーフの中央を編みつなげたら、鎖編みを編み、残りの2カ所も引き抜き編みでつなぎます。

Column　ビニールリングを使った連続モチーフのつなぎ方

ビニールリングを使うと、形が整ったきれいなモチーフに仕上がります。また、糸を切らずにモチーフをつなぐことができ、糸始末の手間がはぶけるのもメリットです。

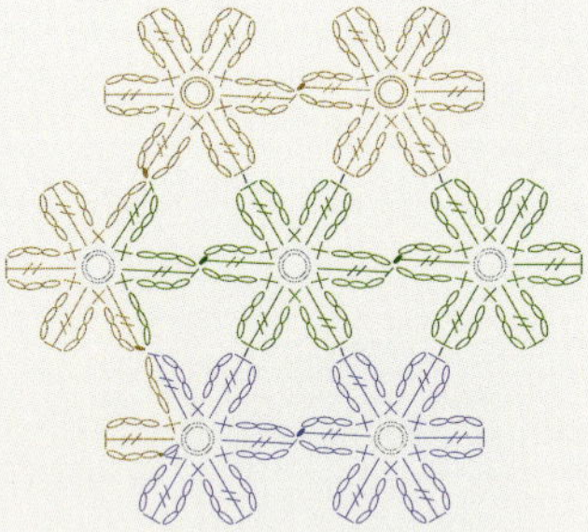

1　1つめの花の3枚めの花びらの半分まで編み、鎖3目を編みます。

2　2つめの花のビニールリングに細編みを編み、続けて6枚めの花びらの半分まで編みます。

3　2つめの花の最後は、1つめの花の3枚めの花びらの先に矢印のように針を入れます。

4　針に糸をかけて引き抜きます。

5　2枚めと1枚めがつながり、鎖3目を編んだところです。続けて1枚めのリングに細編みを編みます。

6　1枚めの花の5つめの花びらを半分まで編み、鎖3目を編んで3枚めのリングに細編みを編みます。

7　4〜7枚めを順に編み進み、6、3、1枚めの残りを編んで完成です。

5 とじ方とはぎ方

編み地の段と段をつなぐことを「とじ」、編み地の目と目をつなぐことを「はぎ」といいます。
とじとはぎにはいくつかの種類があります。

段と段をつなぐ「とじ方」

編み地を編んだかぎ針よりも 1 号細いかぎ針を使うと編みやすくなります。

●鎖引き抜きとじ

長編みや透かし模様などの場合によく使われるとじ方です。とじる位置がわかりやすく、早くとじ上がります。

1　2枚の編み地を中表に合わせて持ち、それぞれの端の目に針を入れて、針にかけた糸を引き出します。

2　糸を引き抜いたところ。

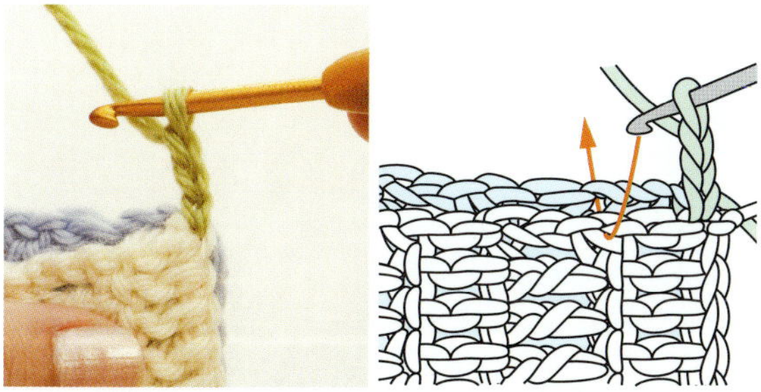

3　長編み1段分の高さに応じた鎖（この場合は3目）を編み、段の頭の目を割って矢印のように針を入れます。

4　針に糸をかけ、引き抜きます。

5　さらに鎖2目を編んで、同じように引き抜き編みをします。

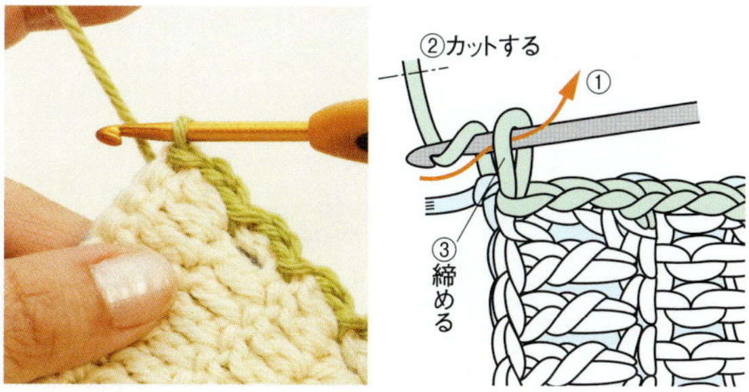

6　端まで編めたら、とじ終わりはもう一度針に糸をかけて引き抜き、目を引き締めます。

●引き抜きとじ

伸びを防ぎ、しかもとじる位置がわかりやすいです。とじ代がごろつくので太い糸で編んだものには向きません。

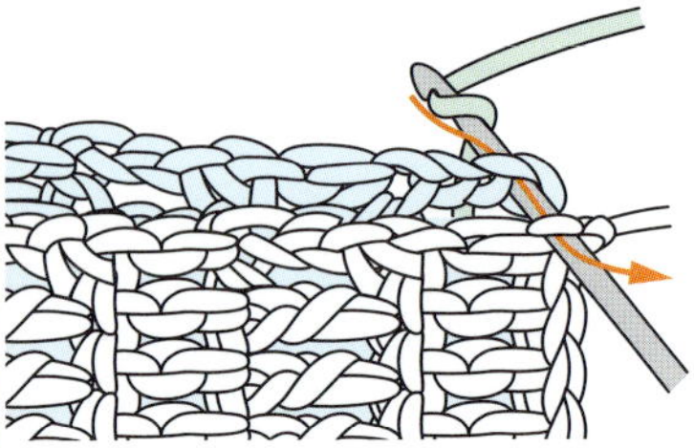

1 2枚の編み地を中表に合わせて持ち、それぞれの端の目に針を入れ、糸をかけて引き出します。

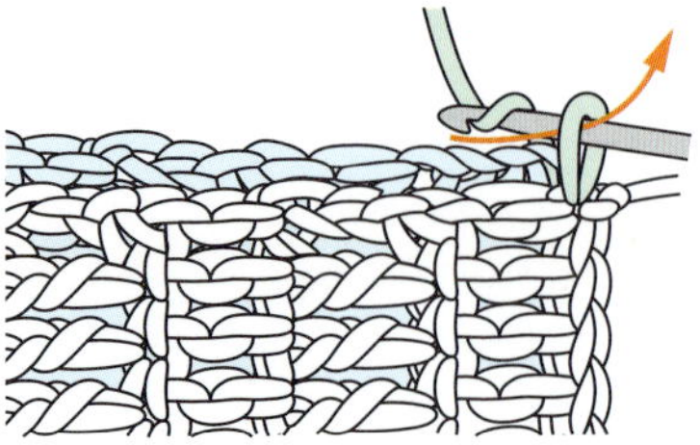

2 もう一度針に糸をかけて引き抜きます。

3 編み地の端の1目を割って針を入れ、糸をかけて引き抜きます。

4 引き抜き編みが1目編めました。

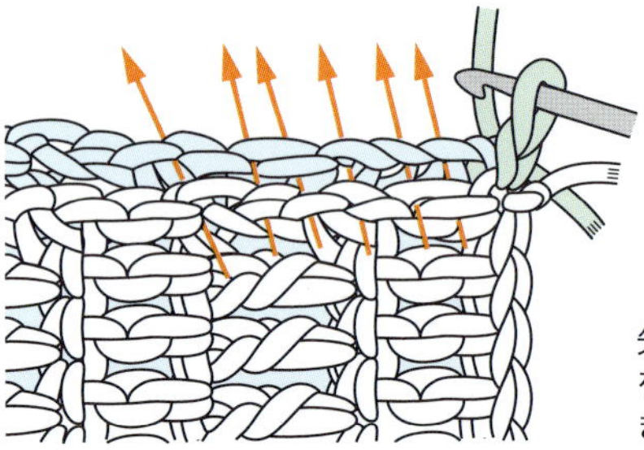

5 矢印の位置に針を入れて引き抜き編みをします。

6 長編み1段に3目ずつ引き抜き編みを編んでいきます。とじめがつれないよう、編み地とのバランスを見ながらとじます。

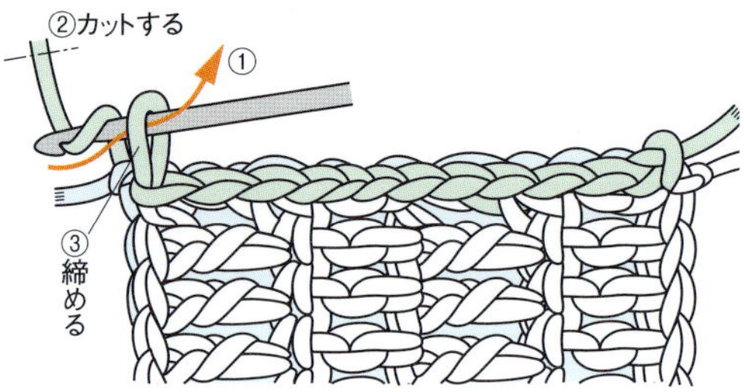

7 端まで編めたら、とじ終わりはもう一度針に糸をかけて引き抜き、引き締めます。

●鎖細編みとじ

鎖引き抜きとじの引き抜き編みの部分に細編みを編みます。

1
2枚の編み地を中表に合わせ、それぞれの端の目に針を入れて糸を引き出し、細編みを1目編みます。

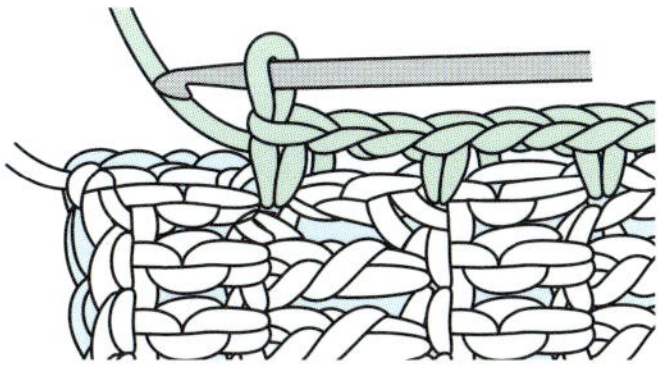

2 次の段までの長さの鎖（この場合は2目）を編み、2枚それぞれの段の頭の目を割って細編みを編みます。これを繰り返します。

Column とじ針を使うとじ方

かがりとじ 初心者にもわかりやすいとじ方ですが、とじ代が目立つのが難点です。

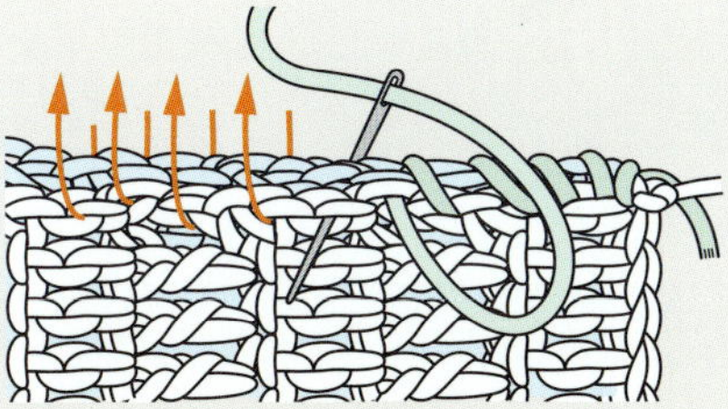

1
2枚の編み地を中表に合わせ、鎖の目を割って向こう側から針を入れてイラストのようにかがります。針を入れる間隔は、長編み1段分に2回ぐらいが適当です。

本返し縫いとじ 簡単で手早くできますが、とじ代が少し厚くなります。

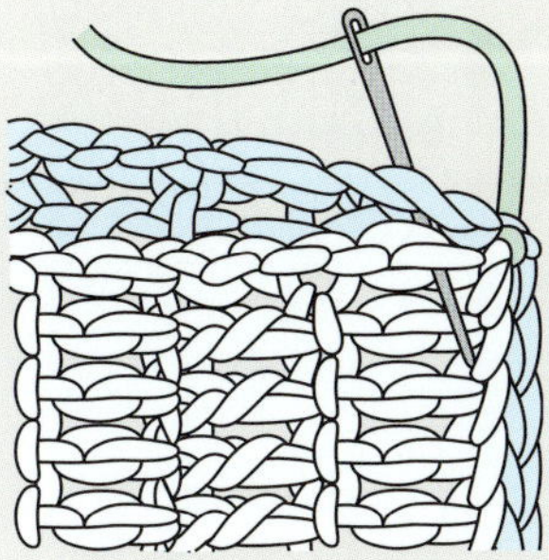

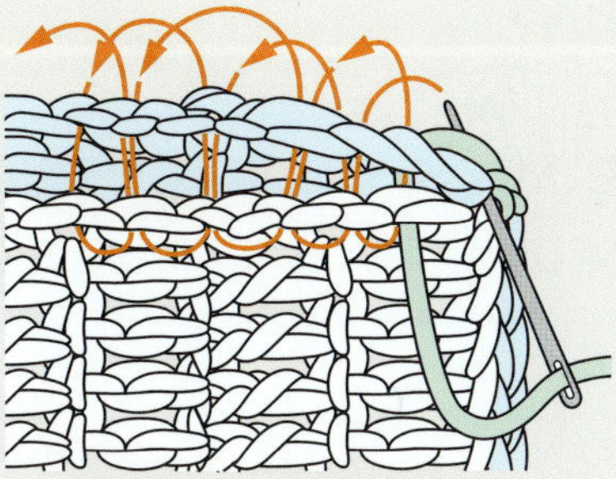

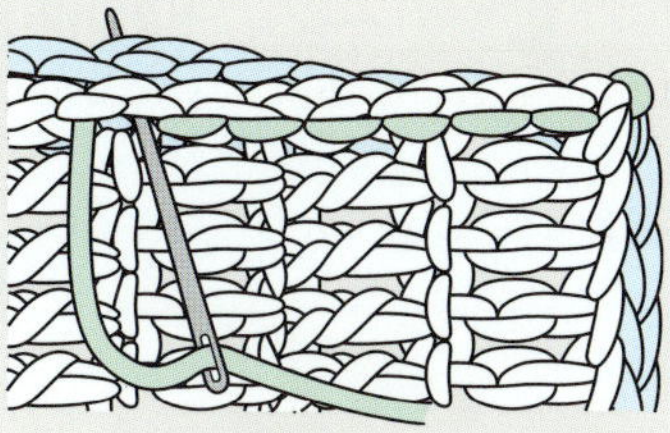

1 2枚の編み地を中表に合わせ、向こう側から針を入れ、手前に出します。

2 編み始めの端の目に針を戻し、向こう側に出します（ひと針返し縫いをしました）。次からは矢印のように針を出し入れしてとじていきます。針を入れる間隔は長編み1段分に2回ぐらいが適当です。

3 「ひと針戻り、ふた針先に出す」を繰り返してとじます。

目と目をつなぐ「はぎ方」

はぎ方によっては、太い糸の場合は糸を割って細くして使います。かぎ針ではぐ方法と、とじ針ではぐ方法があります。

●鎖引き抜きはぎ

細～中ぐらいの太さの糸で編んだ透かしの多い編み地に適した方法です。

1　2枚の編み地を中表に合わせ、それぞれの端の目に針を入れ、糸をかけて引き出します。

2　次につなぐ目までの長さに応じた鎖を編みます。

3　2枚の編み地のつなぐ目の頭の鎖2本に針を入れ、引き抜き編みをします。

4　鎖編みと引き抜き編みを繰り返してはぎます。

5　端まではいだら、もう一度針に糸をかけて引き抜き、糸を引き締めます。

●引き抜きはぎ

簡単で手早くできますが、はぎ代が厚くなるため、太い糸には向きません。

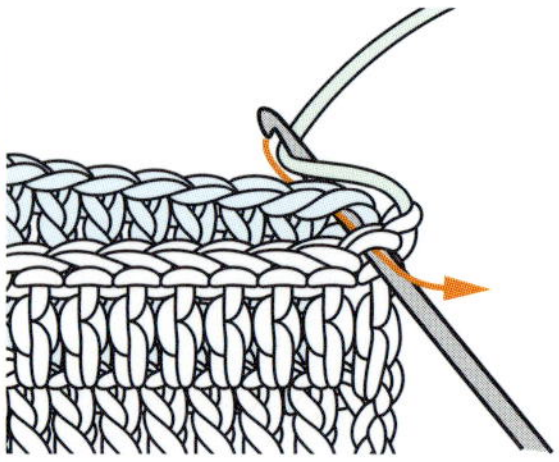

1　2枚の編み地を中表に合わせ、それぞれの端の目に針を入れ、糸をかけて引き出します。

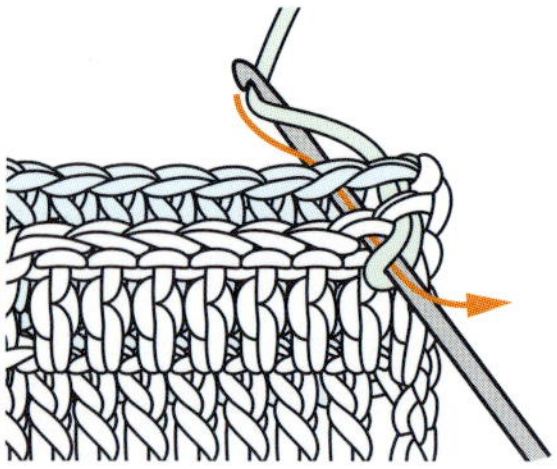

2　次の目に針を入れ、1目ずつ引き抜いていきます。

3　1目はいだところ。

4　端まではいだら、もう一度針に糸をかけて引き抜き、引き締めます。

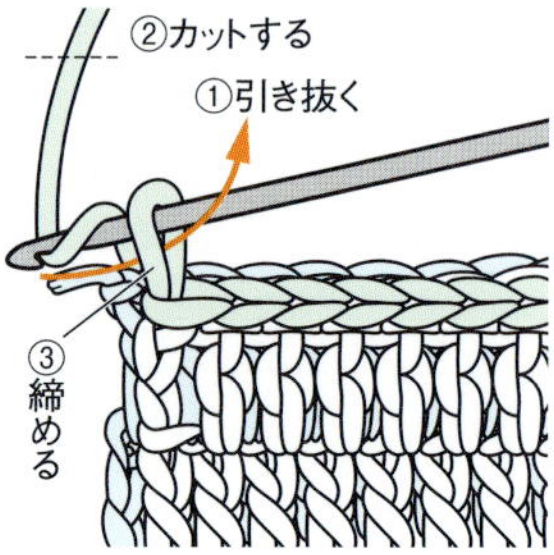

●かがりはぎ

初心者向けの簡単な方法ですが、はいだ糸がやや目立ちます。とじ針を使います。

全目（目の頭の鎖2本ずつを拾う）

1　2枚の編み地を外表に合わせ、端の目に向こう側から手前に針を出します。

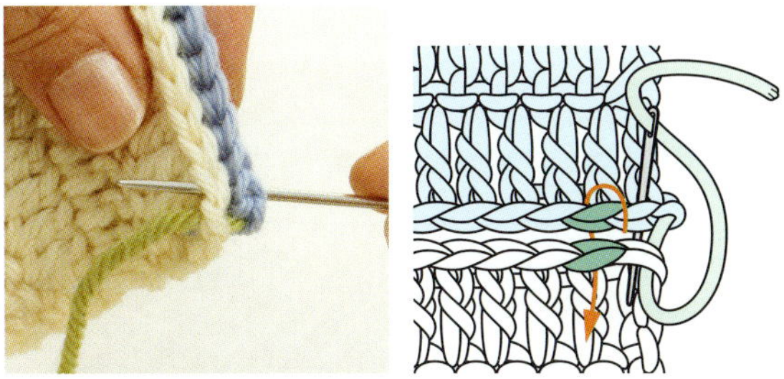

2　2枚の編み地それぞれの次の目の頭の鎖2本をすくってかがります。

3　1目はいだところ。次の目からも同じようにはいでいきます。

表側から見たところ。両端の目には針を2回入れます。

半目（目の頭の鎖1本ずつを拾う）

1　2枚の編み地の表側を見て突き合わせ、端の目に向こう側から手前に針を出します。

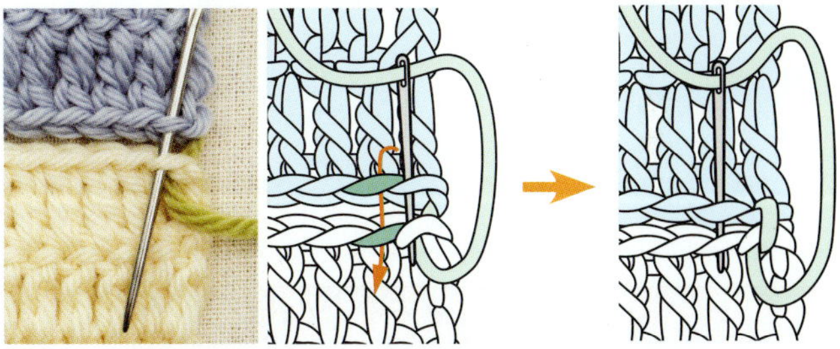

2　イラストの矢印のように針を入れて、かがります。

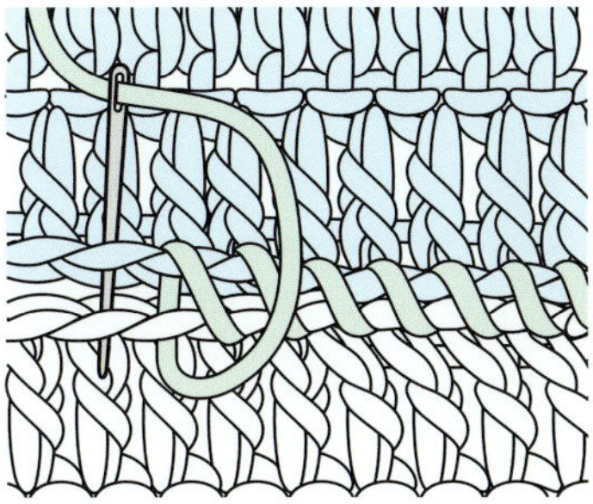

3　続けてかがっていきます。

表側から見たところ。両端の目には針を2回入れます。

6 モチーフを編んでからつなぐ

でき上がったモチーフをつないでいく方法で、辺がまっすぐなモチーフに適しています。モチーフをたくさん編みためておいて、まとめてつないで仕上げることができます。

鎖編みと細編みでつなぐ

モチーフとモチーフの間に鎖編みを編み、細編みでつなぎます。鎖の数はデザインに合わせます。

1 1枚めのモチーフの角の中央の目に細編みを編みます。

2 鎖3目を編み、2枚めのモチーフの角の鎖目を割って表側から針を入れます。

3 細編みを編みます。

4 鎖3目を編み、1枚めのモチーフの端から3目めの長編みの頭の鎖2本に針を入れ、細編みを編みます。

5 同じように繰り返して編みます。

鎖編みと長編みでつなぐ①

モチーフとモチーフを1目または2目の方眼編みでつなぎます。

1 1枚めのモチーフの角の鎖編みから糸を引き出し、鎖3目を編みます。針に糸をかけ、2枚めのモチーフの角の鎖の目に裏から針を入れます。

2 2枚めのモチーフに長編みを編み、鎖2目を編んだところ。続けて1枚めのモチーフの端から3番めの長編みの頭の鎖2本に針を入れ、未完成の長編み（p.108参照）を編みます。

3
1枚めのモチーフに未完成の長編みを編んだところ。さらに2枚めのモチーフに裏から針を入れ、未完成の長編みを編みます。

4
針に糸をかけ、針にかかっている糸をすべて引き抜きます。

5
糸を引き抜いたところ。

6 同じように繰り返して編みます。

鎖編みと長編みでつなぐ②

モチーフとモチーフの間を鎖編みでつなぎ、長編みでモチーフをとめます。鎖の数はデザインに合わせます。
※1と2は「鎖編みと長編みでつなぐ①」と同じ。ただし2は鎖編み2目を3目に変えます。

3
1枚めのモチーフの5目めの長編みの頭の鎖2本を表側から拾って針を入れ、長編みを編み、続けて鎖3目を編みます。

4
2枚めのモチーフの5目めの長編みの頭の鎖2本を裏側から拾って針を入れ、長編みを編みます。

5
鎖3目を編み、3〜4を繰り返して編みます。

6 同じように繰り返して編みます。

鎖編みと引き抜き編みでつなぐ

モチーフとモチーフの間に鎖編みを編み、引き抜き編みでつなぎます。鎖の数はデザインに合わせます。

1
1枚めのモチーフの角の鎖編みから糸を引き出し、鎖3目を編みます。

2
2枚めのモチーフの角の鎖を割って表側から針を入れ、糸をかけて引き出します。

3
鎖3目を編み、1枚めのモチーフの端から2目めの長編みの頭の鎖2本を表側から拾って針を入れ、糸をかけて引き抜きます。

4
同じように鎖編みと引き抜き編みを繰り返して2枚のモチーフをつないでいきます。

引き抜き編みで4枚をつなぐ

スピーディーにつなぐことができますが、はぎ代が少しごろつきます。

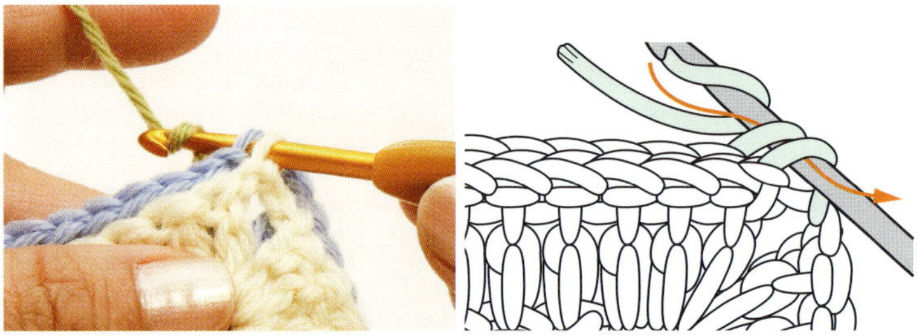

1　2枚のモチーフを中表に合わせ、それぞれの角の鎖の外側の半目に針を入れ、糸をかけて引き出します。

2　糸を引き出したところ。

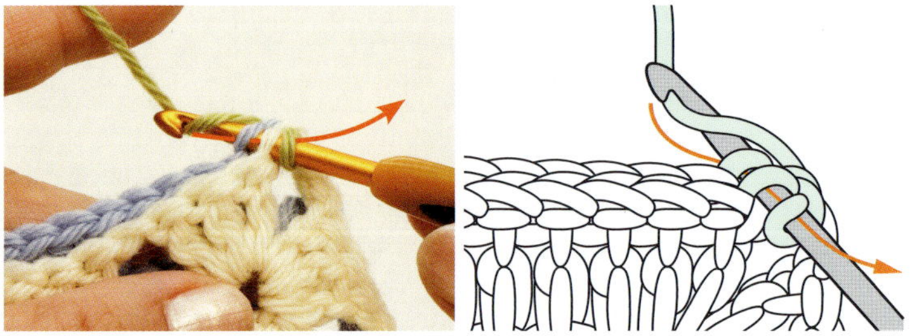

3　次の目もそれぞれ鎖の外側の半目に針を入れ、糸をかけて引き抜き編みをします。

4　1目引き抜いたところ。

5

同様にして5目引き抜き編みをしたところ。

6

1、2枚めの最後まで編んだら、3、4枚めを続けて編みます。3、4枚めの編み地も中表に合わせ、1と同様につなぎます。

7

針に糸をかけて引き抜き、3、4枚めがつながりました。続けて引き抜き編みを編んでいきます。

8 横の辺同士がつながりました。同じように縦の辺も引き抜き編みでつなぎます。

巻きかがりで4枚をつなぐ

かがり目がきれいに並び、辺同士をつなぐことができます。

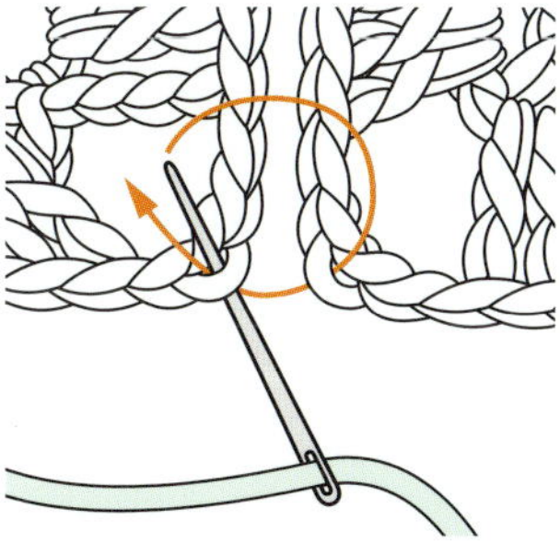

1

2枚のモチーフの表側を突き合わせて並べます。左モチーフの角の目から針を出し、次に右モチーフの角の目に針を入れ、左モチーフの角の目をすくって出します。

このとき鎖目の半目だけをすくいます。

2 次の目からも同じように、鎖の外側の半目をすくって巻きかがりでつないでいきます。

3 2枚がつながりました。

4
3～4枚めに移るときは糸を斜めに渡し、同じように鎖の外側の半目をすくいます。

5
縦をかがり終えたら、編み地の向きを変え、横も同様に巻きかがりでつなぎます。

Column 糸端の始末のし方

編み始め、編み終わりの糸端は、とじ針を使って編み地の裏側で始末します。表に糸が出てこないよう、しっかり行いましょう。

編み始めの糸端

表からわからないように、編み地の裏側に針をくぐらせて糸を切ります。

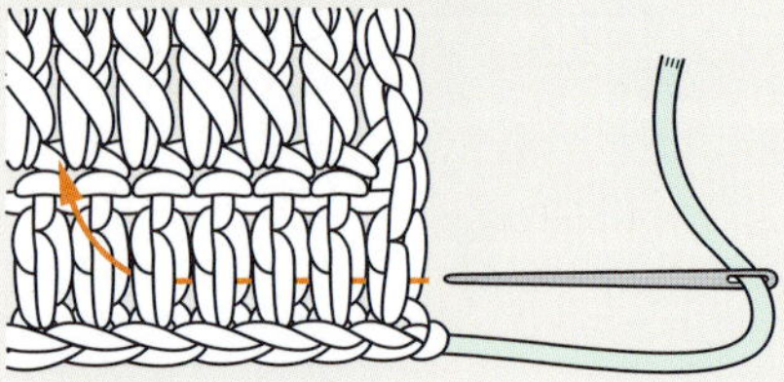

編み地の端の目に絡ませるように糸をくぐらせて糸を切ります。

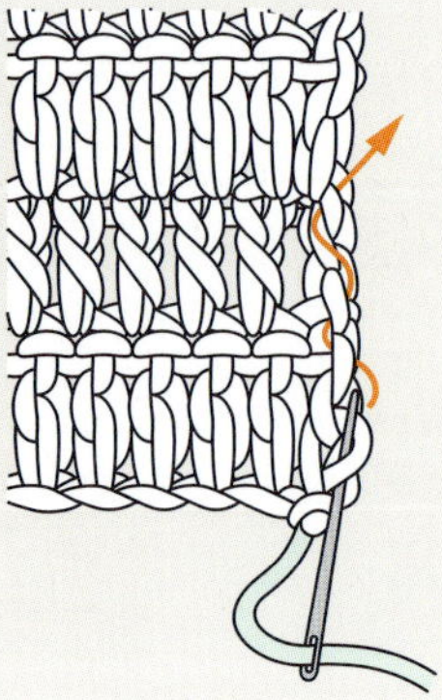

編み終わりの糸端

表からわからないように、編み地の裏側に針をくぐらせて糸を切ります。

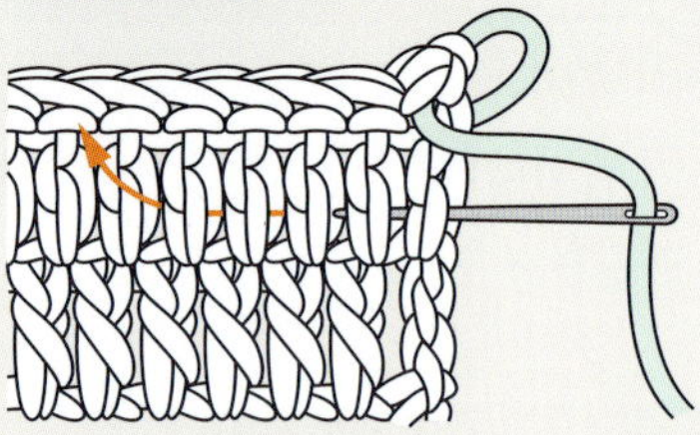

編み地の端の目に糸を絡ませるようにくぐらせて、糸を切ります。

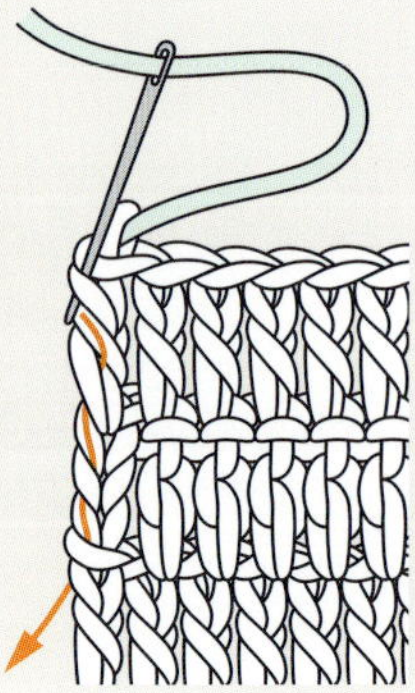

7 ビーズを編み込む

ビーズを編み込むと作品の華やかさがアップします。1 目に 2 つ入れたり 3 つ入れたり、さまざまな編み込み方法があります。

糸通しビーズを編み糸に通すには

1 編み糸を斜めに切り、糸の端の撚りをほぐしてそれぞれ長さを変えておきます。

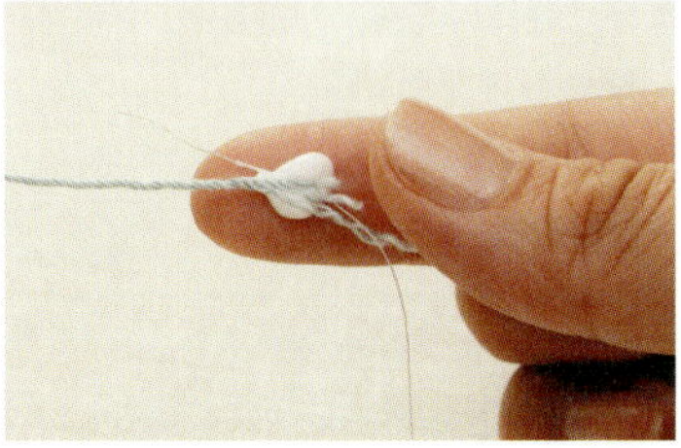

2 糸通しビーズの束をはずし、糸端を編み糸と合わせて手芸用ボンドをつけます。

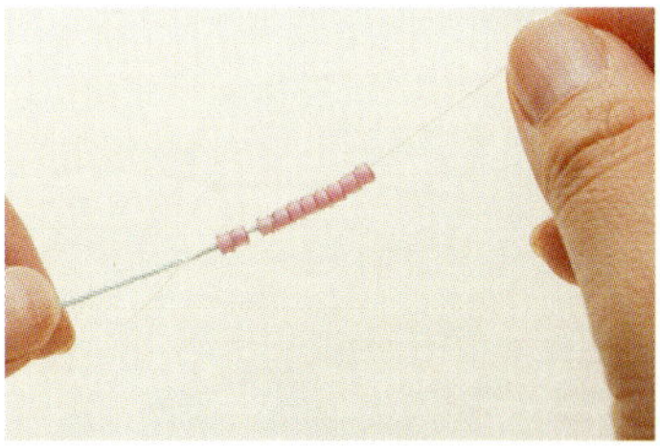

3 ボンドが完全に乾いたら、必要な数のビーズを編み糸に移します。

ビーズの編み入れ方

●鎖編み

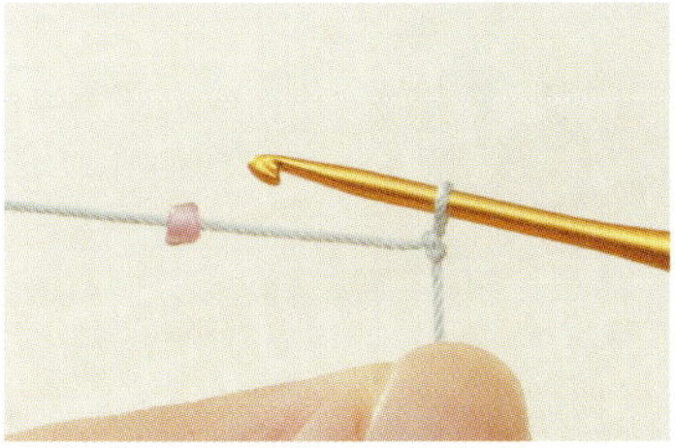

1 作り目を作り、ビーズを目のきわに移動させます。

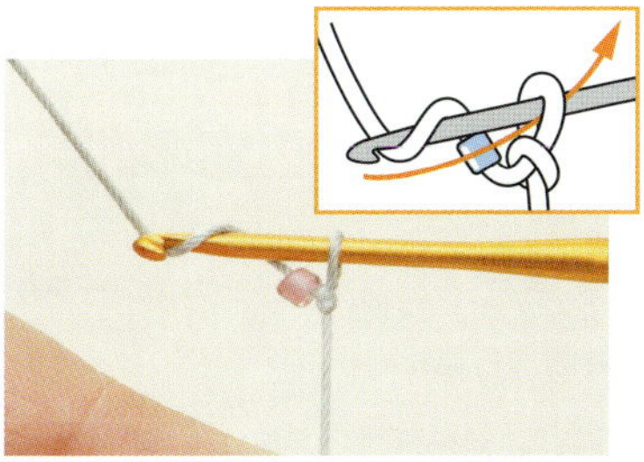

2 針に糸をかけて引き抜き、鎖編みをします。

3 1と2を繰り返すと、ビーズは鎖目の裏山に編み込まれます。

●細編み

1 未完成の細編み（p.108参照）を編み、最後の糸を引き出す直前にビーズを編み地のきわに移動させます。

2 針に糸をかけて引き抜くと、裏側にビーズが編み込まれます。

3 1と2を繰り返して編みます。写真は裏側から見たところ。

●長編み

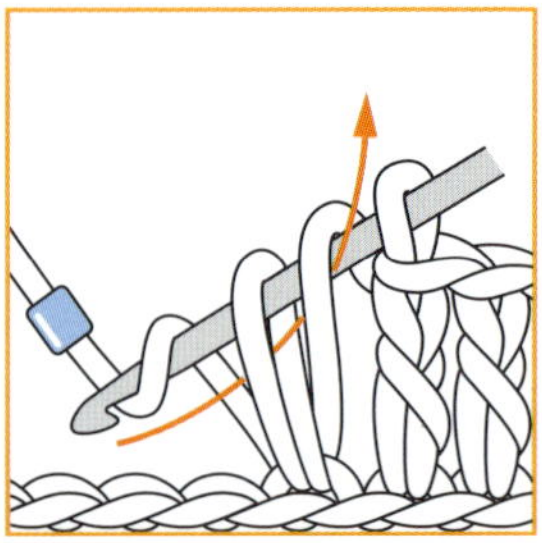

1 未完成の長編み(p.108参照)を編み、最後の糸を引き出す直前にビーズを編み地のきわに移動させます。

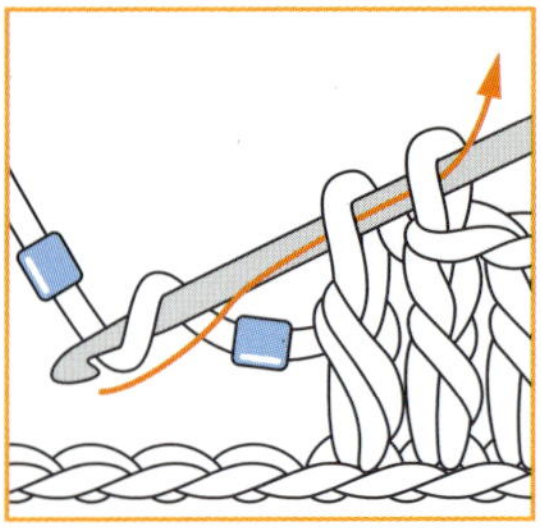

2 針に糸をかけて引き抜くと、裏側にビーズが編み込まれます。

3 1と2を繰り返して編みます。写真は裏側から見たところ。

●引き抜き編み

1 前段の目に針を入れ、ビーズをきわに移動させます。

2 針に糸をかけて引き抜くと、裏側にビーズが編み込まれます。

3 1と2を繰り返して編みます。写真は裏側から見たところ。

長編みにビーズ３個入れてみよう

1 未完成の長編（p.108参照）を編み、最後の糸を引き出す直前にビーズ2個を編み地のきわに移動させます。

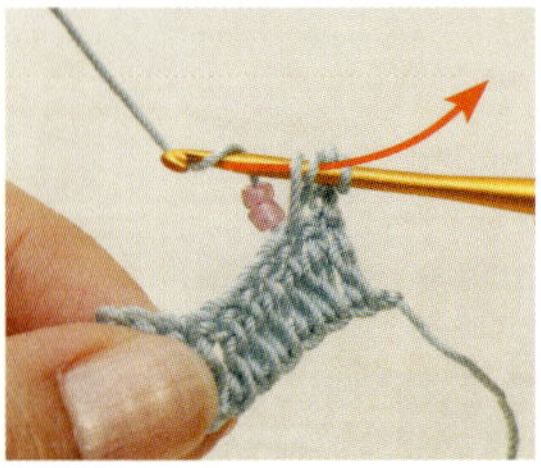

2 針に糸をかけてループ2本分引き抜きます。

3 さらにビーズ1個をきわに移動させ、針に糸をかけて残りのループを引き抜きます。

4 1〜3を繰り返して編みます。写真は裏側から見たところ。

ビーズ編みのエジングでもっとおしゃれに

ビーズ編みの縁飾りは、レース編みの中でも大人気のアイテム。アイデア次第でさまざまな使い方ができます。必要な長さに編んで仕上げましょう（エジングの作り方は p.152）。

ガラスの小物入れの口に巻いて

透明なガラスの小物入れの口にあしらってみました。こんな小物入れがあると部屋の中が明るくなりますね。

大きな本のしおりに

長さを生かして大きな本のしおりとして使うこともできます。

Tシャツやブラウスの襟に縫いつけて

Tシャツやブラウスの襟につけておしゃれに。
ジーンズのポケット、バッグやポーチに縫いつけても上品な仕上がりになります。

8 ボタンホール、ボタンループを編む

編みながら穴をあける方法と編んでから穴をあける方法があります。どちらの場合も位置は縁編みの拾い目のときに決めておきましょう。

細編みのボタンホール

ボタンの大きさに合わせて鎖を編み、その上に細編みを編みます。鎖目の長さはボタンの直径より少し短くします。

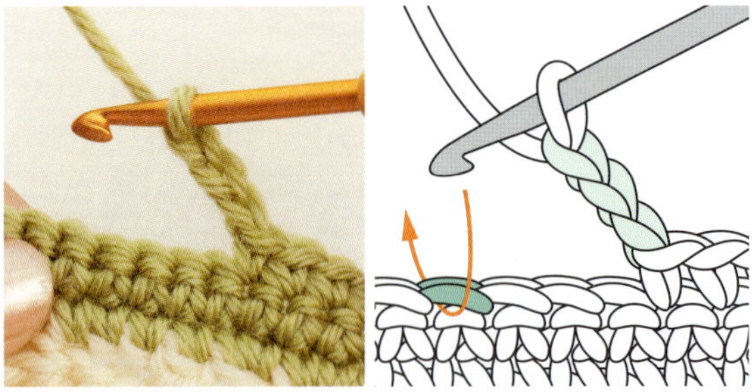

1 ボタンホールの位置にきたら、ボタンの大きさに合う目数の鎖目を編みます（この場合は3目）。

2 前段の目を同じ目数だけとばして（この場合は3目）細編みをし、端まで細編みを編みます。

3 次の段はボタンホールの位置まで細編みを編みます。

4 ボタンホールの鎖の裏山を拾って細編みを編みます。

5 ボタンホールができ上がりました。

細編みのボタンループ

ループの大きさはボタンより少し小さめにします。

1 ボタンループをつける位置にきたら、ボタンの大きさに合う目数の鎖目を編みます（この場合は7目）。

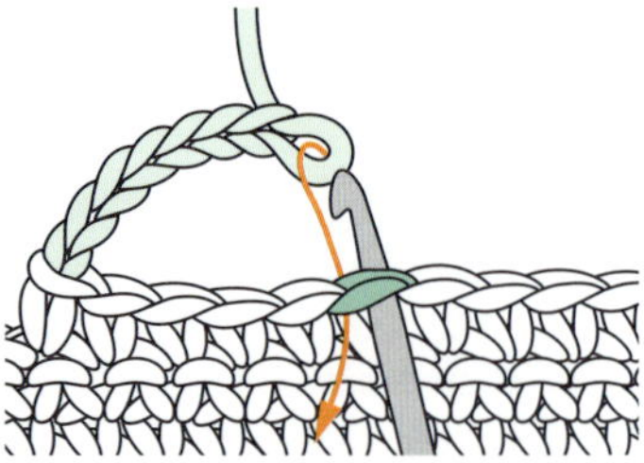

2 いったん針をはずし、手前の細編みの目（この場合は6目め）に針を入れて、はずした目を引き出し、引き抜き編みを1目編みます。

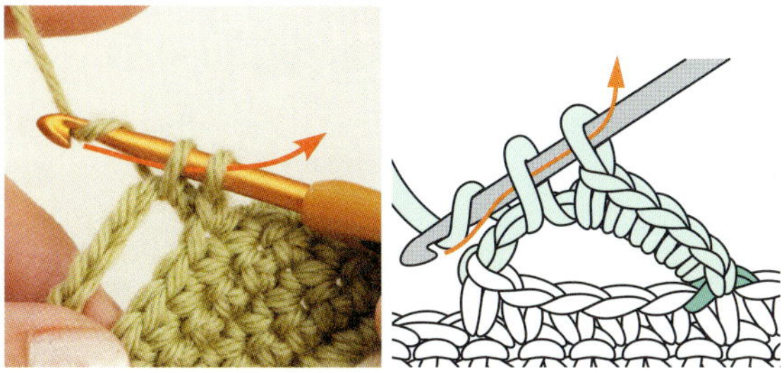

3 鎖目を束に拾って細編みを編んでいきます（この場合は8目）。

4 最後は細編みの頭の半目と足をすくって引き抜きます。

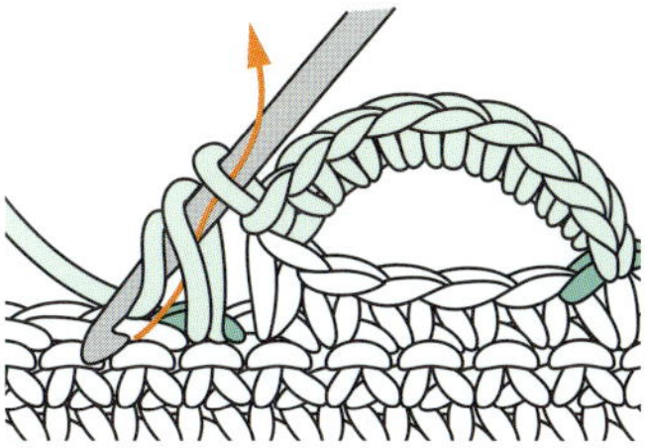

5 続けてその段に細編みを編んでいきます。

6 ボタンループができ上がりました。

引き抜き編みのボタンループ

細編みのボタンループより細く繊細なループができます。ループの大きさはボタンより少し小さめにします。

1 ボタンループをつける位置にきたら、ボタンの大きさに合う目数の鎖目を編みます（この場合は8目）。

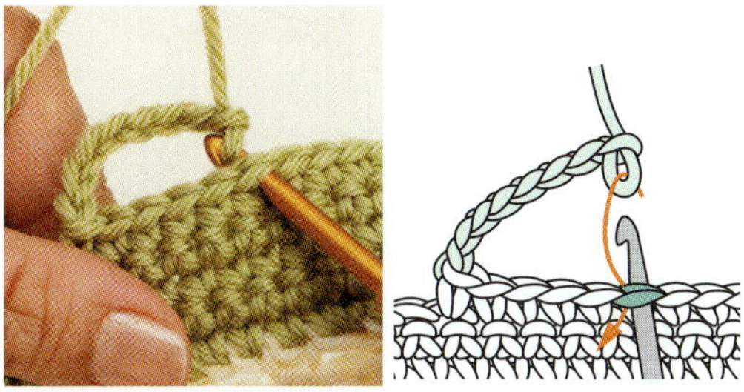

2 いったん針をはずし、手前の細編みの目（この場合は6目め）に針を入れて、はずした目を引き出し、引き抜き編みを1目編みます。

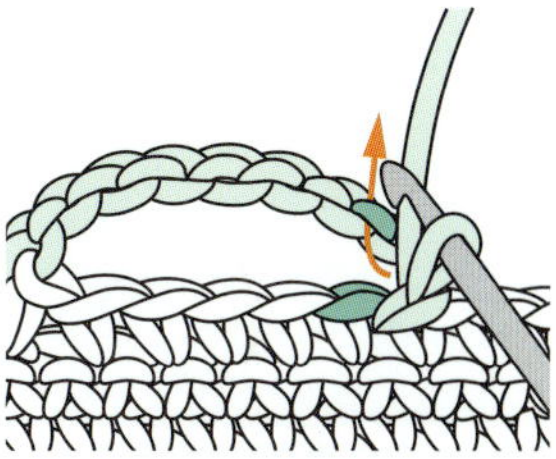

3 ループの鎖の裏山に針を入れ、引き抜き編みを編みます。

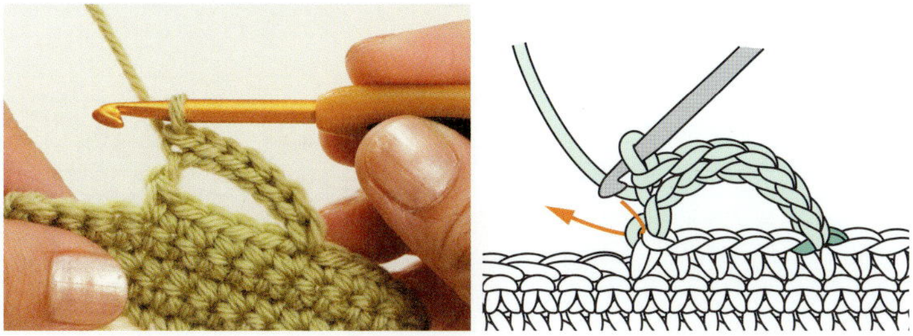

4 鎖1目に引き抜き編みを1目ずつしていきます。続けてその段に細編みを編みます。

5 ボタンループができ上がりました。

9 コード、ポンポン、フリンジ、タッセルを作る

糸を使って簡単にコード（ひも）を編むことができます。ポンポン、フリンジ、タッセルは作品の飾りによく使われます。

えび編みコード

えびの節のように見えるのが特徴です。「左に回して細編みを編む」を繰り返します。

1 作り目を編み、引き締めないでおきます。

2 鎖1目を編みます。

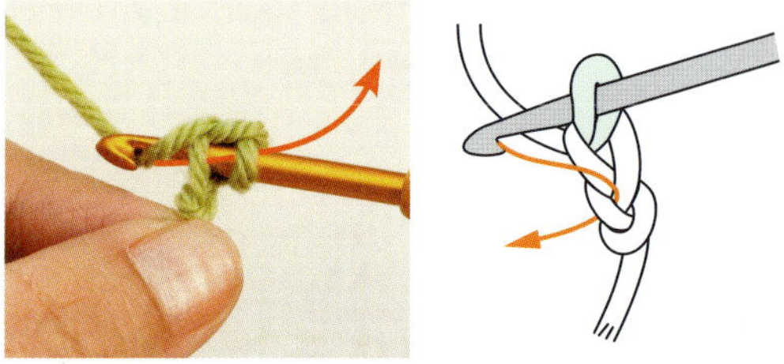

3 1の作り目の糸1本に針を入れ、糸をかけて引き出します。

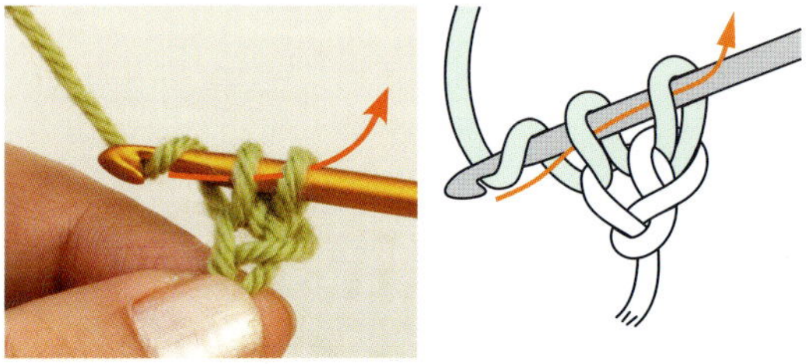

4 もう一度針に糸をかけ、2ループを引き抜きます（細編み）。

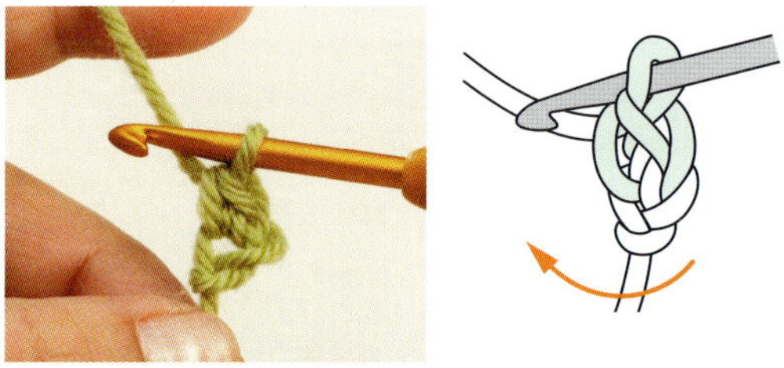

5 細編みが1目編めたところ。そのまま針の向きは変えず、編み地を左に回します。

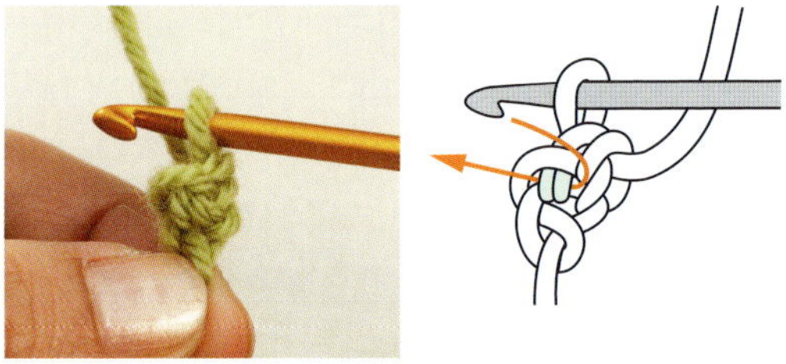

6 裏側の矢印の糸2本を拾って針を入れます。

7 2回めの細編みを編みます。

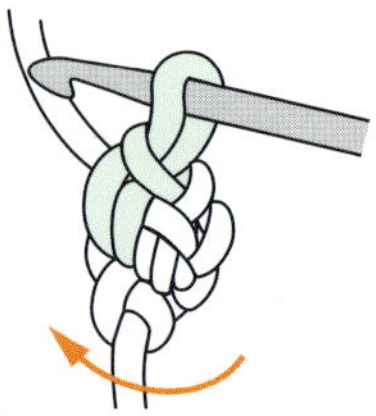

8 もう一度編み地を左に回します。

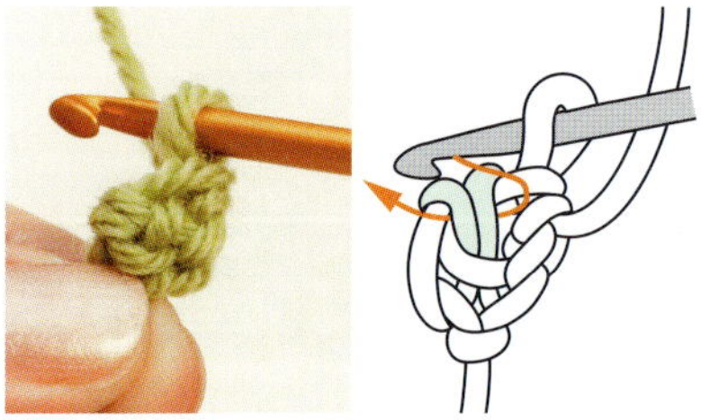

9 裏側の矢印の糸2本を拾って細編みを編みます。

10 編み地を左に回します。

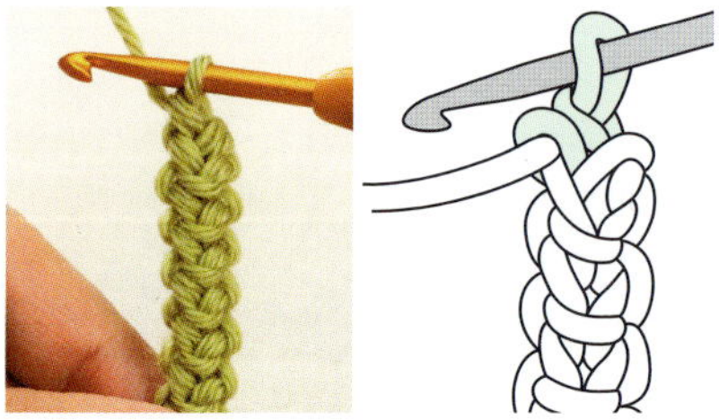

11 同じように繰り返し編んでいきます。

引き抜き編みコード

鎖編みに１目ずつ引き抜き編みをしていきます。

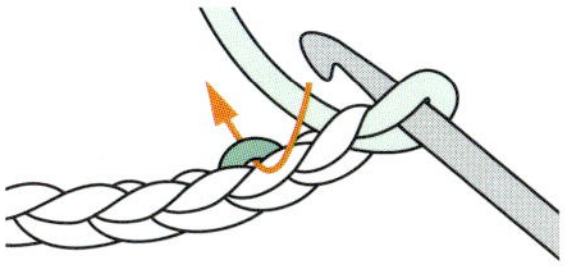

1
でき上がり寸法より１割ほど長く鎖編みを編み、鎖の裏山に針を入れます。

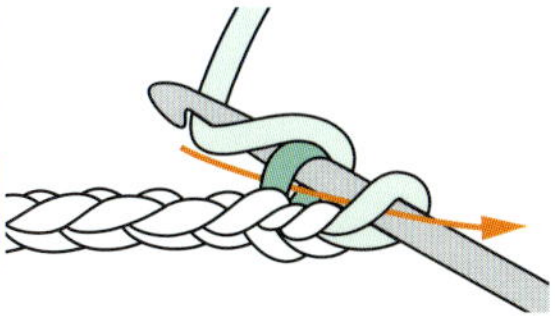

2
針に糸をかけて引き抜きます。

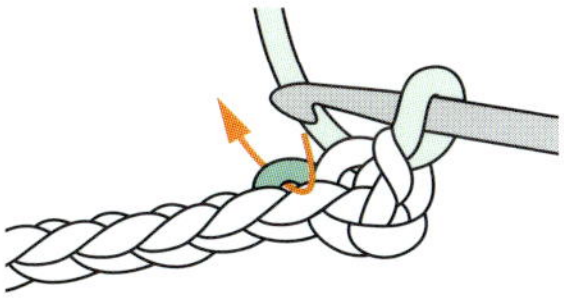

3
引き抜いたところ。続けて鎖の裏山に針を入れて引き抜きます。

4
同じように繰り返して編みます。

ポンポン

巻く糸を多めにすると、ふっくらとしたポンポンができます。

1
でき上がりの直径よりも1cmほど大きめの厚紙を用意し、厚紙の中央に切り込みを入れ、糸を巻きつけます。

2
糸をたっぷり巻きつけたところ。

3 糸の中央をギュッとしばり、かたく結んだら厚紙からはずします。

4 両端のループをはさみで切ります。

5 形よく切りそろえて完成です。

フリンジ

マフラーやショールの縁飾りによく使われます。意外とたくさん糸を使うので糸の量に注意しましょう。

1
でき上がりの長さの2倍より少し長く糸を切り、同じものを必要な数だけ用意します。つける位置の表側からかぎ針を入れて、半分に折った糸の束を引き出します。

2
引き出した輪に糸の束をくぐらせ、引き締めます。

3
同じ要領で作り、5カ所につけたところ。

4
糸の端を切りそろえて完成です。

タッセル

ポンポンと同じような作り方でエレガントな飾りができます。

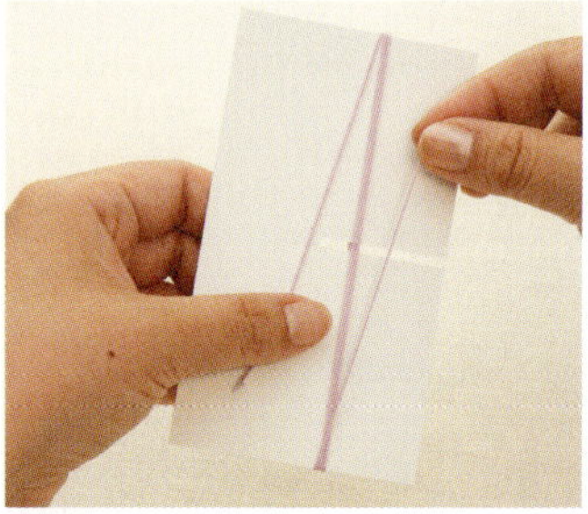

1
でき上がりのサイズの2倍より少し大きめの厚紙を用意し、厚紙の中央に切り込みを入れて糸を巻きつけます。

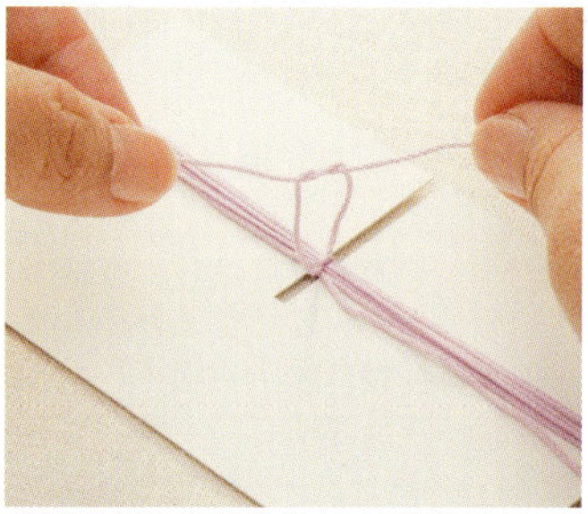

2
糸の中央をギュッとしばり、かたく結びます。

3
厚紙からはずして半分に折り、上の部分に別の糸を2〜3回巻きつけてかたく結びます。

4
糸の端を切りそろえて完成です。

10 作品をきれいに仕上げるコツ

作品ができ上がったらアイロンをかけて仕上げます。洗濯するときは必ず糸のラベルを見ましょう。

洗濯のし方

ラベルをチェックしよう

かぎ針で作った作品を洗濯するときは、編んだ毛糸についているラベルをチェックしてください。下のような絵表示が描かれているので、その指示にしたがいましょう。この絵表示は日本工業規格で定められています。

 「手洗い」をします。洗濯液の上限温度は40℃です。	 漂白剤は使えません。	 中温（150℃）でアイロンをかけることができます。	 低温（110℃）まででアイロンをかけることができます。
 石油系溶剤によるドライクリーニングができます。	 ドライクリーニングはできません。	 日陰で平干しにします。	 日陰でつり干しにします。

アイロンのかけ方

仕上がりはアイロンで決まります

作品の仕上がりはアイロンで決まるといっても過言ではありません。ていねいにかけましょう。

① アイロン台に作品を裏返しにしておきます。
② でき上がりサイズにフォークピン（またはまち針）を斜めに打ちます。
③ アイロンを少しだけ浮かせてたっぷりスチームを当て、形を整えます。編み地に軽くのせてもかまいません。
④ 熱が冷めたらフォークピンをはずします。

＊アイロンの温度は取り扱い絵表示（上記）で確認し、適切な温度でかけます。低温となっているものには、アイロンを離してスチームを当てます。

ペンケースの作り方

作品は p.39

［用意するもの］
a 糸／オリムパス　ウエハース(1)15g
b 糸／オリムパス　ウエハース(14)10g
針／かぎ針　5/0 号
その他／20cm のファスナー　1 本

［作り方］
※糸は1 本どりで編む
① a 糸で鎖編みを45 目編み、3 段編む。
②両端で3 目増し目し、4 段めを編む。
③ボーダー部分は糸を替えて編み、編み込み模様は糸を編みくるんで編む。
④ファスナーを縫いつける。
⑤両脇とマチを引き抜きとじでとじる。
⑥ b 糸でえび編みコードを4cm 編み、ファスナーの引き具につける。

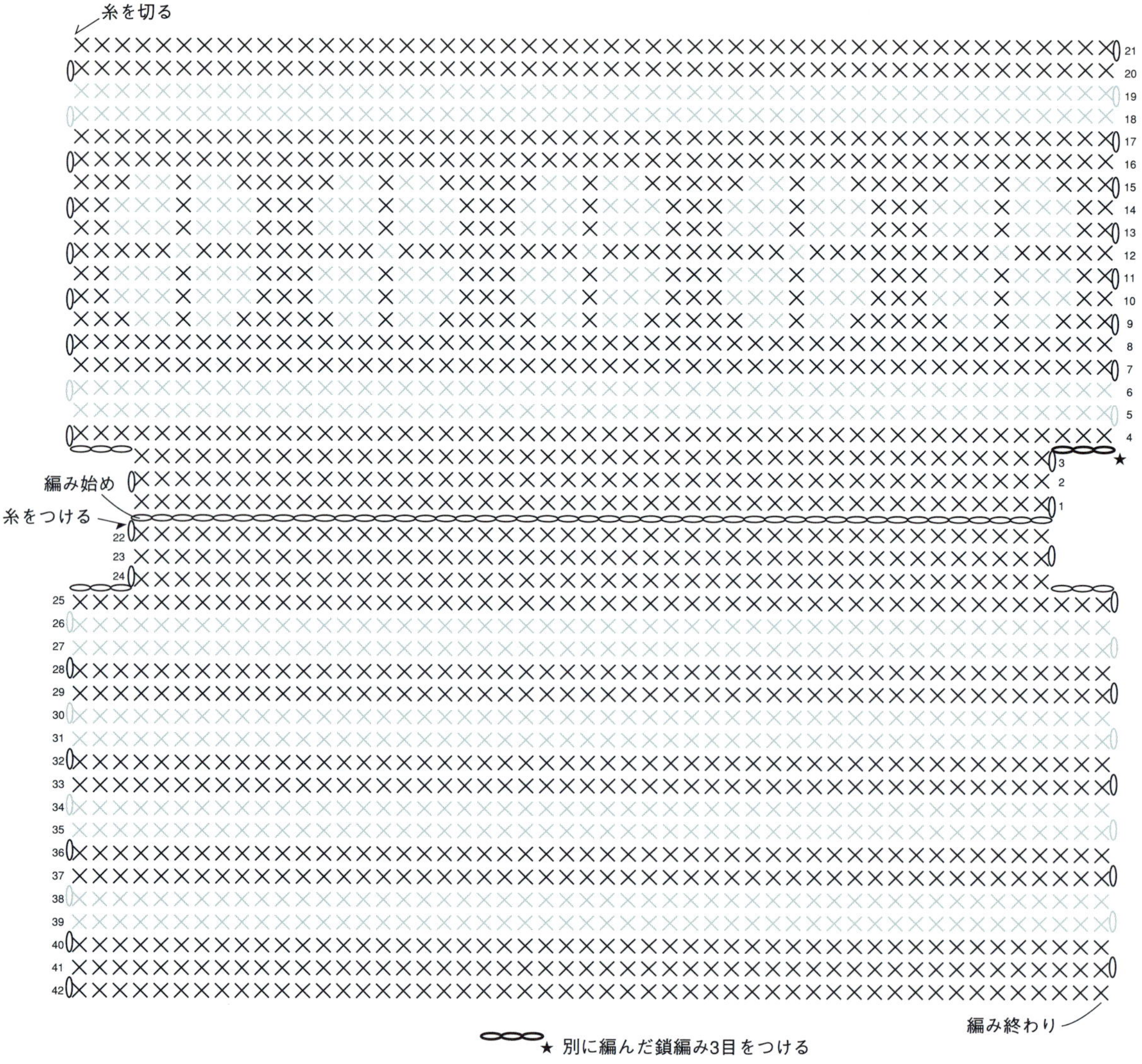

ドイリーの作り方　作品は p.38

［用意するもの］
糸／オリムパス　エミーグランデ　ハーブス（801）　10g
針／レース針　0号

［作り方］
※糸は1本どりで編む。
①6枚のモチーフを4段めでつなぎながら編む。
② ①の中心にモチーフを編む。

シュシュの作り方　作品は p.39

［用意するもの］
糸／スキー　セシェ(1)　5g
針／かぎ針　3/0 号
その他／パールビーズ　5mm(1.5mm 穴)　16 個
リングゴム　1 個

［作り方］
※糸は1 本どりで編む。
①ビーズを糸に通す。
②1 段めはリングゴムを束に拾って編む。
③ビーズを編み込みながら2 段めを編む。

ヘアゴムの作り方　作品は p.39

［用意するもの］
糸／スキー　セシェ（1）　5g
針／かぎ針　3/0 号
その他／パールビーズ　5mm（1.5mm 穴）　18 個
ゴム　20cm
手芸綿　少々
プラくるみボタン台　24mm　1 個

［作り方］
※糸は1 本どりで編む。
①ビーズを糸に通す。
②モチーフ a：輪の作り目から編みはじめ、ビーズを編み入れながら編む。
※ビーズが出る側を表にする。
③モチーフ b を編んでゴムを通し、プラくるみボタン台を挟んでモチーフ a の裏に縫いつける。
④ゴムの端をかたく結び、手芸綿でくるむ。
⑤ ④を編み玉の中に入れ、糸端で最後の段の頭の半目をすくって糸をしぼり、玉にする。

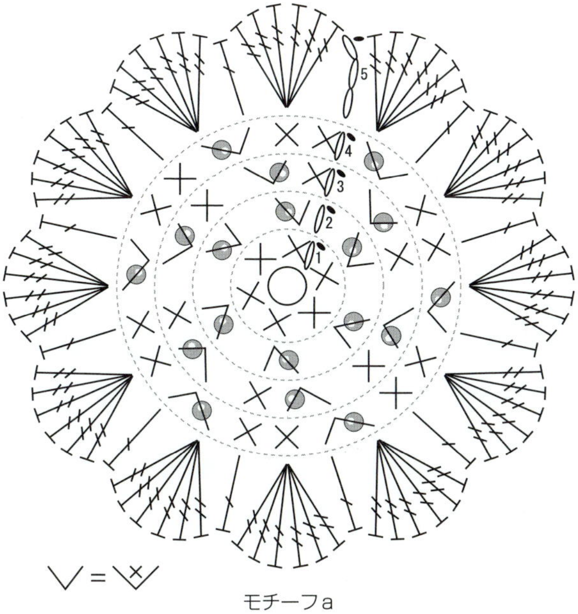

モチーフa

モチーフb

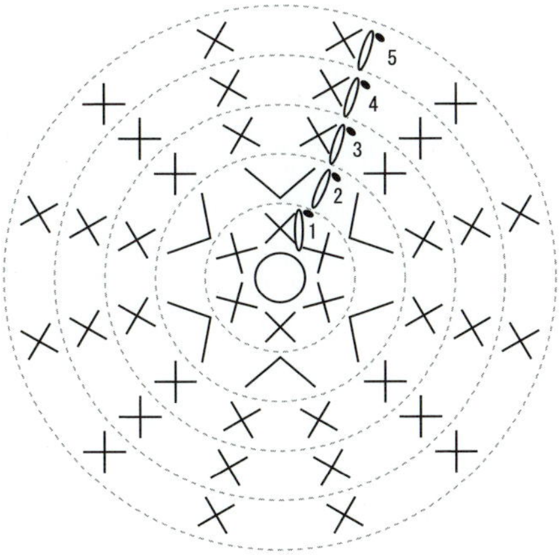

編み玉

事典編

バッグ（作り方と編み図p.154〜155）

かぎ針編みの作品を作るとき、編み目記号や編み図が出てきます。わからない編み目記号や編み図が出てきたら、この章を見ながら確認してみてください。複雑に見える編み図でも、実際に編んでいくうちに少しずつ見方がわかるようになるはずです。はじめのうちは何度もチェックして、編み方を間違えないように仕上げていきましょう。

マフラー(作り方と編み図p.153)

鎖編み目《くさりあみめ》

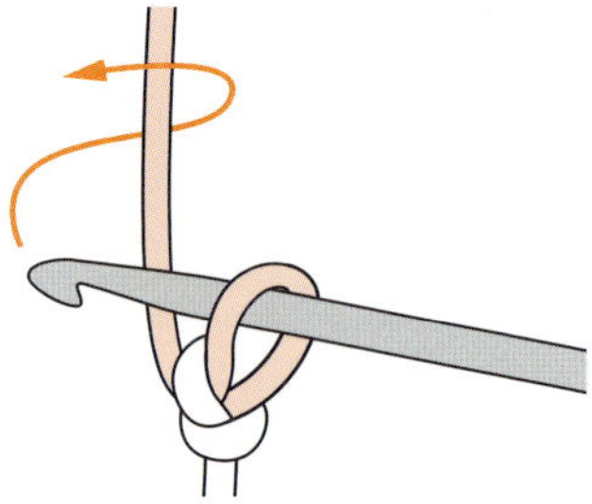

1
矢印のように針を動かし、糸をかける。

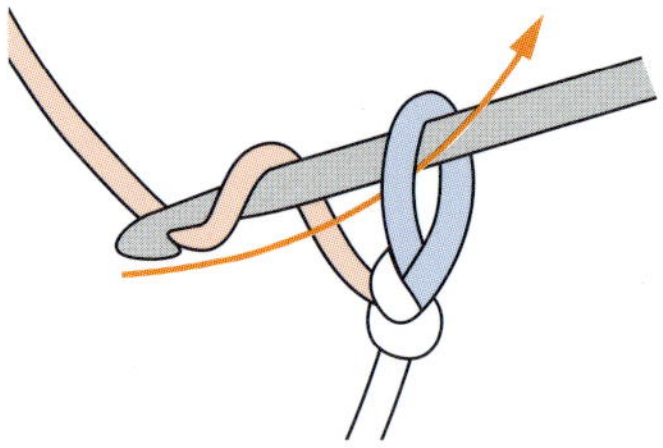

2
針を矢印のように動かしてループから糸を引き出すと、鎖編みが1目編める。

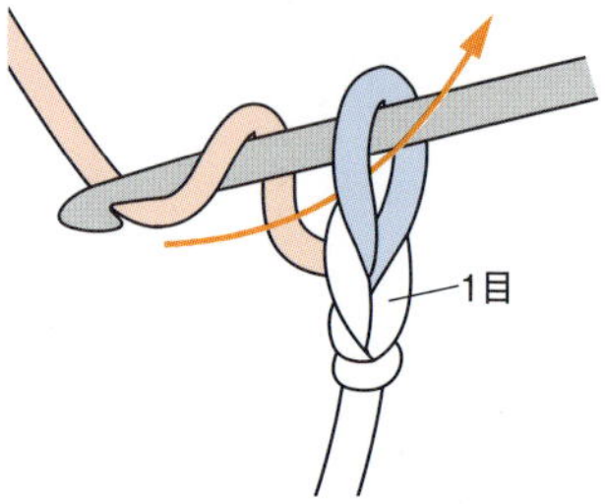

3
1、2を繰り返す。

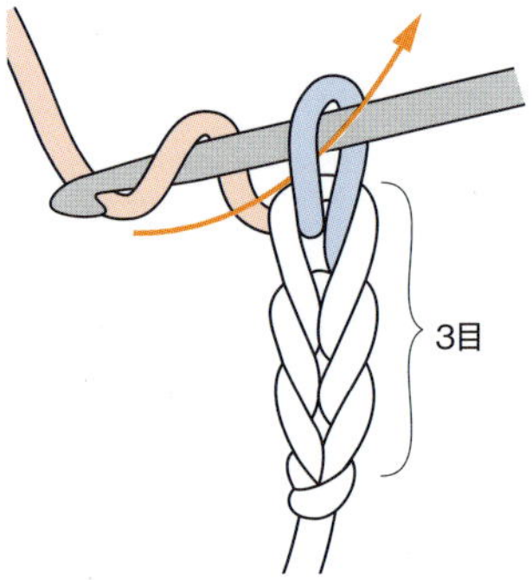

4
鎖編みが3目編めたところ。

引き抜き編み目《ひきぬきあみめ》

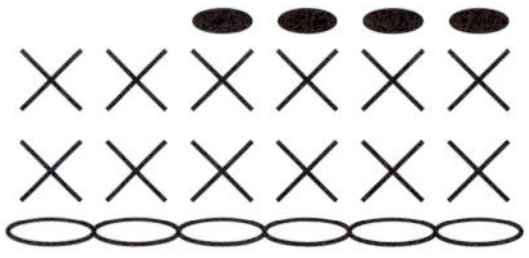

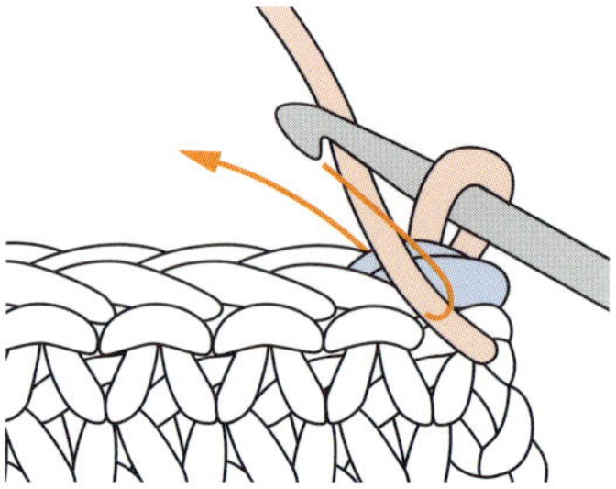

1
矢印のように前段の目の頭2本に針を入れる。

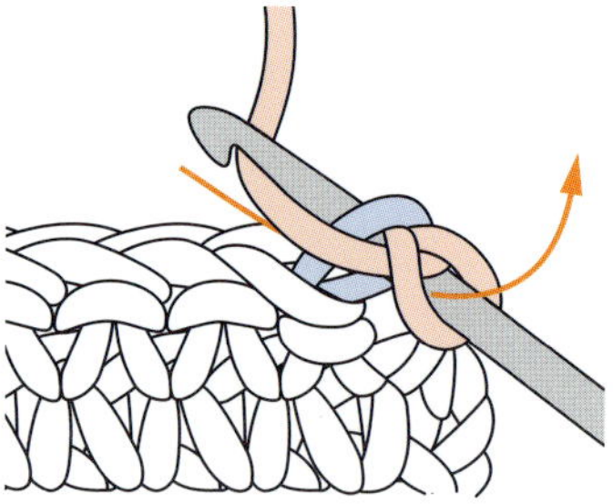

2
針に糸をかけ、矢印のように糸を引き出す。

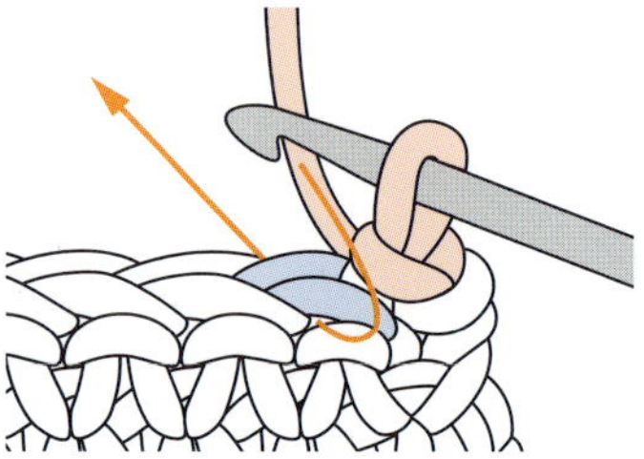

3
次の目も前段の目の頭2本に針を入れる。

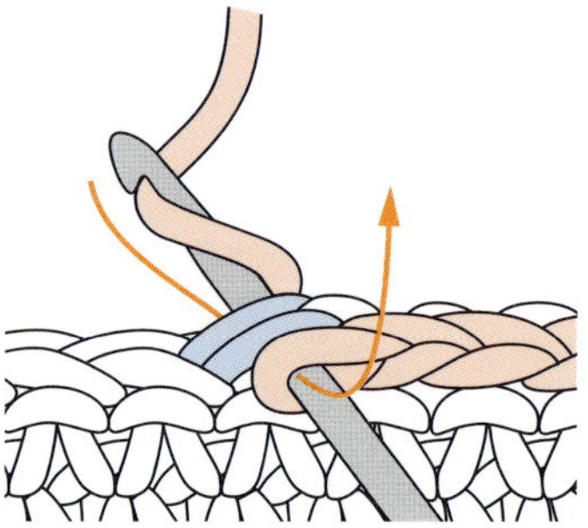

4
針に糸をかけ、矢印のように糸を引き出す。同じように繰り返して編んでいく（※つれやすいので、糸の引き加減に注意する）。

× 細編み目

こまあみめ

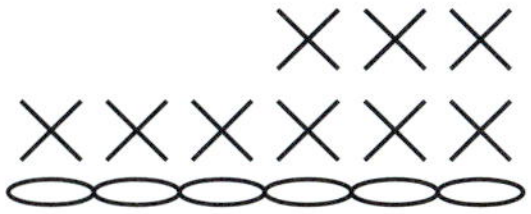

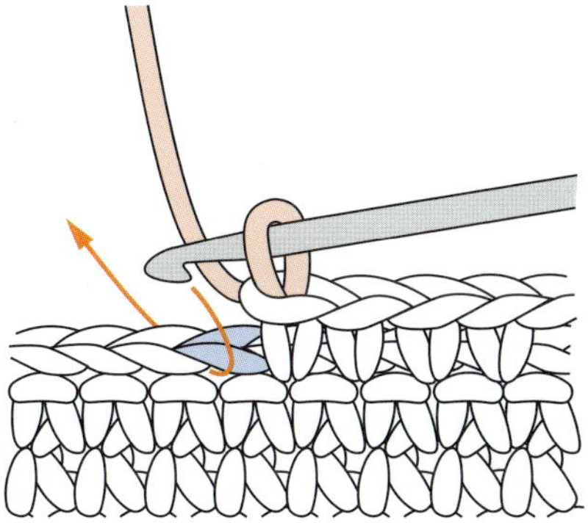

1 矢印のように前段の目の頭2本に針を入れる。

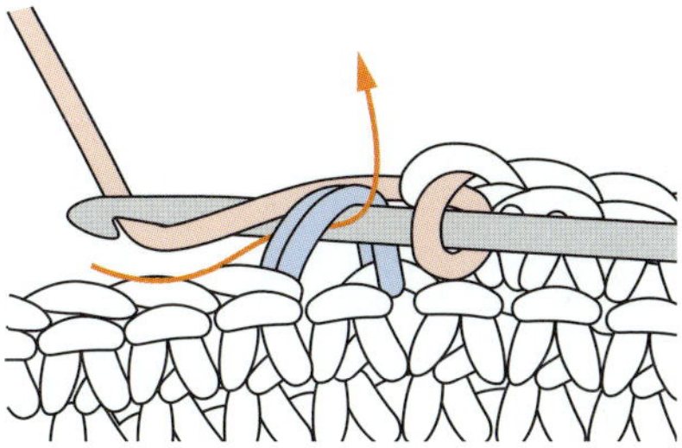

2 イラストのように針に糸をかけて、矢印のように引き出す。

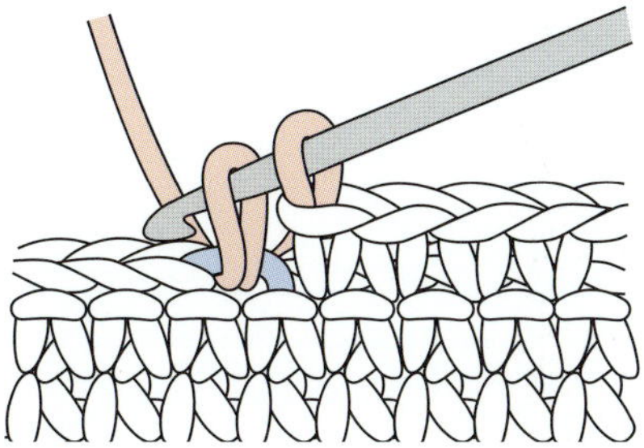

3 引き出す長さは、鎖1目分が目安。

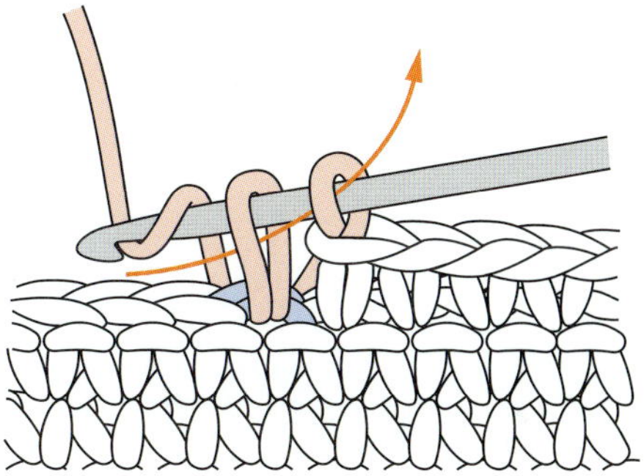

4 もう一度針に糸をかけ、矢印のように2本のループから一度に引き抜く。

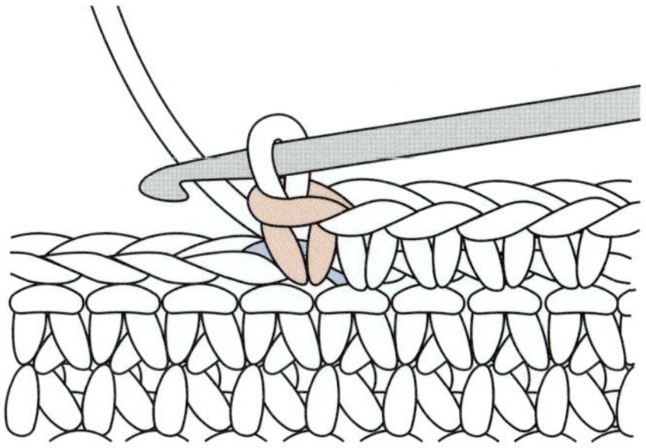

5 細編みが編めたところ。

T 中長編み目

ちゅうながあみめ

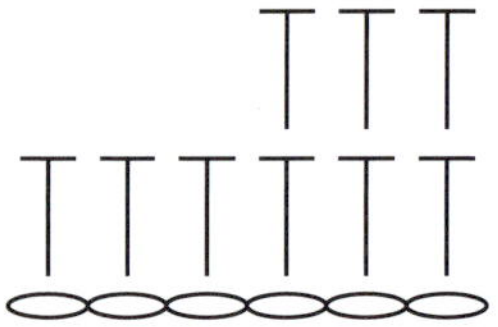

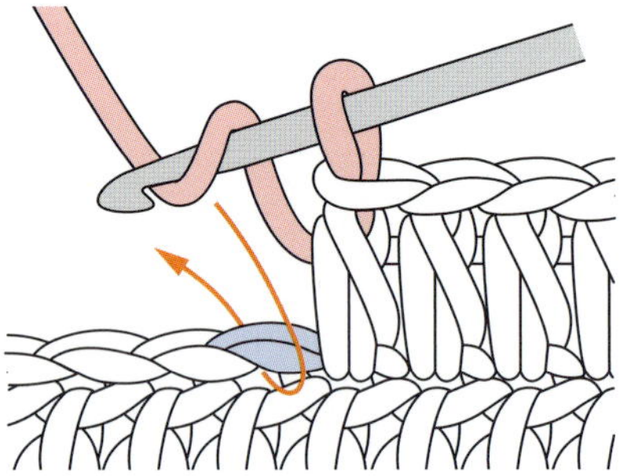

1 針に糸をかけ、前段の目の頭2本に針を入れる。

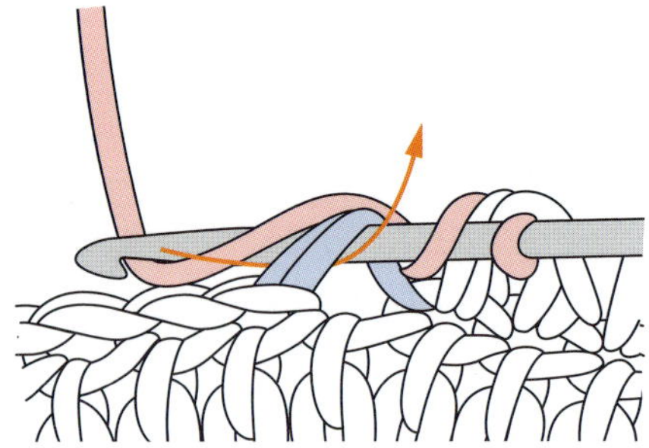

2 針に糸をかけ、矢印のように糸を引き出す。

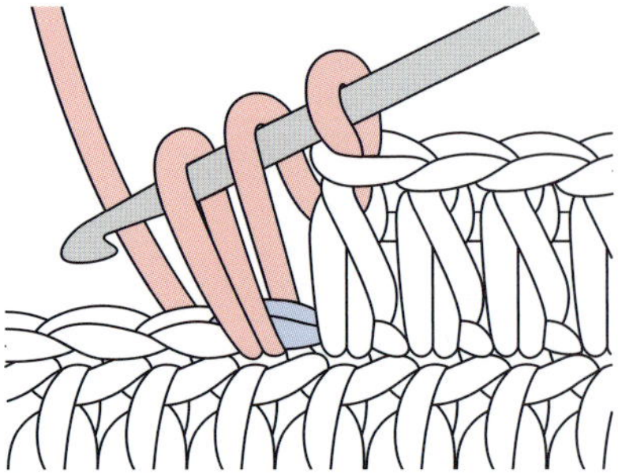

3 引き出す長さは、鎖2目分が目安。

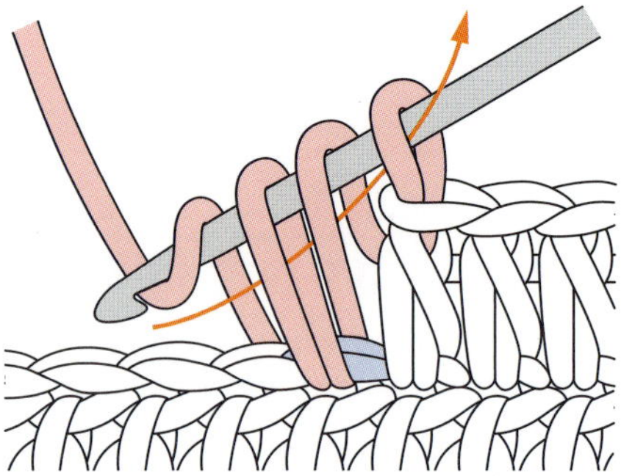

4 もう一度針に糸をかけ、矢印のように3本のループから一度に引き抜く。

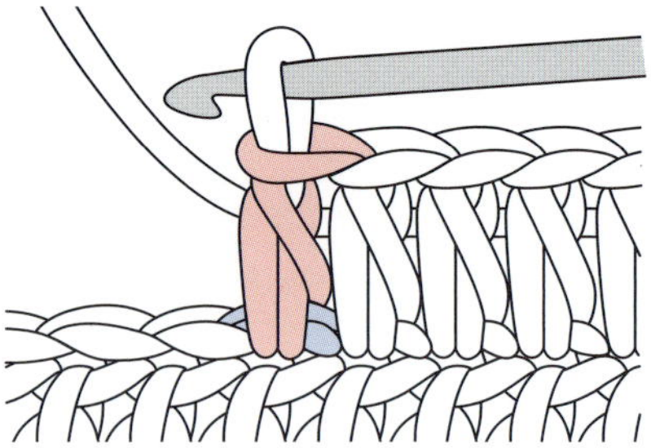

5 中長編みが編めたところ。

長編み目《ながあみめ》

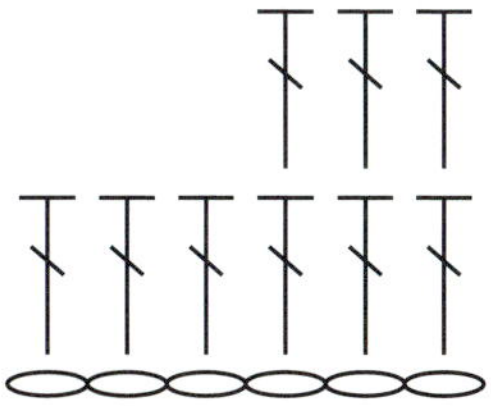

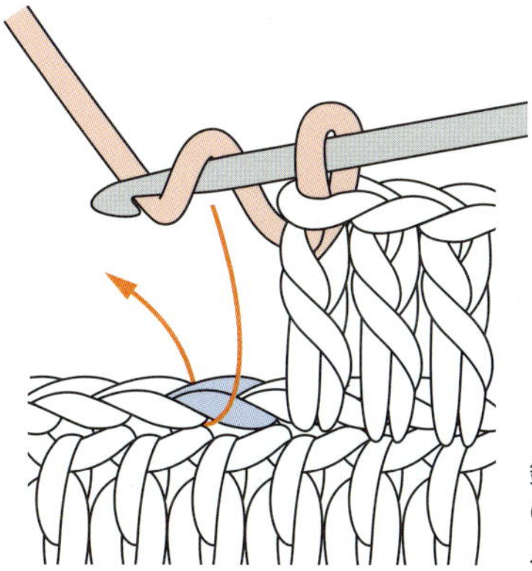

1
針に糸をかけ、前段の目の頭2本に針を入れる。

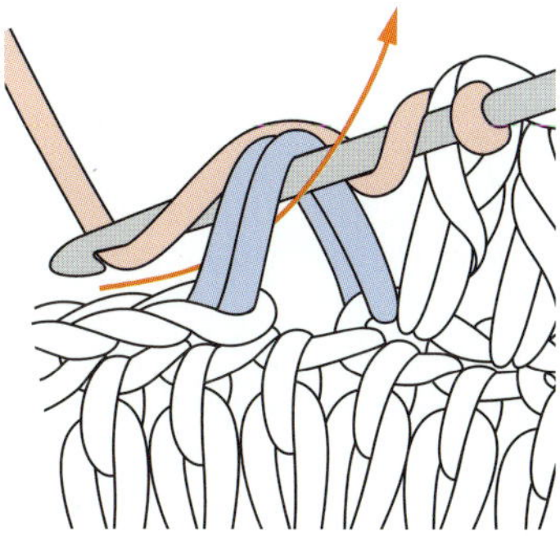

2
針に糸をかけ、矢印のように糸を引き出す。

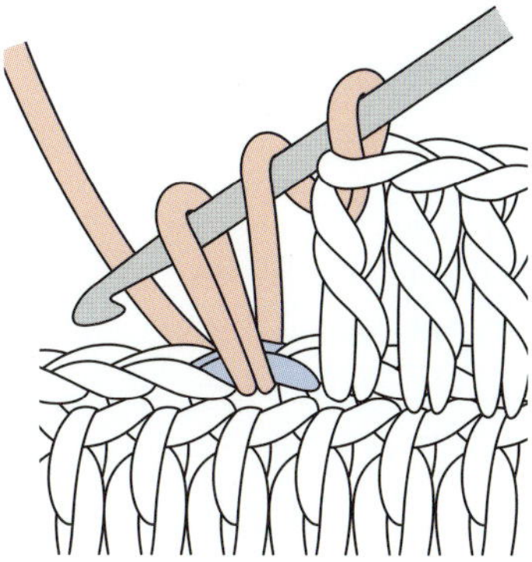

3
引き出す長さは、鎖2目分が目安。

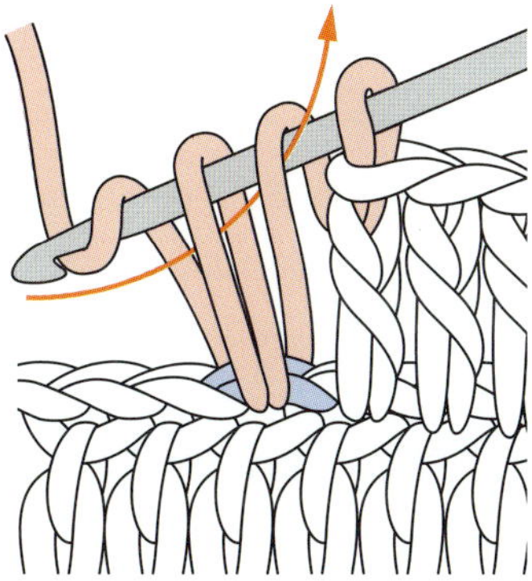

4
もう一度針に糸をかけ、矢印のように2本のループから引き抜く。

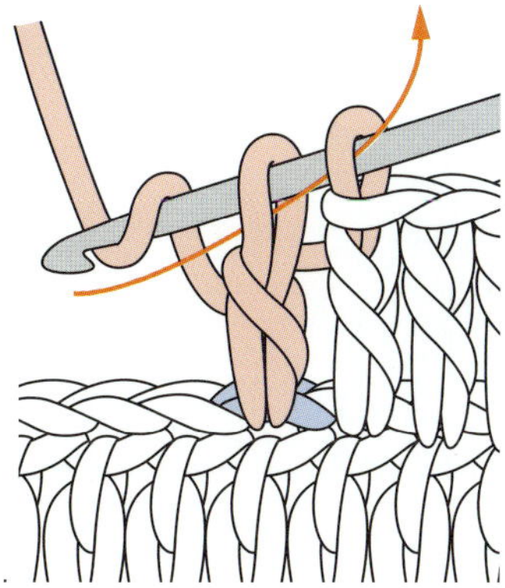

5
さらに針に糸をかけ、矢印のように2本のループから一度に引き抜く。

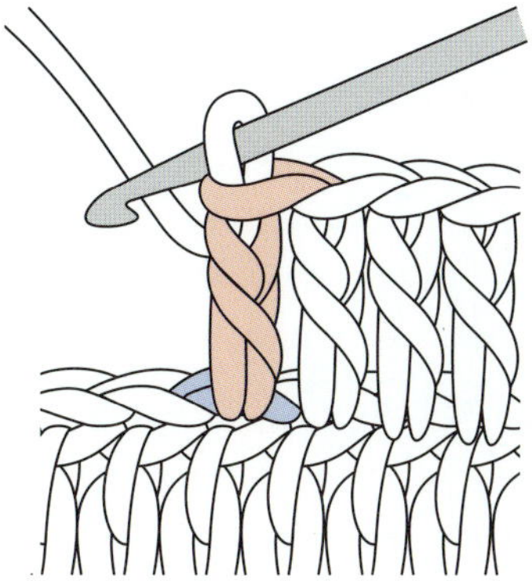

6
長編みが編めたところ。

長々編み目《ながながあみめ》

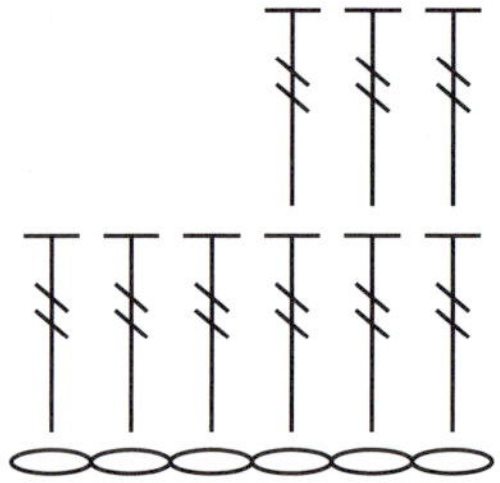

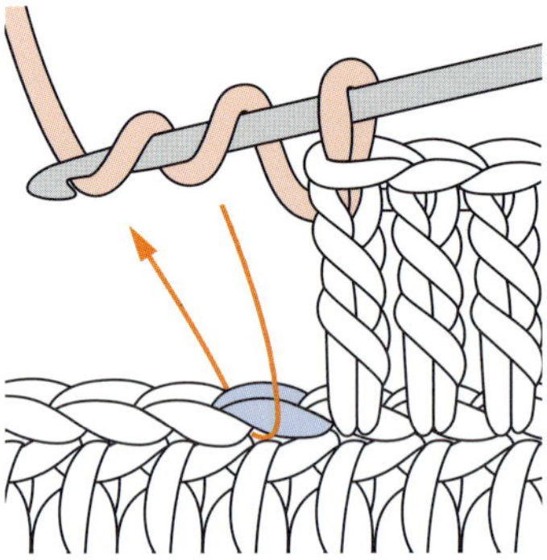

1
針に糸を2回かけ、前段の目の頭2本に針を入れる。

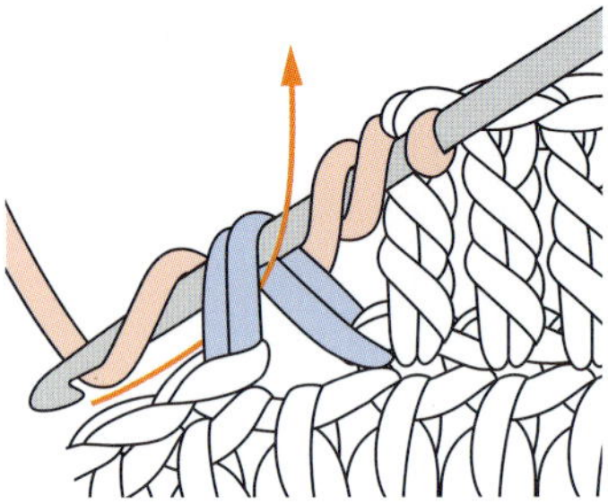

2
針に糸をかけ、矢印のように糸を引き出す。引き出す長さは、鎖2目分が目安。

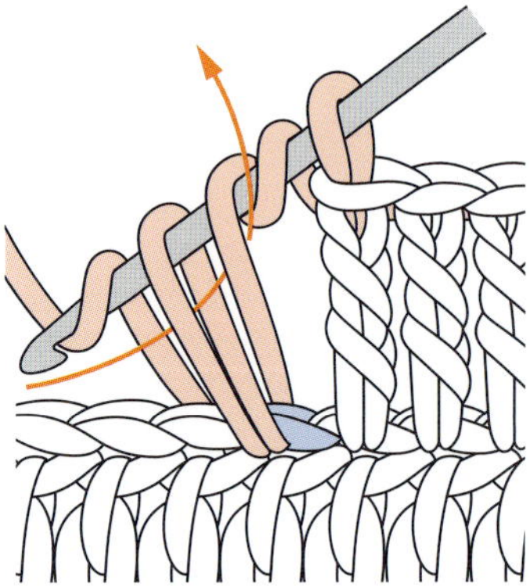

3
針に糸をかけ、矢印のように2本のループから引き抜く。

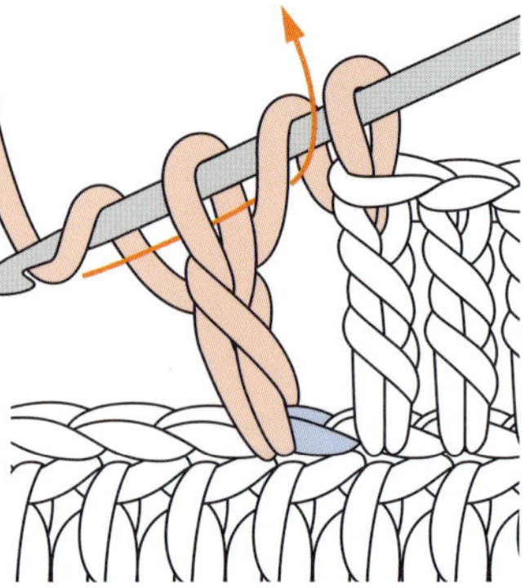

4
もう一度針に糸をかけ、矢印のように2本のループから引き抜く。

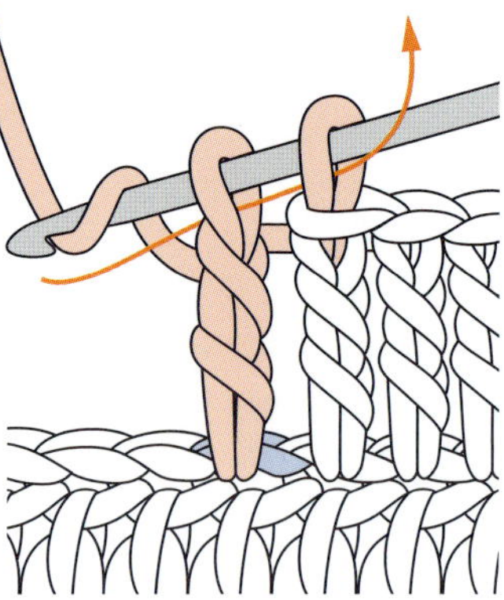

5
さらに針に糸をかけ、矢印のように残りの2本のループから一度に引き抜く。

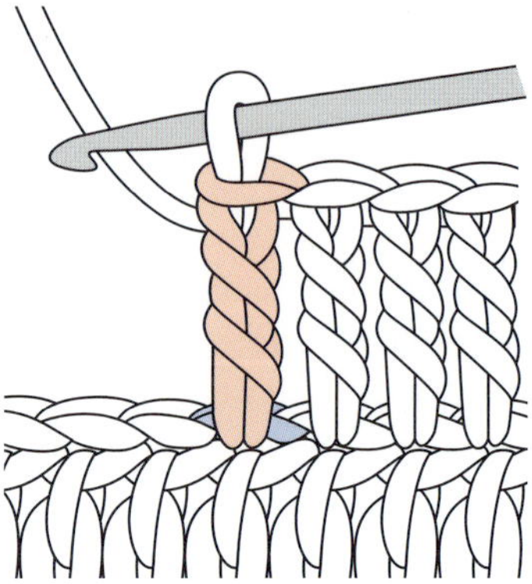

6
長々編みが編めたところ。

三つ巻き長編み目《みつまきながあみめ》

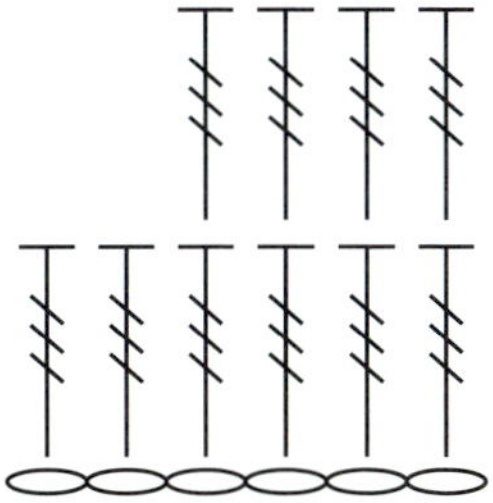

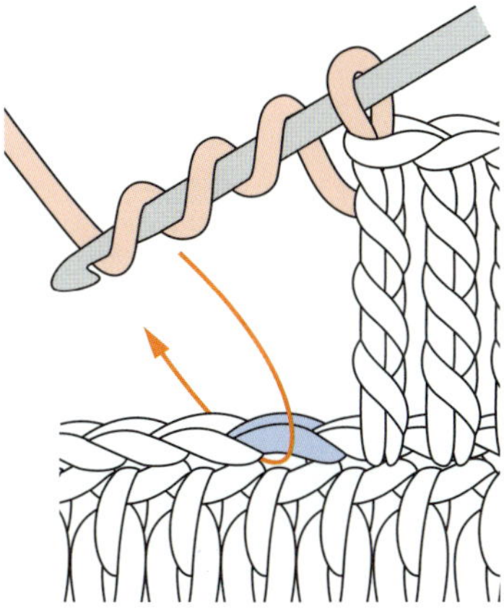

1

針に糸を3回かけ、前段の目の頭2本に針を入れる。

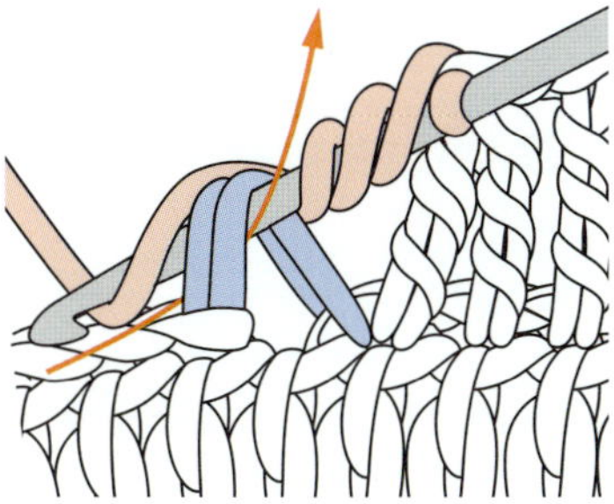

2

針に糸をかけ、矢印のように糸を引き出す。引き出す長さは、鎖2目分が目安。

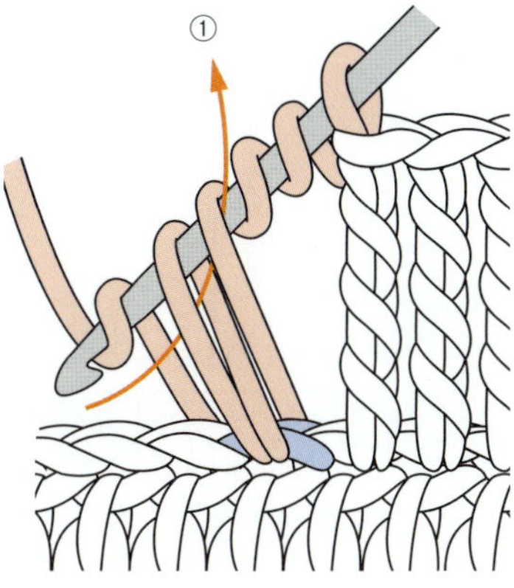

3

針に糸をかけ、矢印のように2本のループから引き抜く(1回め)。

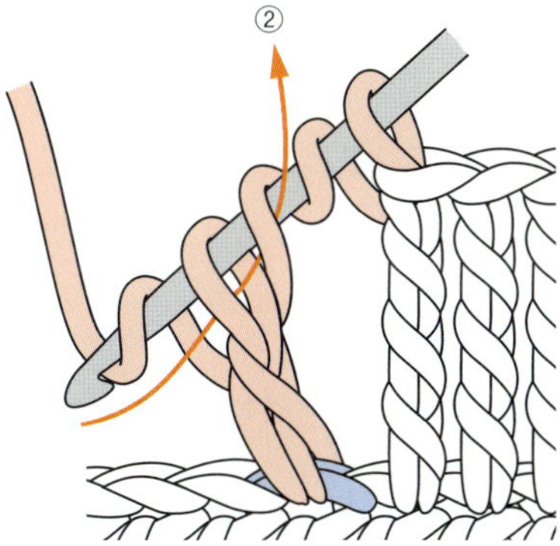

4

もう一度針に糸をかけ、矢印のように2本のループから引き抜く(2回め)。

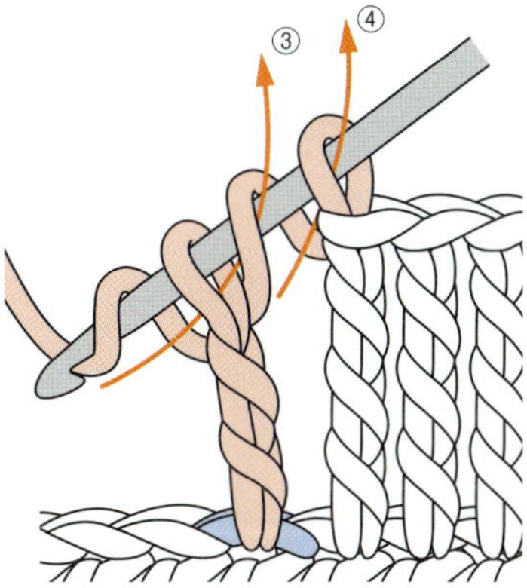

5

さらに「針に糸をかけ、2本のループから引き抜く」を2回繰り返す(3･4回め)。

6

三つ巻き長編みが編めたところ。

四つ巻き長編み目

よつまきながあみめ

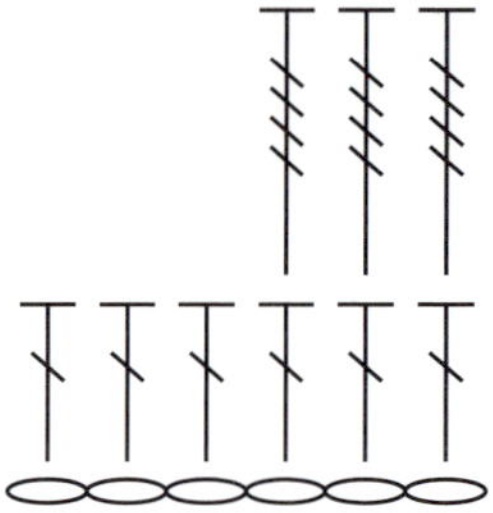

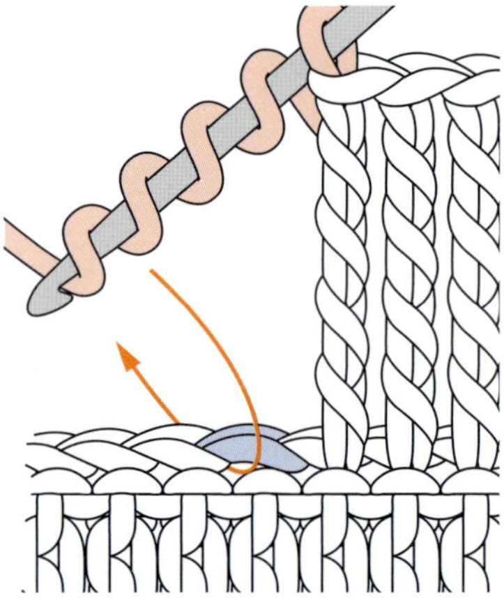

1 針に糸を4回かけ、前段の目の頭2本に針を入れる。針に糸をかけて引き出す。引き出す長さは、鎖2目分が目安。

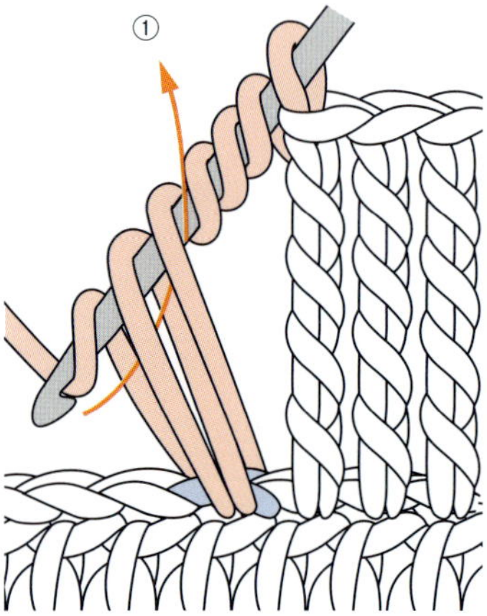

2 針に糸をかけ、矢印のように2本のループから引き抜く（1回め）。

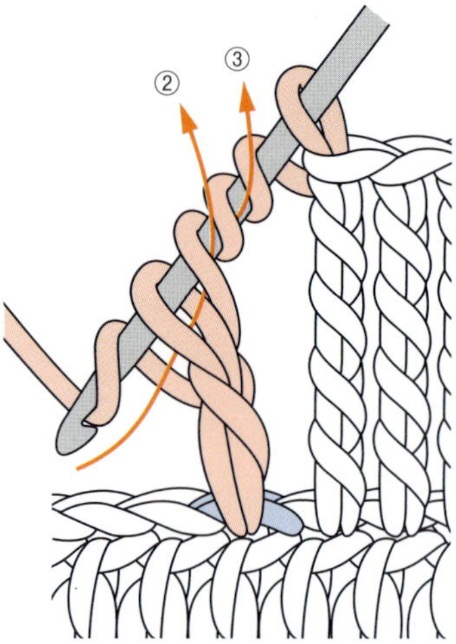

3 「針に糸をかけ、2本のループから引き抜く」を2回繰り返す（2・3回め）。

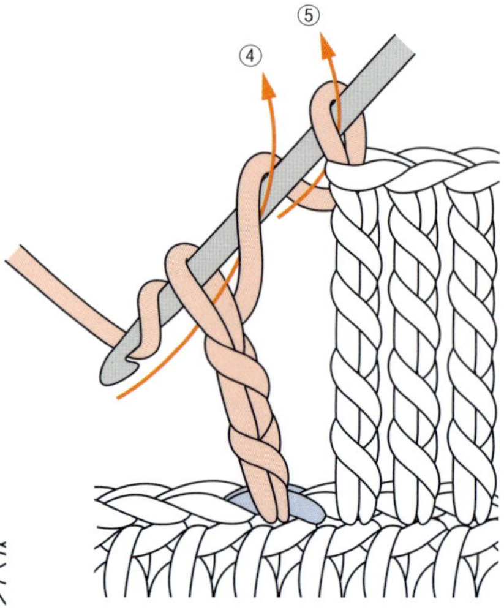

4 さらに「針に糸をかけ、2本のループから引き抜く」を2回繰り返す（4・5回め）。

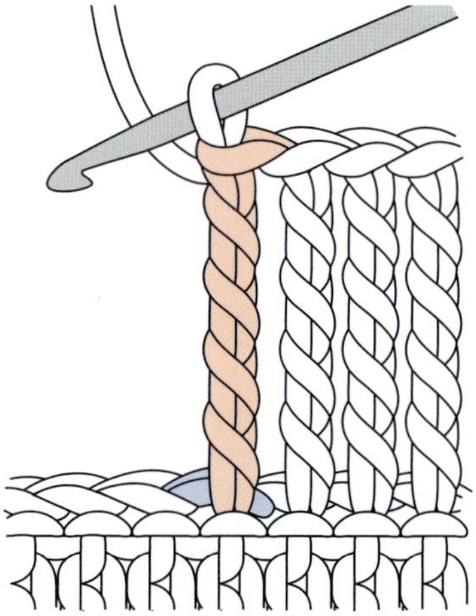

5 四つ巻き長編みが編めたところ。

バック細編み目《ばっくこまあみめ》

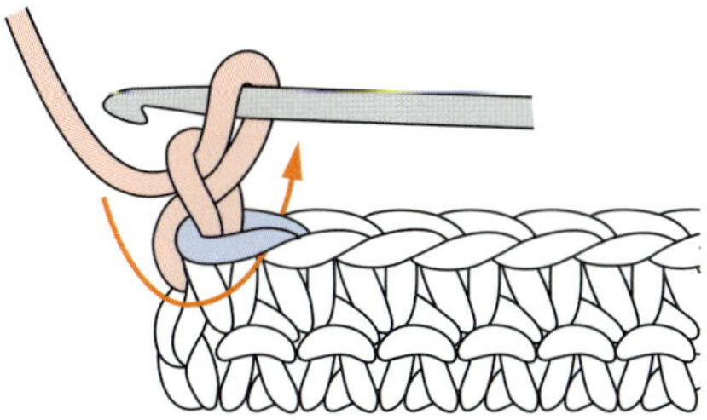

1 立ち上がりの鎖1目を編み、矢印のように手前から前段の目の頭2本に針を入れる。

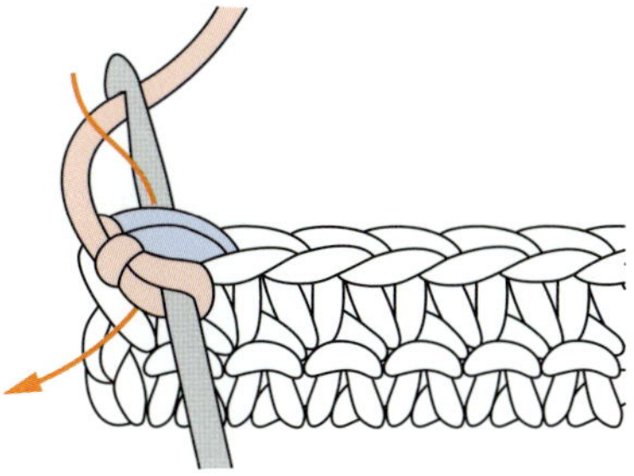

2 針に糸にかけ、矢印のように糸を引き出す。

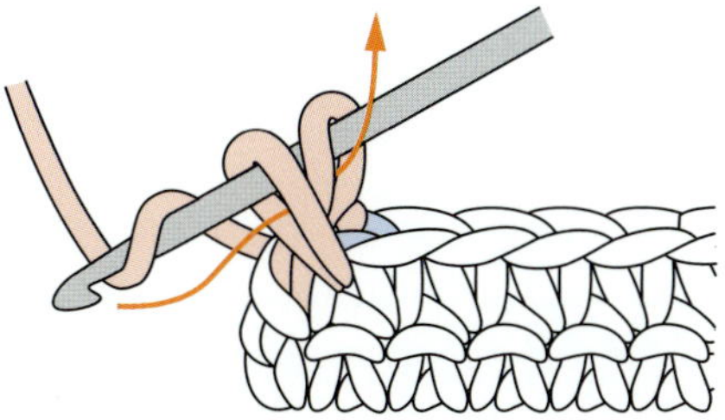

3 針に糸をかけ、矢印のように2本のループから一度に引き抜く。

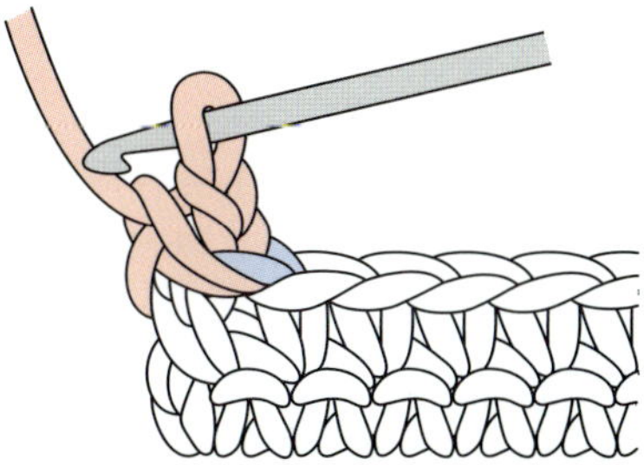

4 バック細編みが1目編めたところ。

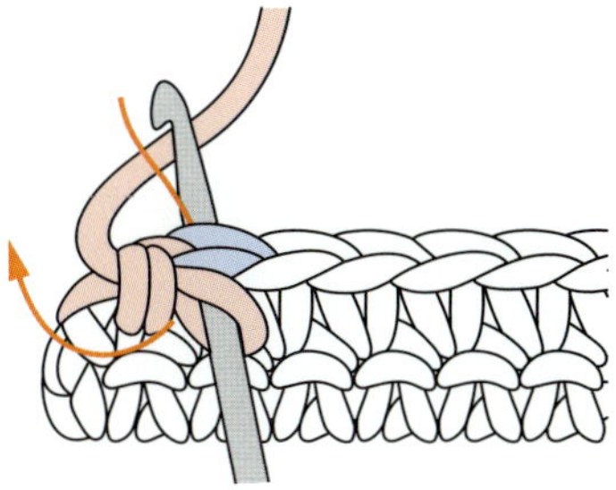

5 次は、右側の目の頭2本に針を入れ、2〜4を繰り返す。

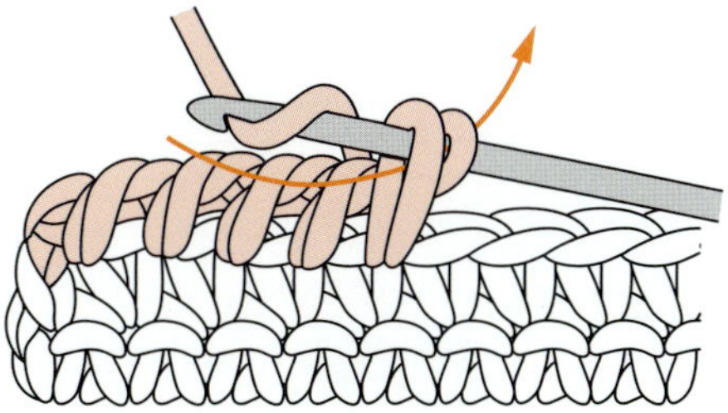

6 左から右へと繰り返して編む。

よろけ細編み目

よろけこまあみめ

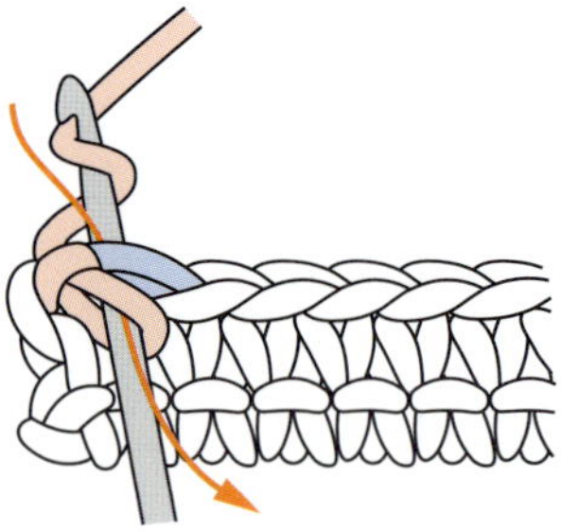

1

立ち上がりの鎖1目を編み、手前から前段の目の頭2本に針を入れ、糸をかけて矢印のように引き出す。

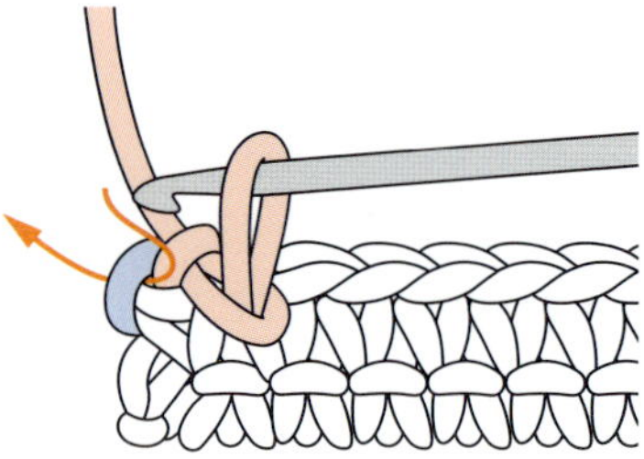

2

立ち上がりの鎖目の裏山に針を入れる。

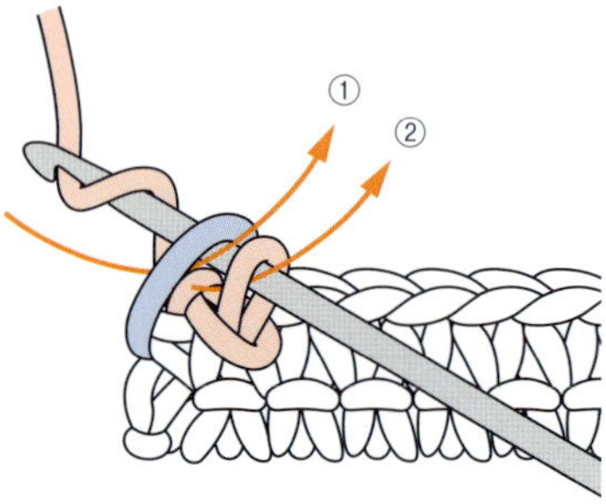

3

針に糸をかけ、矢印のように引き出し(①)、もう一度針に糸をかけて糸2本を引き抜く(②)。

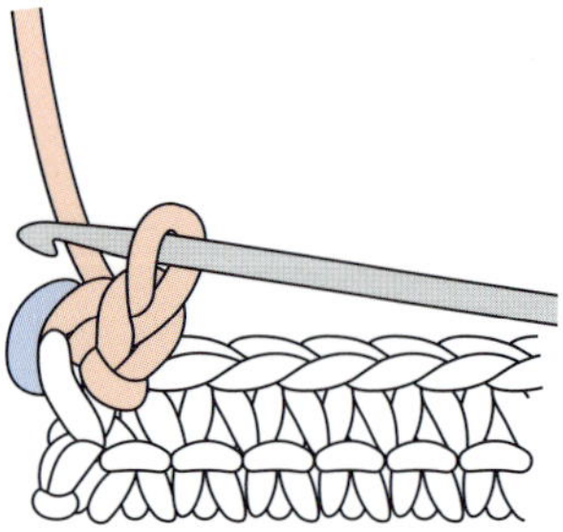

4

よろけ細編みが1目編めたところ。

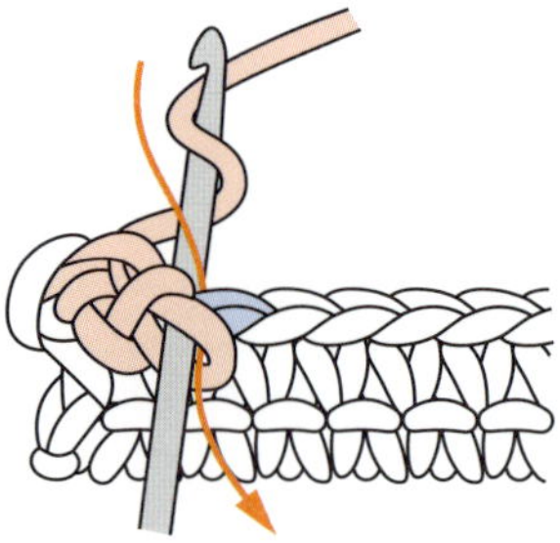

5

次は、前段の右側の目の頭2本に針を入れ、糸をかけて矢印のように引き出す。

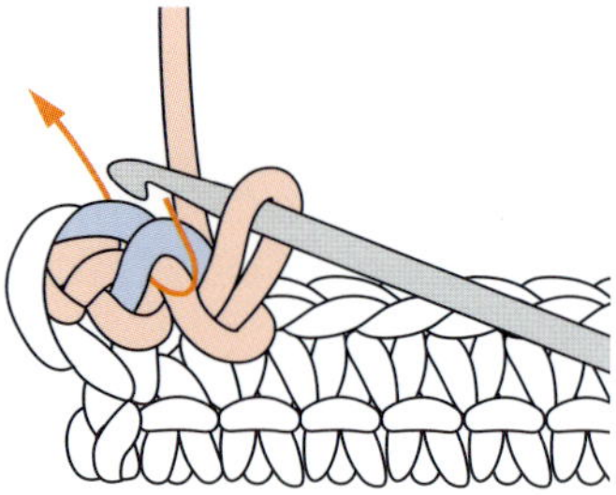

6

矢印のように先に編んだ目の糸2本に針を入れる。

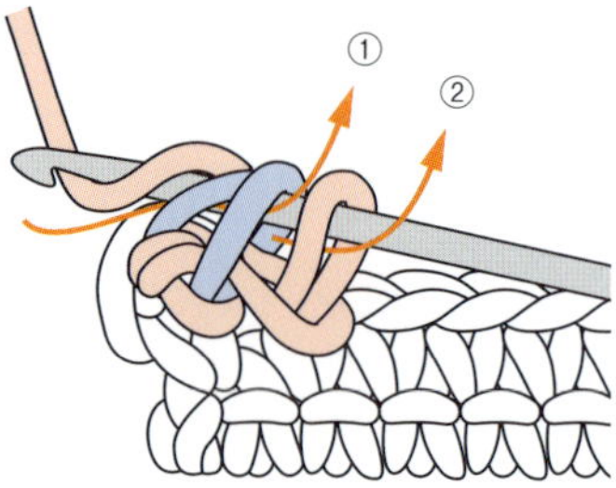

7

もう一度針に糸をかけ、矢印のように引き出し(①)、さらに針に糸をかけて糸2本を引き抜く(②)。

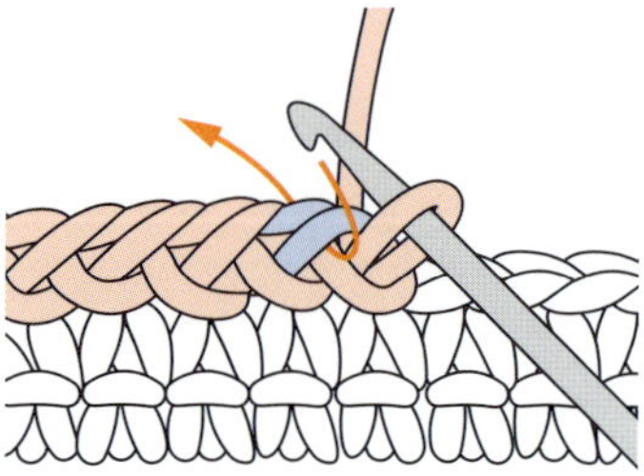

8

5〜7を繰り返し、左から右へ編んでいく。

ねじり細編み目

ねじりこまあみめ

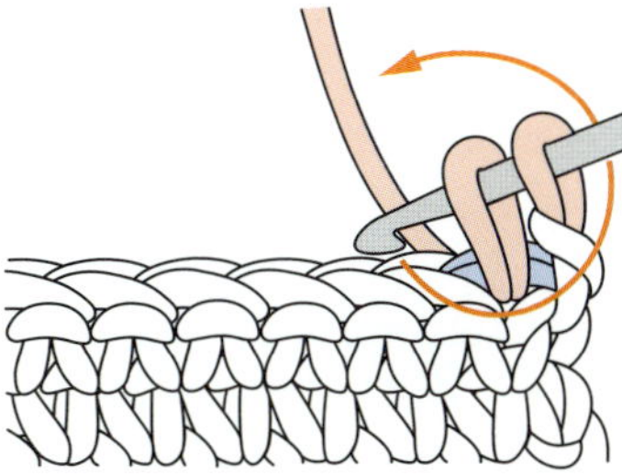

1　立ち上がりの鎖1目を編み、前段の目の頭2本に針を入れる。針に糸をかけて長めに引き出し、針先を矢印のように回す。

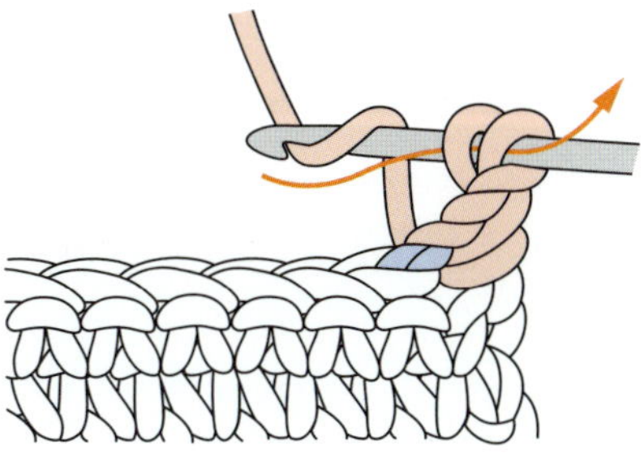

2　針に糸をかけ、矢印のように2本のループから一度に引き抜く。

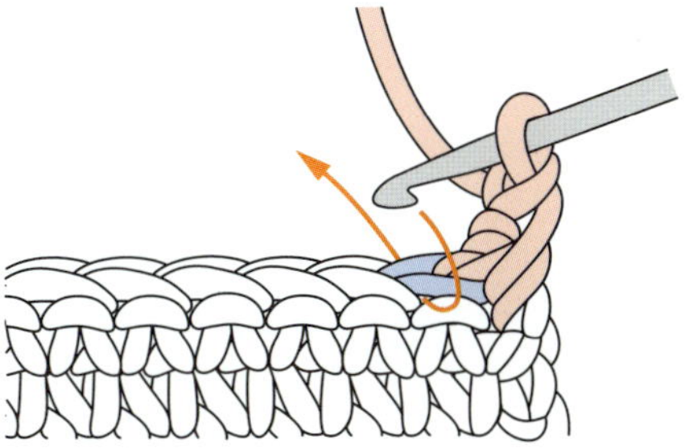

3　次の目に針を入れ、1、2を繰り返す。

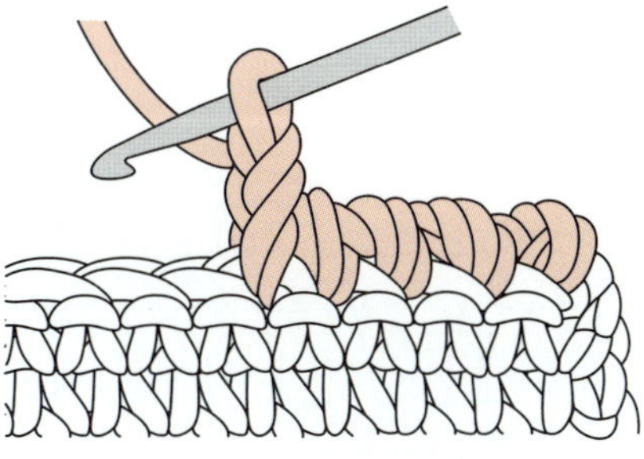

4　ねじり細編みを繰り返し編んだところ。

細編みのうね編み目

こまあみのうねあみめ

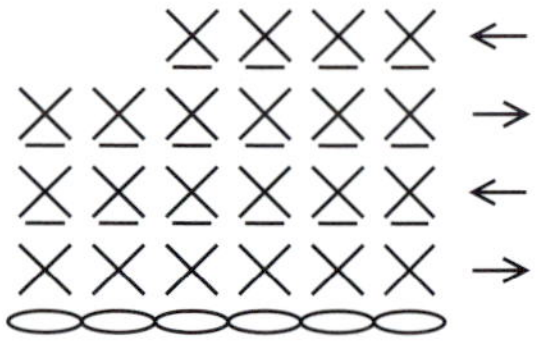

表側

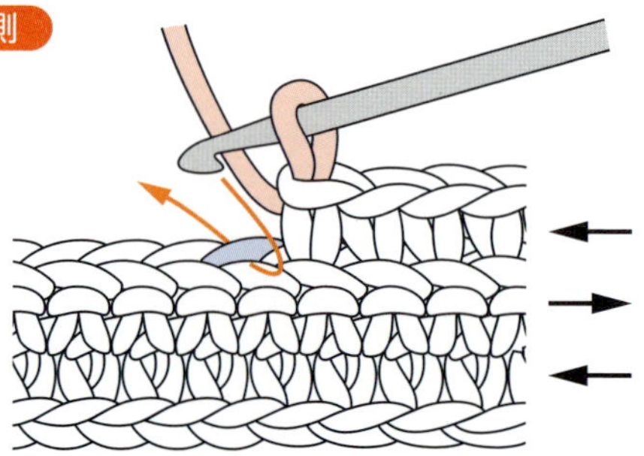

1　矢印のように、前段の目の向こう側半目に針を入れ、細編みを編む。

裏側

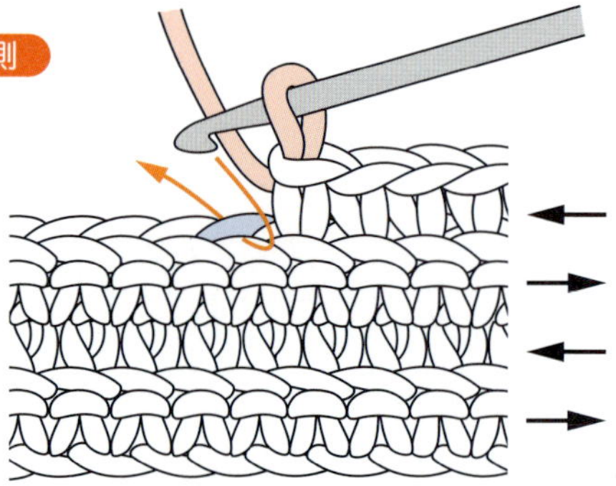

2　同じように細編みを編み進めていくと、毎段編み地の向きを変えるため、表と裏にうね模様ができる。

細編みのすじ編み目

こまあみのすじあみめ

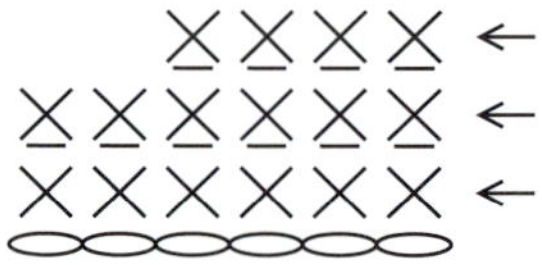

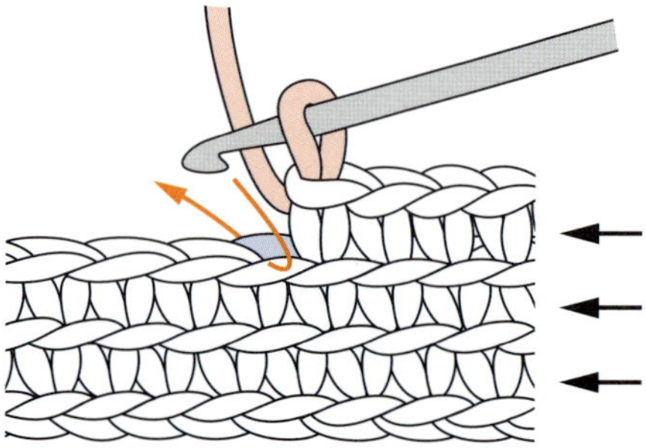

1　細編みのうね編みと同じ編み方で、いつも表を見て前段の目の向こう側半目に針を入れて細編みを編むと、表側にすじができる。

中長編みのすじ編み目《ちゅうながあみのすじあみめ》

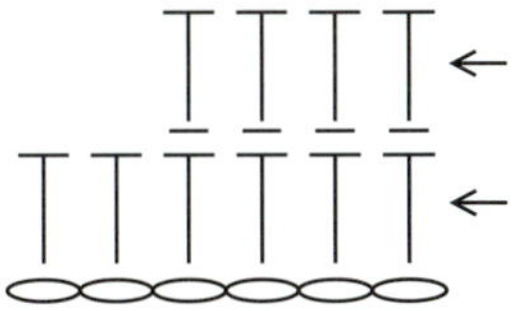

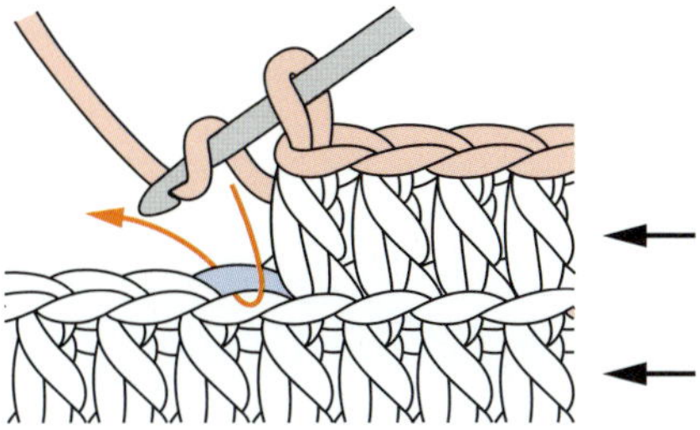

1 針に糸をかけ、矢印のように前段の目の向こう側半目に針を入れる。

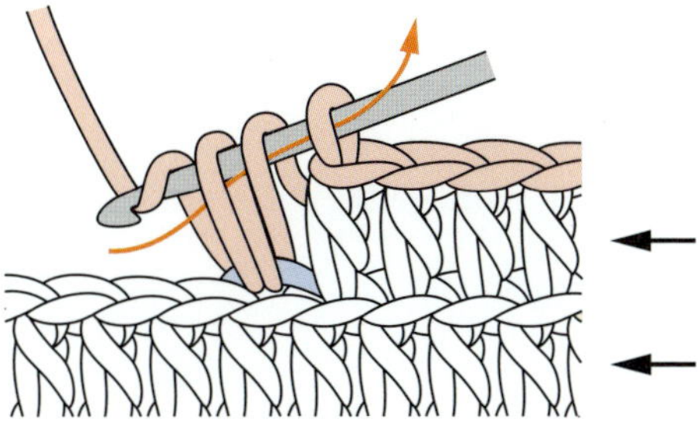

2 針に糸をかけて引き出し、もう一度針に糸をかけ、矢印のように3本のループから一度に引き抜く。

長編みのすじ編み目《ながあみのすじあみめ》

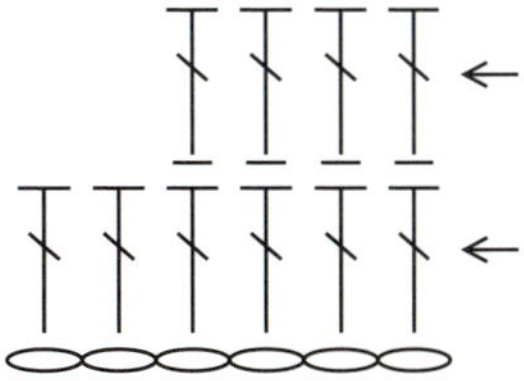

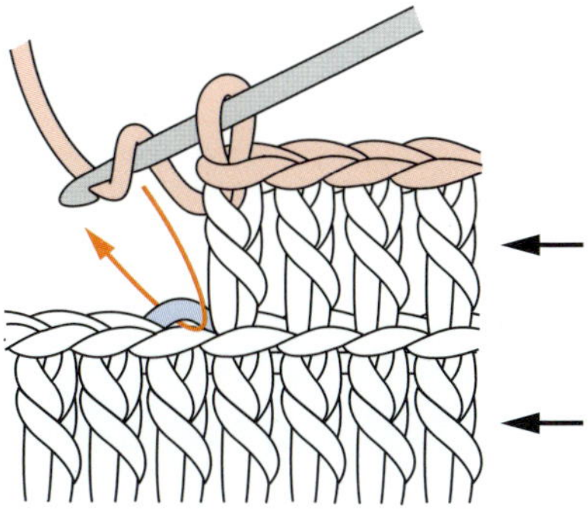

1 針に糸をかけ、矢印のように前段の目の向こう側半目に針を入れる。

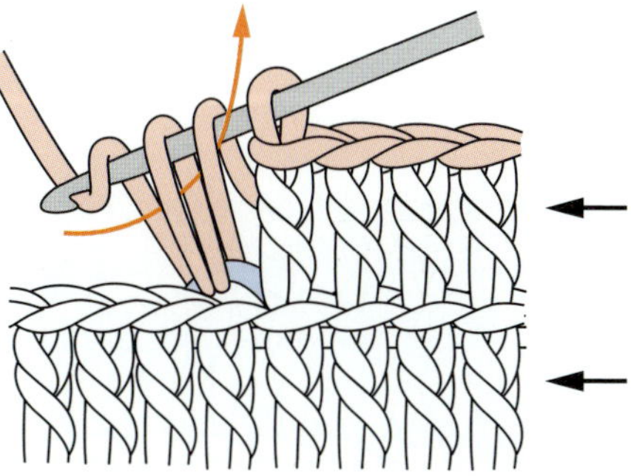

2 針に糸をかけて引き出し、もう一度針に糸をかけて、矢印のように2本のループから引き抜く。さらに針に糸をかけ、残りの2本のループから一度に引き抜く。

Column 未完成の編み目

最後に引き抜いて完成させる前の状態を「未完成の編み目」といいます。未完成のままでは１目と数えません。２目一度や玉編みなどのときに、この編み目が出てきます。

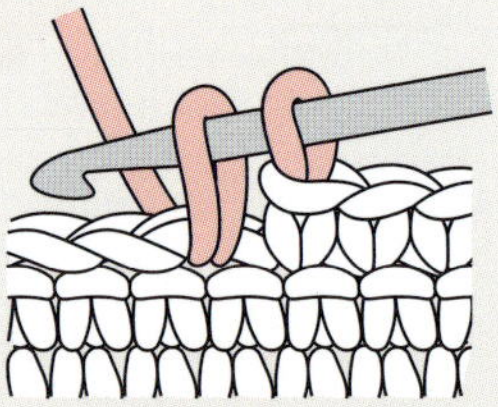

未完成の細編み

針にかかっている２本の糸を引き抜く前の状態。

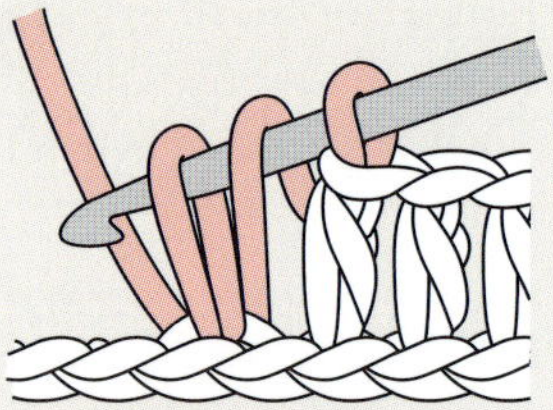

未完成の中長編み

針にかかっている３本の糸を引き抜く前の状態。

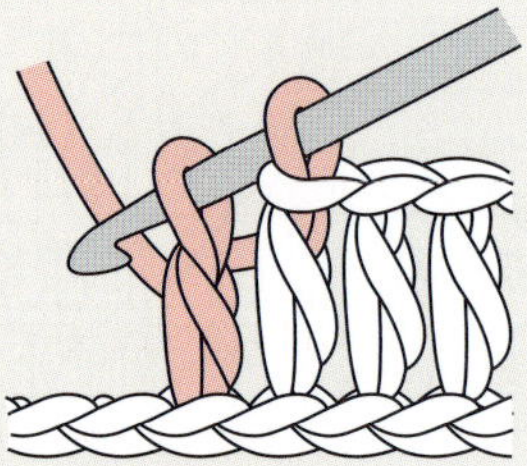

未完成の長編み

最後に針に残っている２本の糸を引き抜く前の状態。

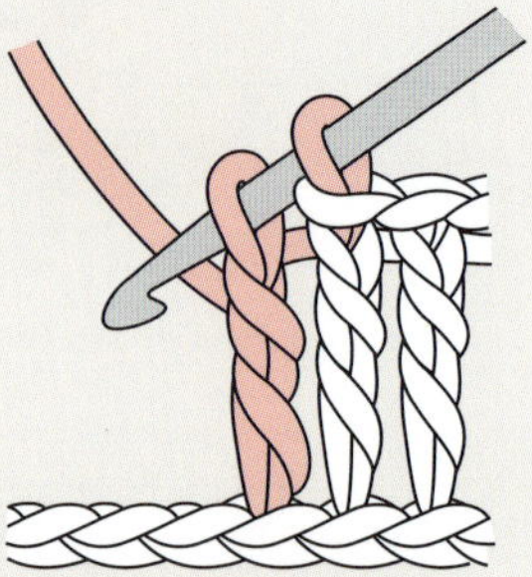

未完成の長々編み

最後に針に残っている２本の糸を引き抜く前の状態。

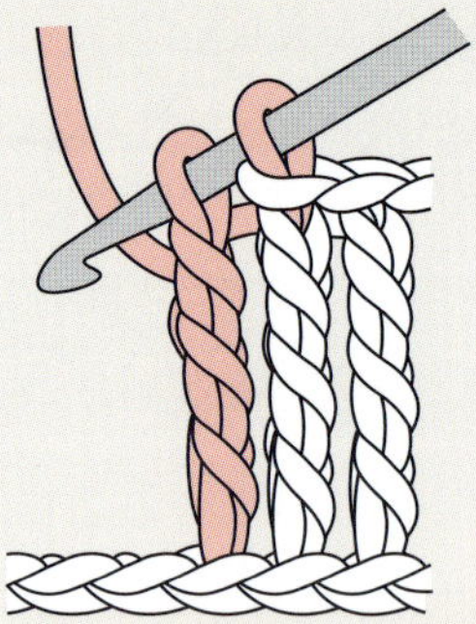

未完成の三つ巻き長編み

最後に針に残っている２本の糸をを引き抜く前の状態。

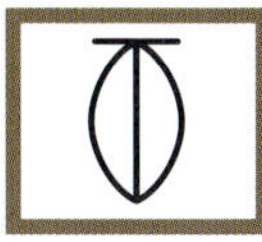

中長編み３目の玉編み目

ちゅうながあみ３めのたまあみめ

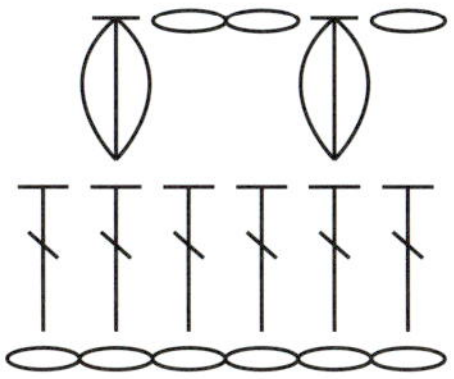

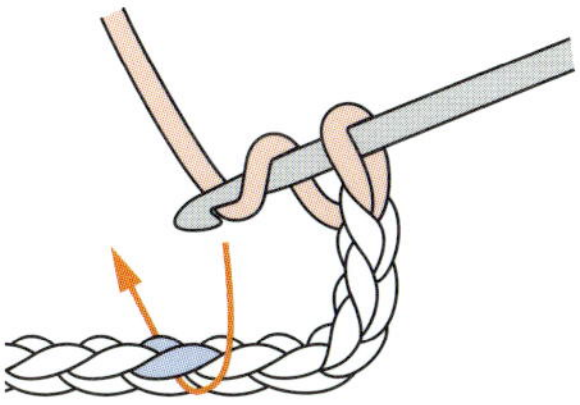

1

針に糸をかけ、矢印の位置に針を入れて、未完成の中長編みを編む(p.108参照)。このとき少し糸を長めに引き出しておく。

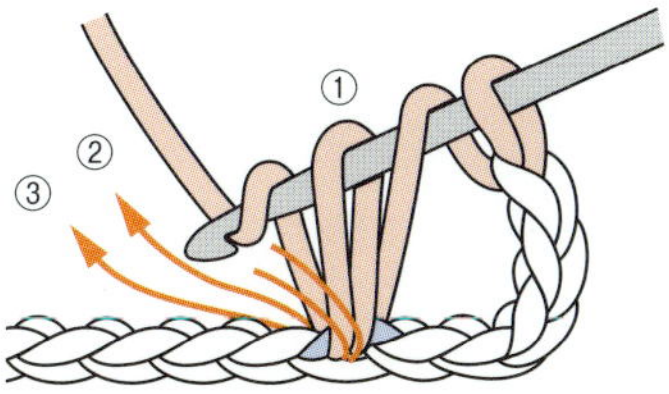

2

同じ目に針を入れて、未完成の中長編みをさらに２回編む。

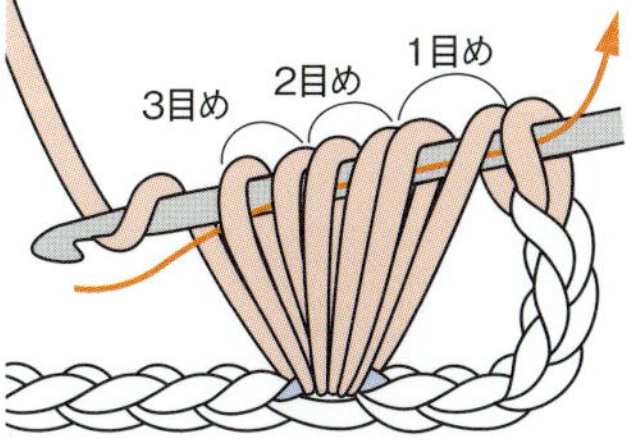

3

針に糸をかけ、矢印のようにすべてのループから一度に引き抜く。

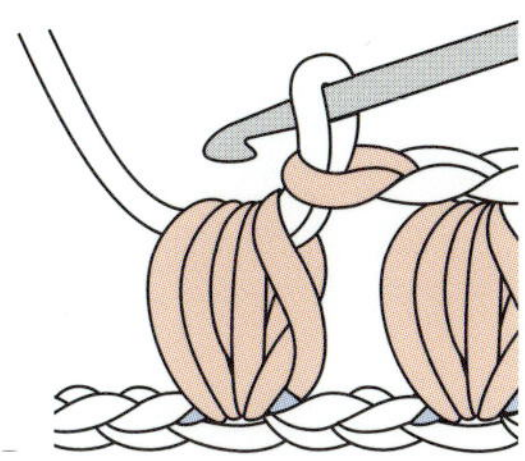

4

中長編み３目の玉編みを編んだところ。中長編みの玉編みの頭は右にずれており、次の鎖編みを１目編むことで形が安定する。

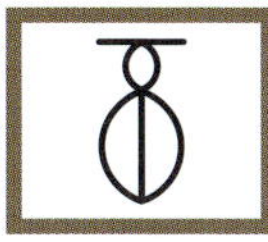

変わり中長編み３目の玉編み目

かわりちゅうながあみ３めのたまあみめ

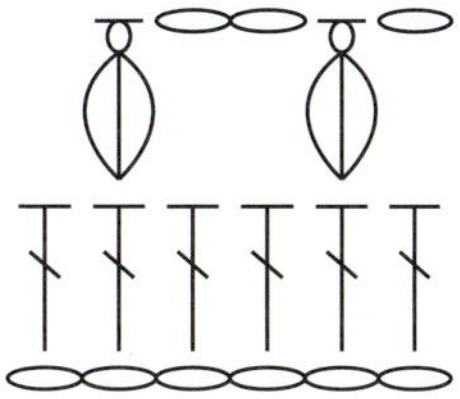

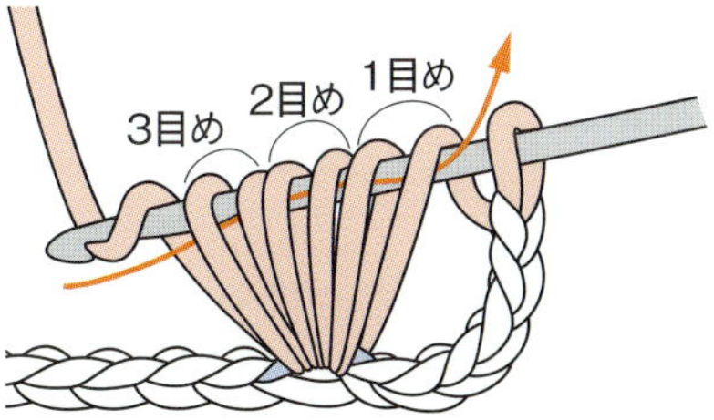

1 針に糸をかけ、前段の目に針を入れ、未完成の中長編み(p.108参照)を３目編む。針に糸をかけ、矢印のように針にかかっているループから引き抜く。

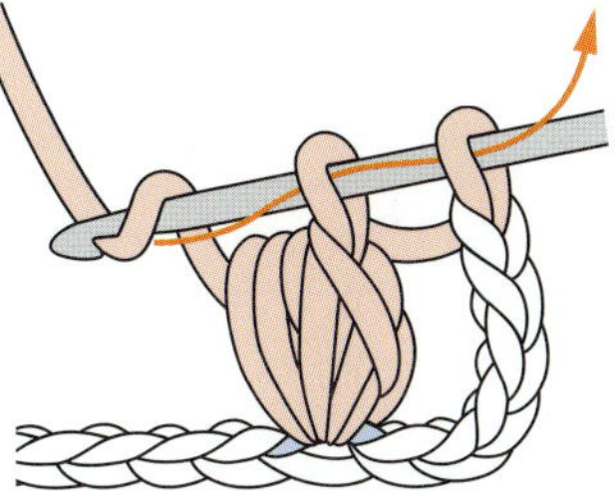

2 もう一度針に糸をかけ、針に残っている２本のループから引き抜く。

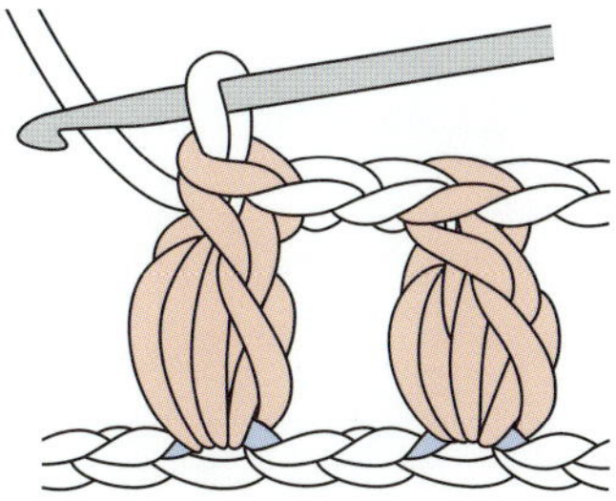

3 変わり中長編み３目の玉編みが編めたところ。

長編み３目の玉編み目

ながあみ３めのたまあみめ

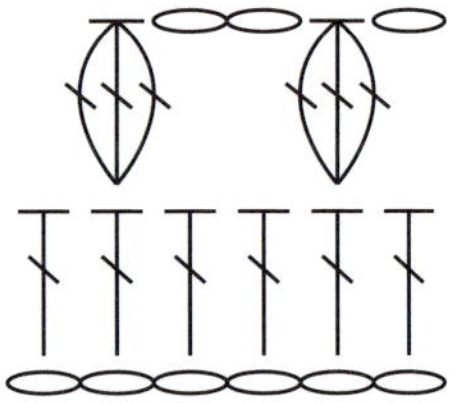

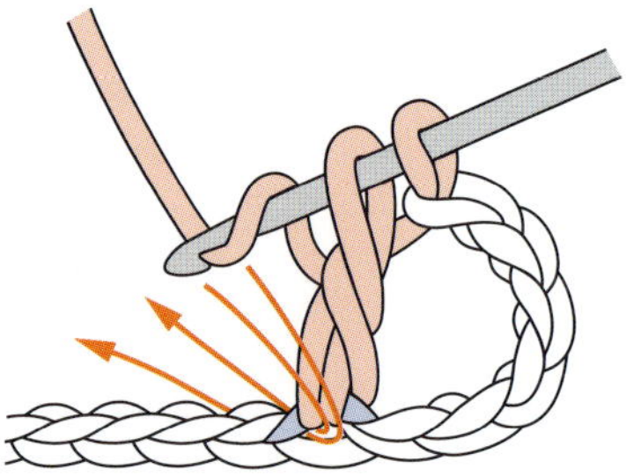

3 針に糸をかけ、同じ目に針を入れて、さらに未完成の長編みを２目編む。

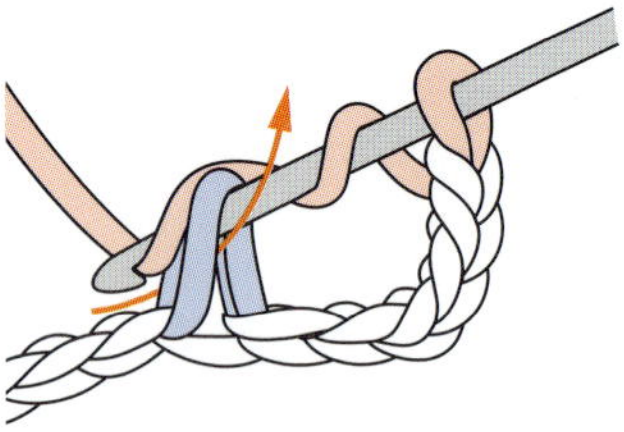

1 針に糸をかけ、前段の目（ここでは鎖の裏山と半目）に針を入れ、糸をかけて引き出す。引き出す長さは、鎖２目分が目安。

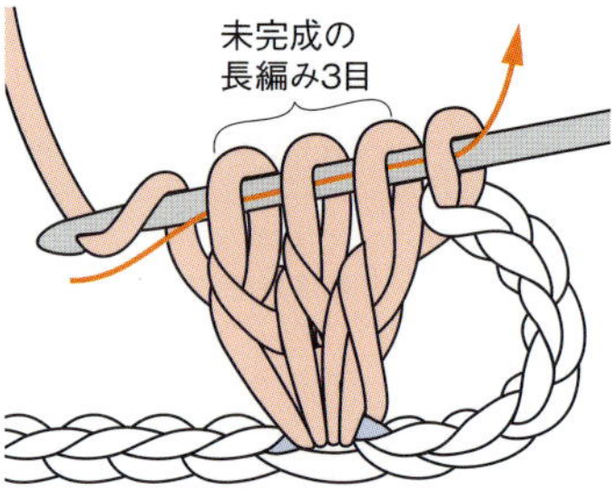

4 針に糸をかけ、矢印のように針にかかっているすべてのループから一度に引き抜く。

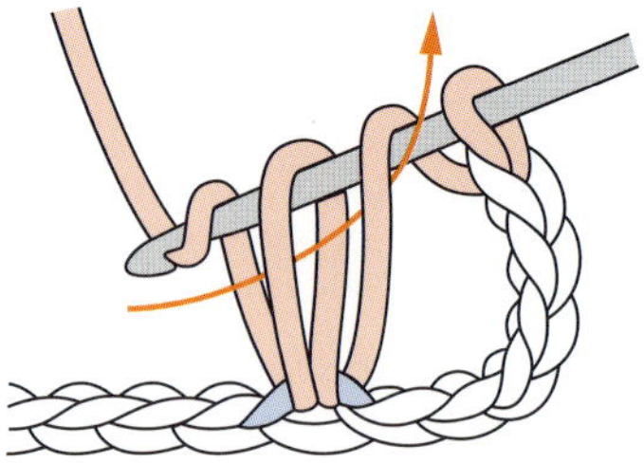

2 針に糸をかけ、矢印のように２本のループから引き抜く（未完成の長編み）。

5 長編み３目の玉編みが１目編めたところ。

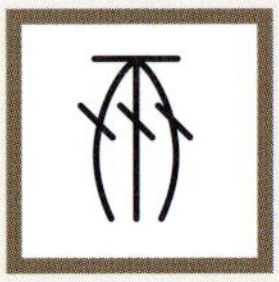

長編み３目の玉編みを束に編む

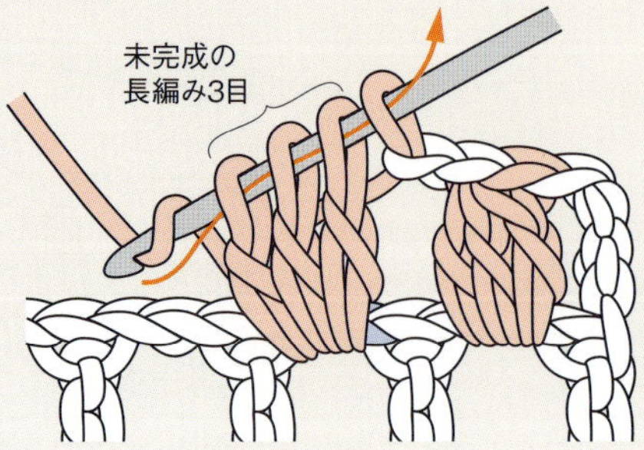

前段の鎖編みをそっくり拾って、長編み３目の玉編みを編む。

長編み
５目の玉編み目

ながあみ５めのたまあみめ

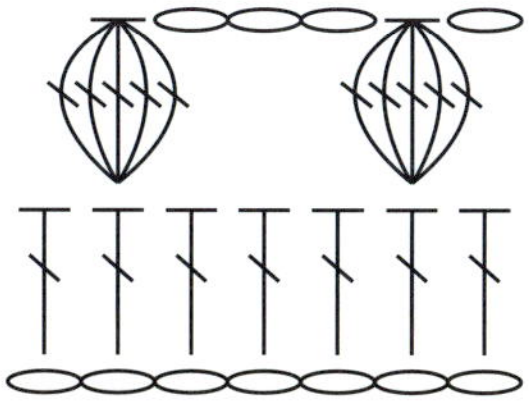

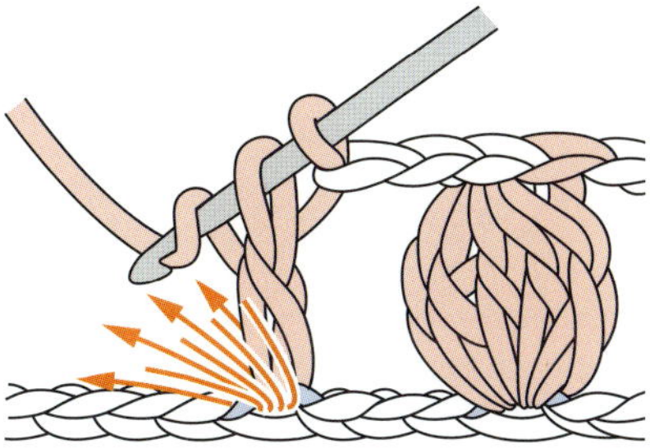

1　針に糸をかけ、矢印の位置に未完成の長編み（p.108参照）を５目編む。

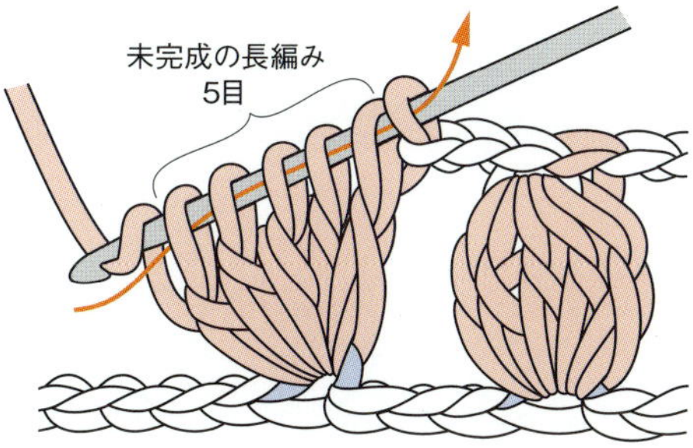

2　針に糸をかけ、矢印のように針にかかっているすべてのループから一度に引き抜く。

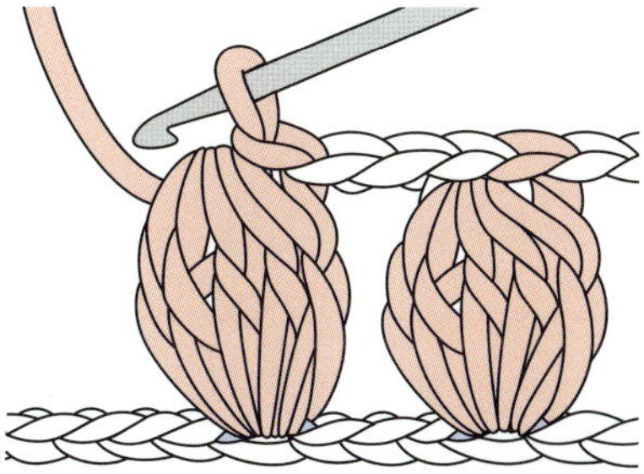

3　長編み５目の玉編みが２目編めたところ。

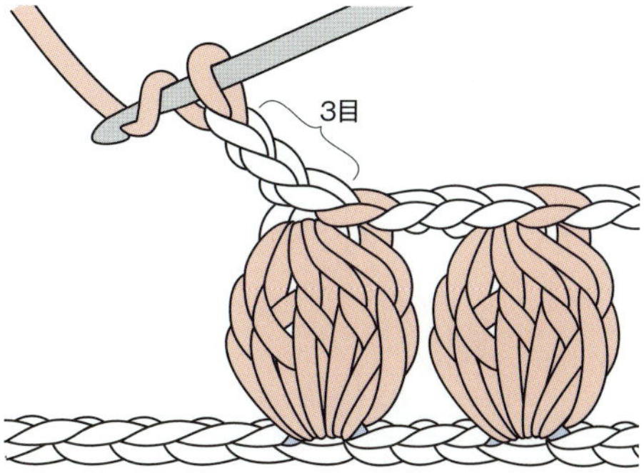

4　次の鎖３目を編み、同様に編んでいく。

長編み５目の玉編みを束に編む

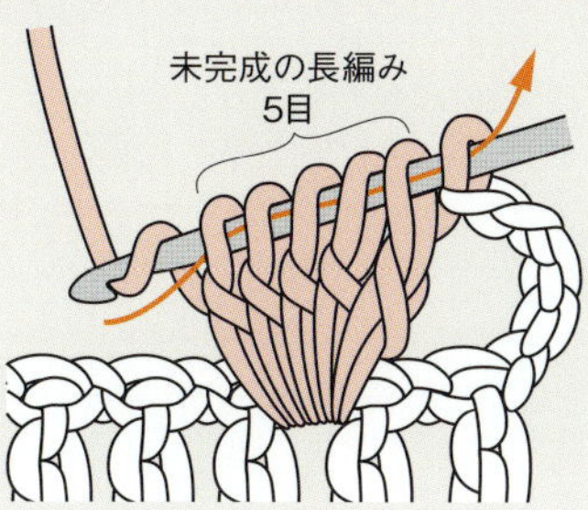

前段の鎖編みをそっくり拾って、
長編み５目の玉編みを編む。

長々編み 5目の玉編み目

ながながあみ５めのたまあみめ

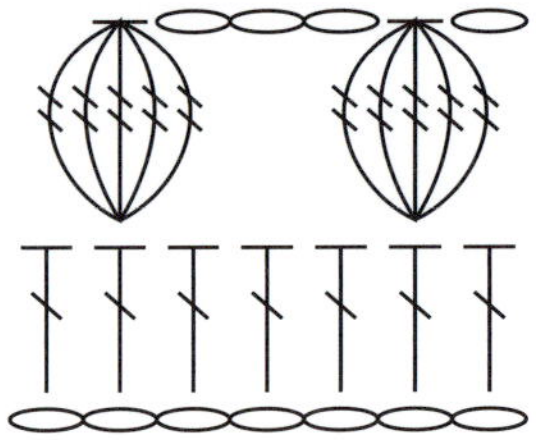

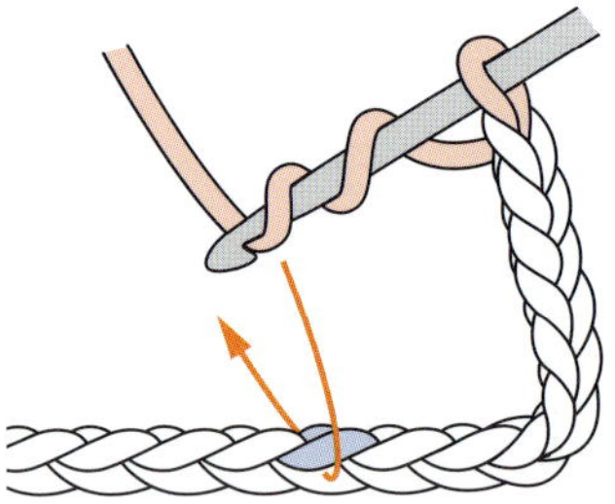

1 針に糸を2回かけ、矢印の位置に針を入れ、糸をかけて引き出す。

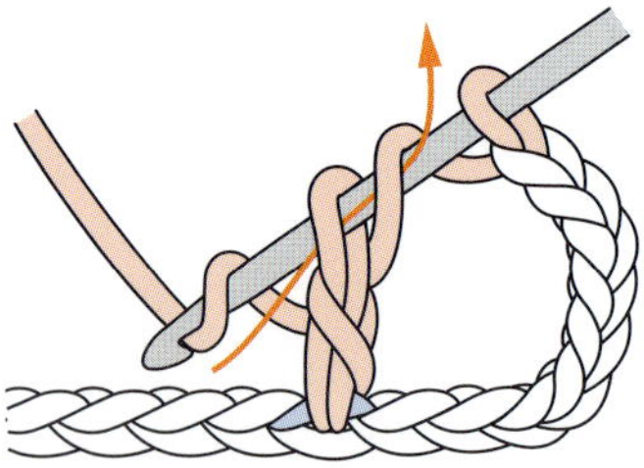

2 もう一度針に糸をかけ、未完成の長々編みを編む(p.108参照)。

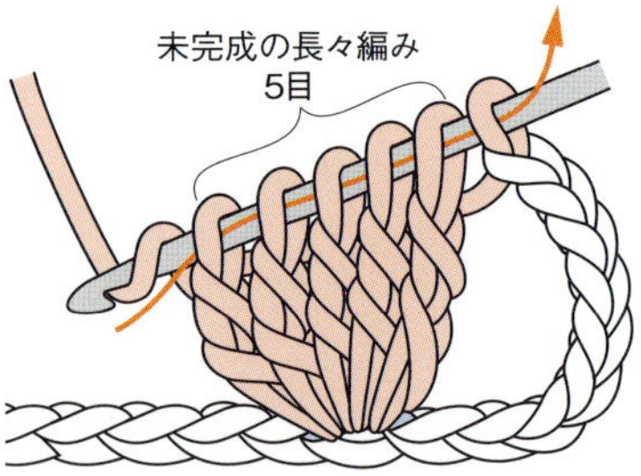

3 同じ目に、さらに未完成の長々編みを4目編み、針に糸をかけ、矢印のように針にかかっているすべてのループから一度に引き抜く。

4 長々編み5目の玉編みを編み、さらに鎖2目を編んだところ。

長々編み5目の玉編みを束に編む

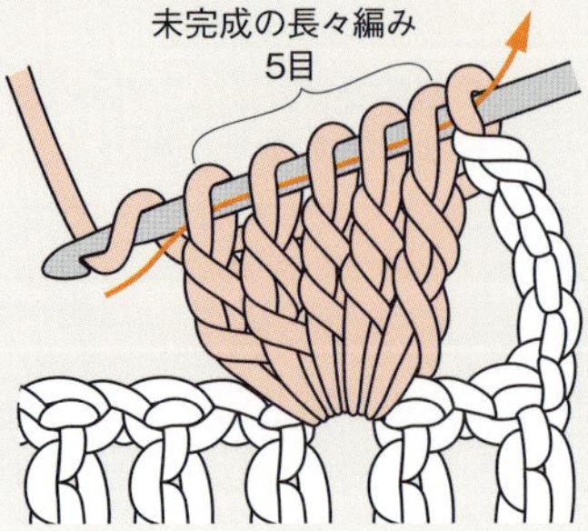

前段の鎖編みをそっくり拾って長々編み5目の玉編みを編む

中長編み５目の パプコーン編み目

ちゅうながあみ５めのぱぷこーんあみめ

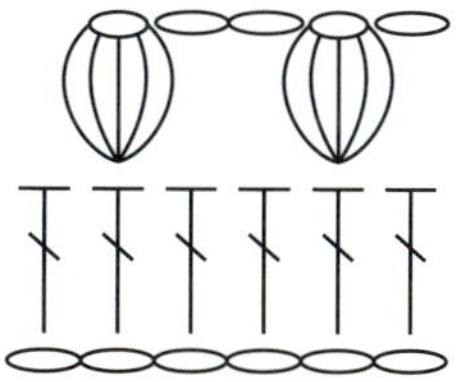

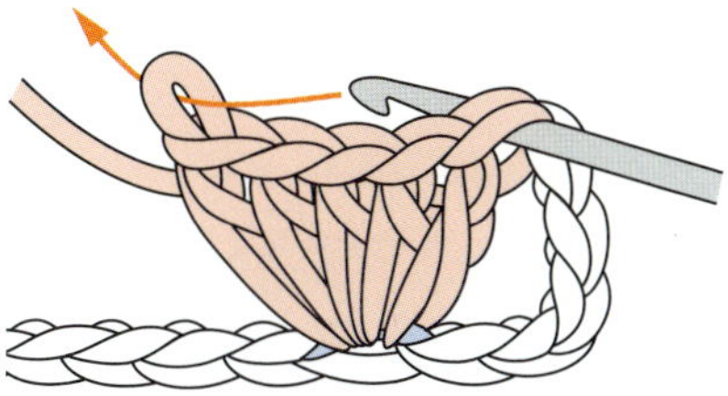

1　中長編みを５目同じ目に編み、いったん針をはずして最初の目とはずしたループに入れ直す。

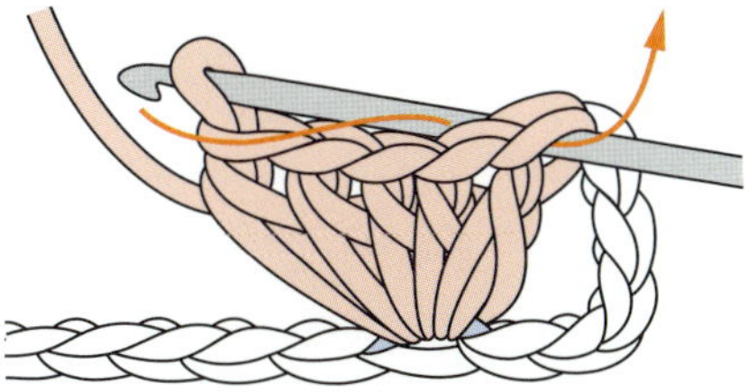

2　針先のループを矢印のように引き出す。

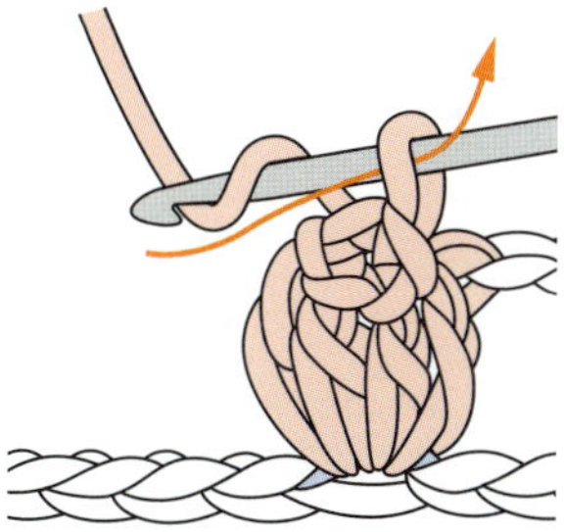

3　鎖編みを１目編み、糸を引き締める。

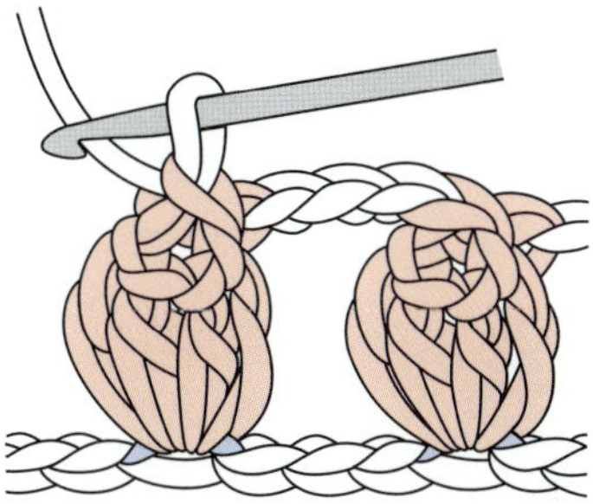

4　中長編み５目のパプコーン編みが２目編めたところ。

中長編み５目のパプコーン編みを束に編む

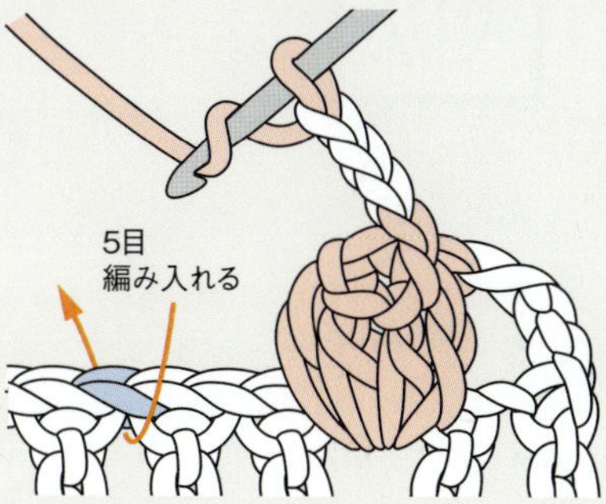

前段の鎖編みをそっくり拾って、中長編み５目のパプコーン編みを編む。

長編み５目のパプコーン編み目

ながあみ５めのぱぷこーんあみめ

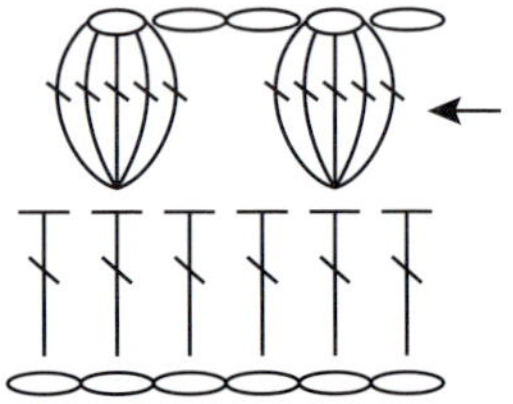

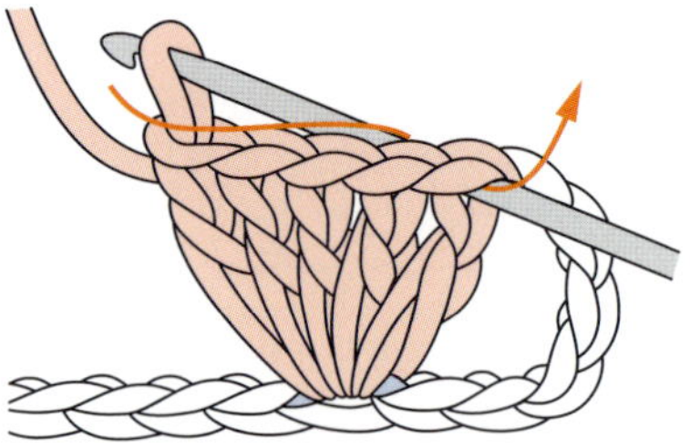

1 長編みを５目同じ目に編み、いったん針をはずして、最初の目とはずしたループに入れ直し、ループを矢印のように引き出す。

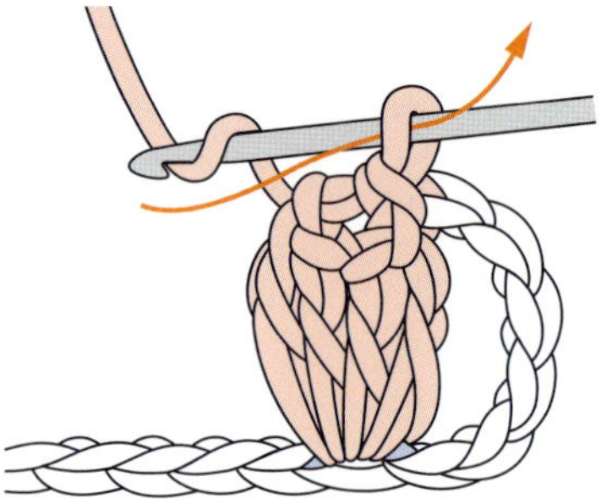

2 鎖編みを１目編み、糸を引き締める。

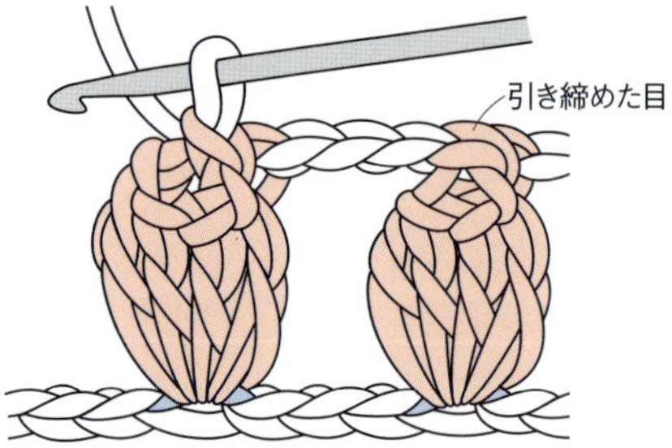

3 長編み５目のパプコーン編みが２目編めたところ。

長編み５目のパプコーン編み目を裏から編む

ながあみ５めのぱぷこーんあみめをうらからあむ

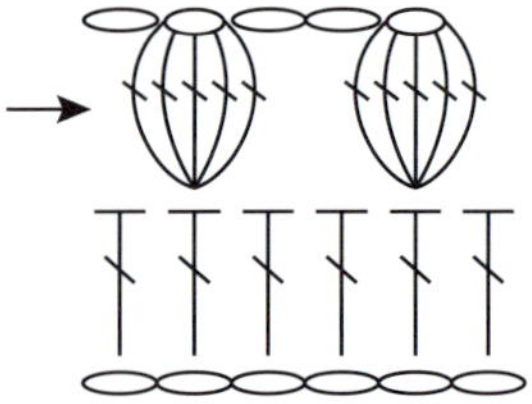

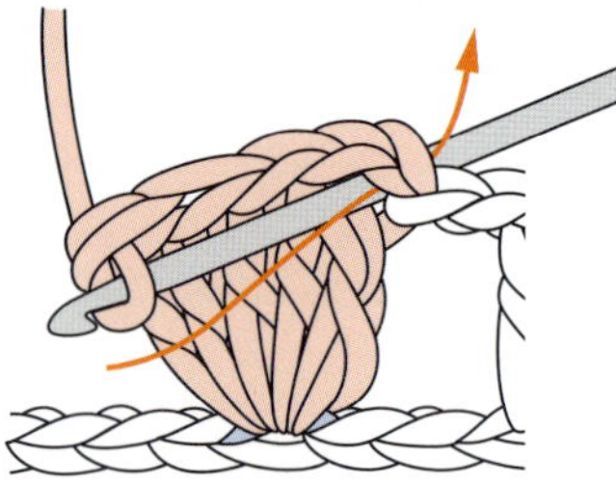

1 長編みを５目同じ目に編み、いったん針をはずして、最初の目には向こう側から針を入れ、はずしたループには手前から針を入れて、矢印のように引き出す。

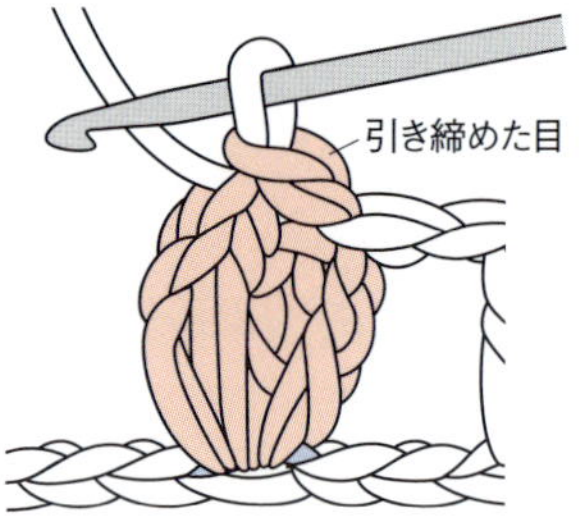

2 鎖編みを１目編み、目を引き締める（表側がふくらむ）。

長編み５目のパプコーン編みを束に編む

前段の鎖編みをそっくり拾って、長編み５目のパプコーン編みを編む。

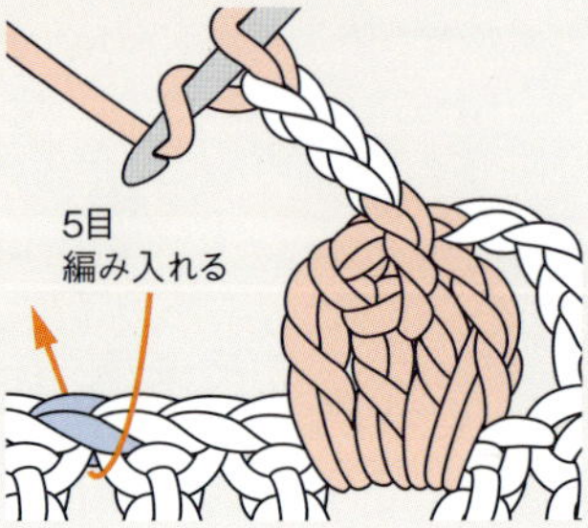

長々編み６目の パプコーン編み目

ながながあみ６めのぱぷこーんあみめ

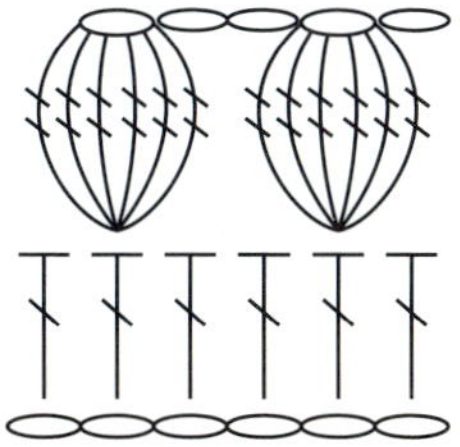

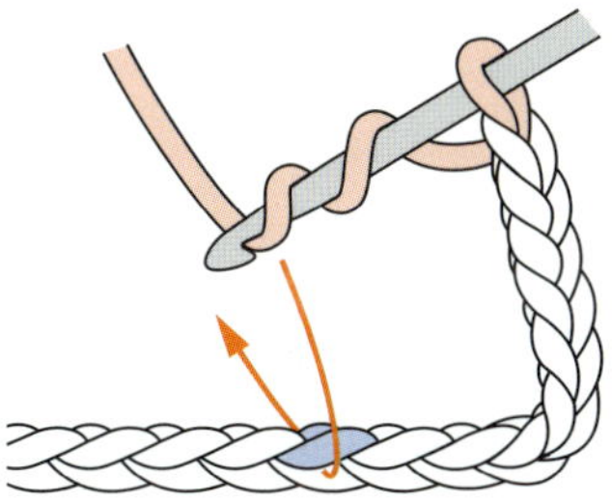

1 針に糸を２回かけ、矢印の位置に針を入れて長々編みを編む。

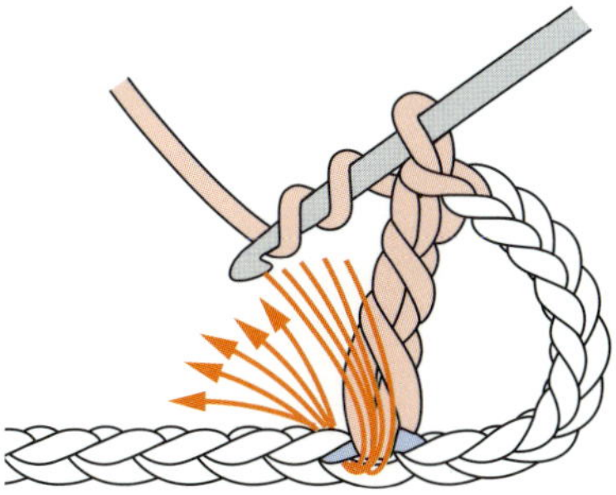

2 長々編みを同じ位置にあと５目編む。

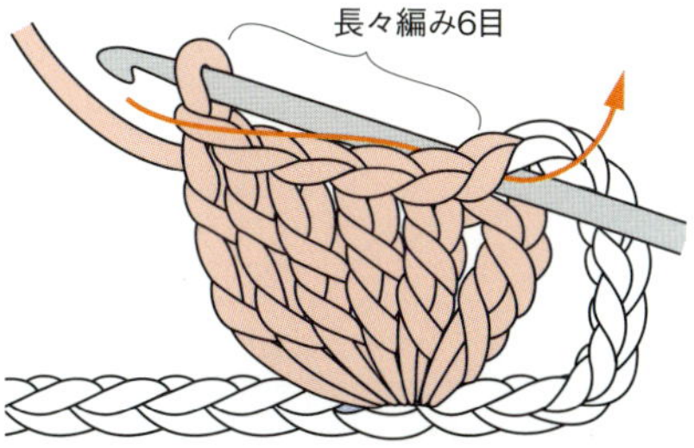

3 いったん針をはずして、最初の目とはずしたループに入れ直し、矢印のようにループを引き出す。

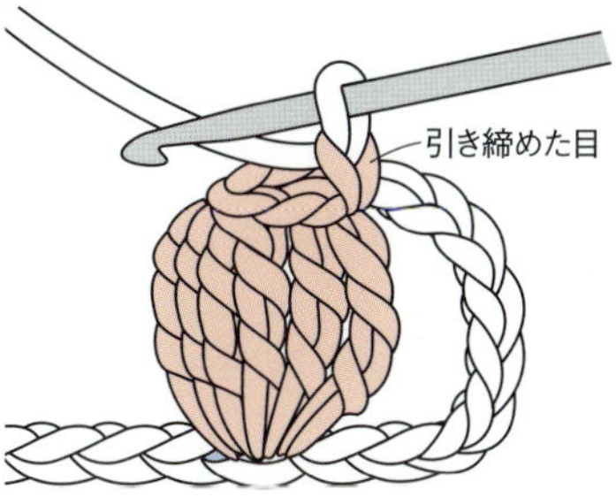

4 鎖編みを１目編み、目を引き締める。

長々編み６目のパプコーン編みを束に編む

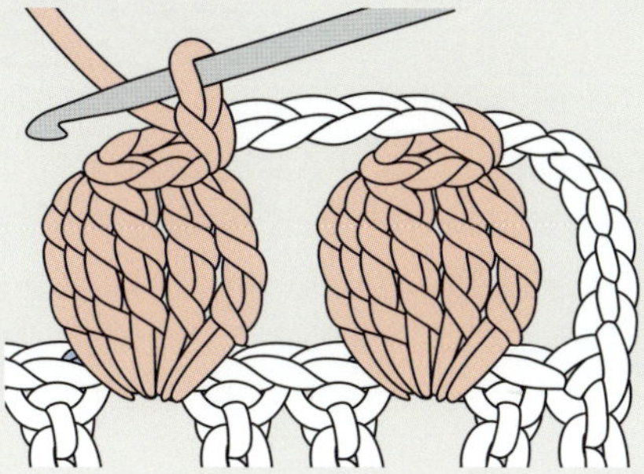

前段の鎖編みをそっくり拾って、長々編み６目のパプコーン編みを編む。

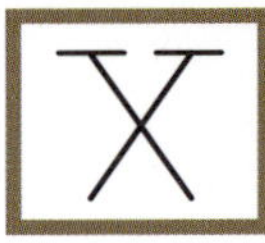

中長編み交差編み目《ちゅうながあみこうさあみめ》

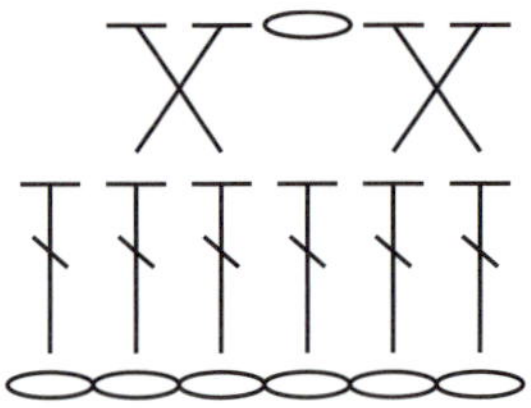

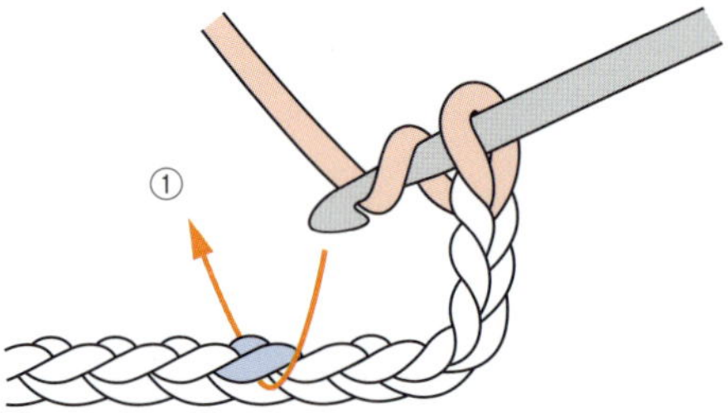

1 針に糸をかけ、矢印の位置に針を入れ、中長編みを編む。

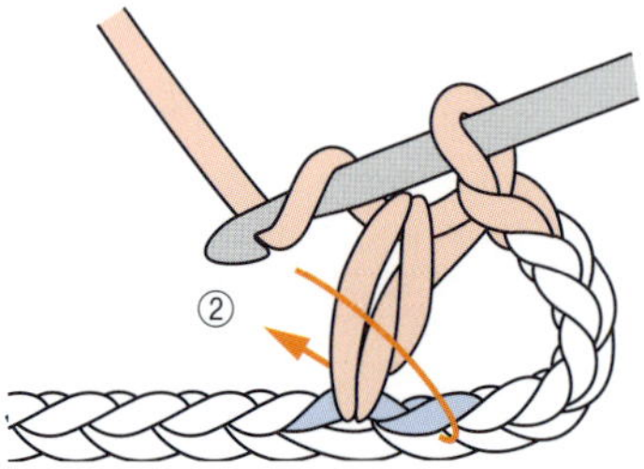

2 針に糸をかけて、矢印のように先に編んだ目の右の目に針を入れ、糸をかけて引き出す。

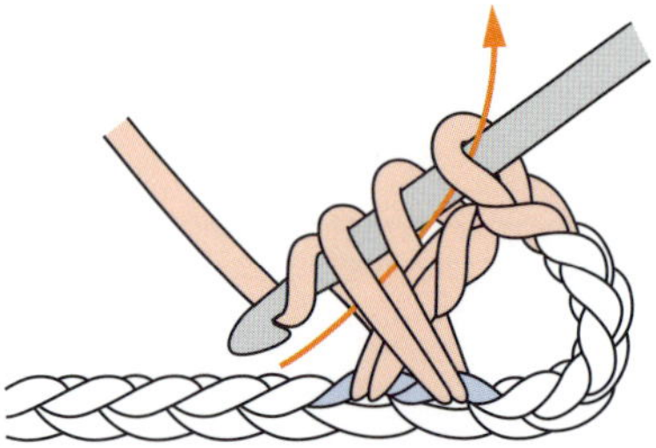

3 先に編んだ中長編みを編みくるむように中長編みを編む。

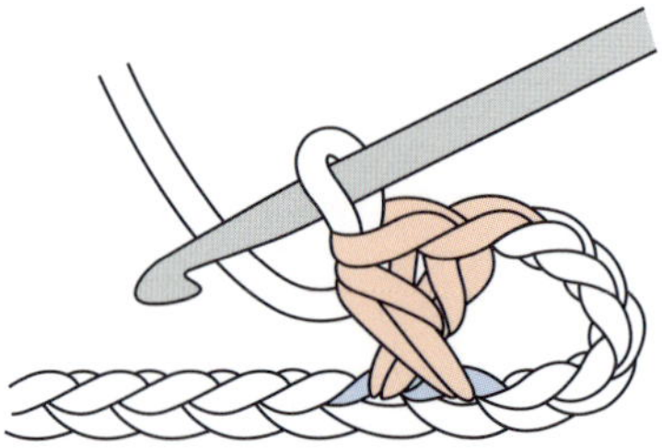

4 中長編み交差編みが1つ編めたところ。

長編み交差編み目《ながあみこうさあみめ》

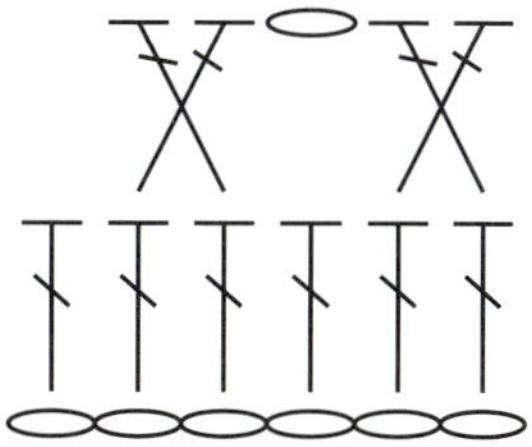

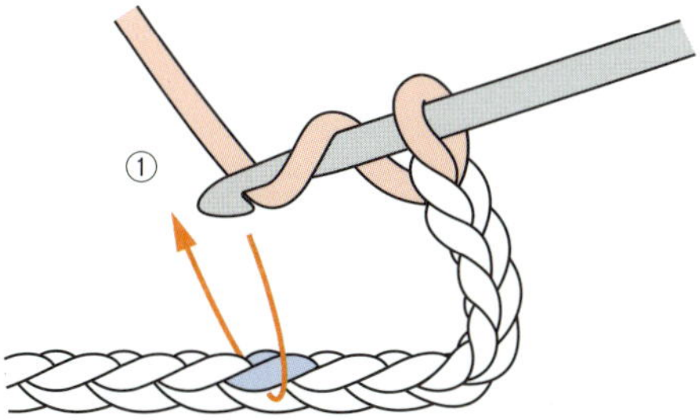

1 針に糸をかけ、矢印の位置に針を入れ、長編みを編む。

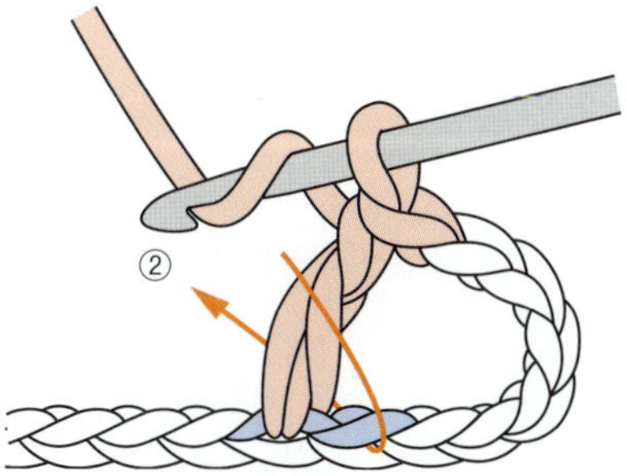

2 針に糸をかけ、矢印のように先に編んだ目の右の目に針を入れ、糸をかけて引き出す。

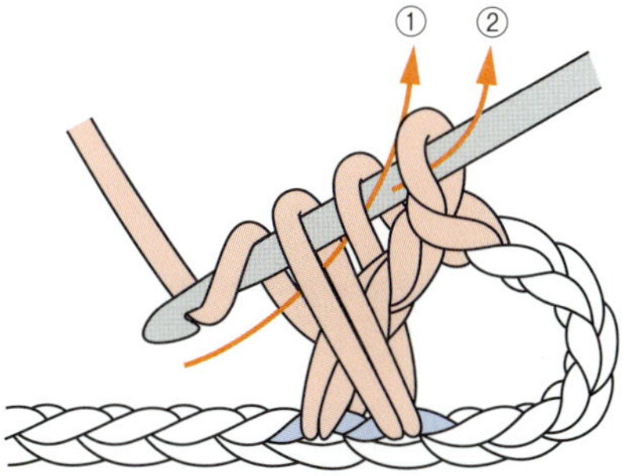

3 先に編んだ長編みを編みくるむように長編みを編む。

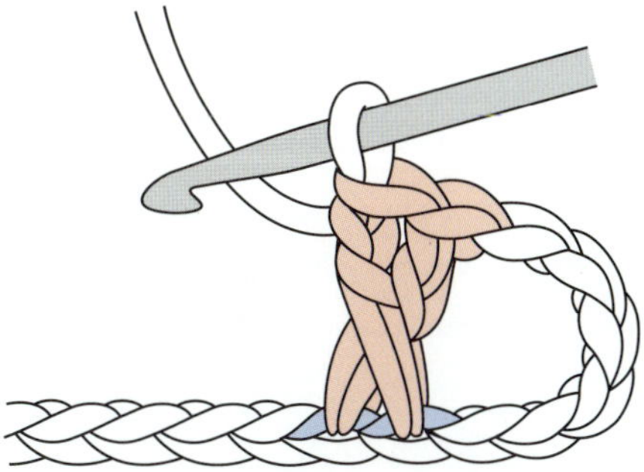

4 長編み交差編みが1つ編めたところ。

長々編み交差編み目

ながながあみこうさあみめ

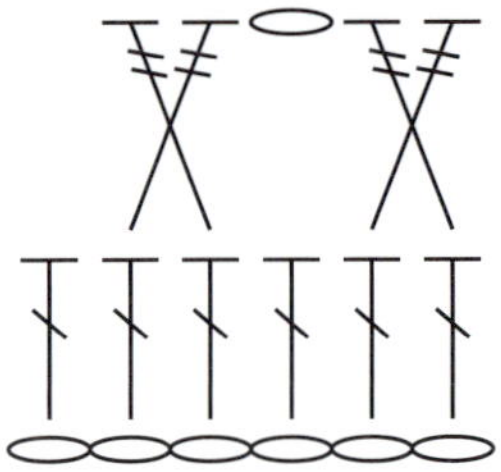

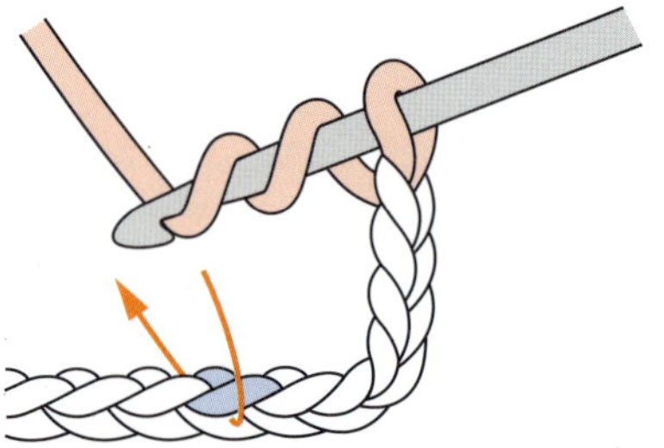

1 針に糸を2回かけ、矢印の位置に針を入れ、長々編みを編む。

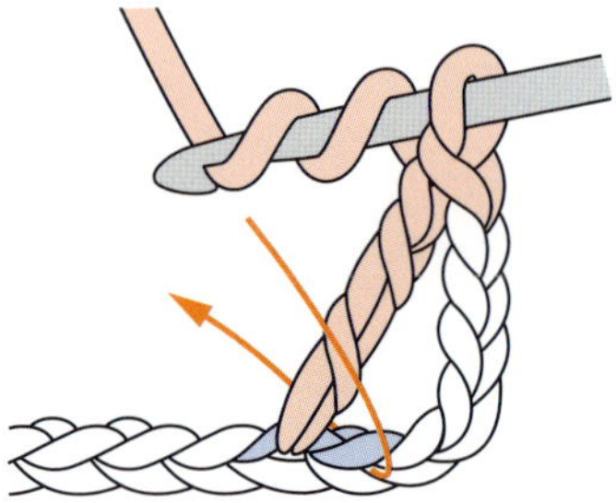

2 針に糸を2回かけ、矢印のように先に編んだ目の右の目に針を入れ、糸をかけて引き出す。

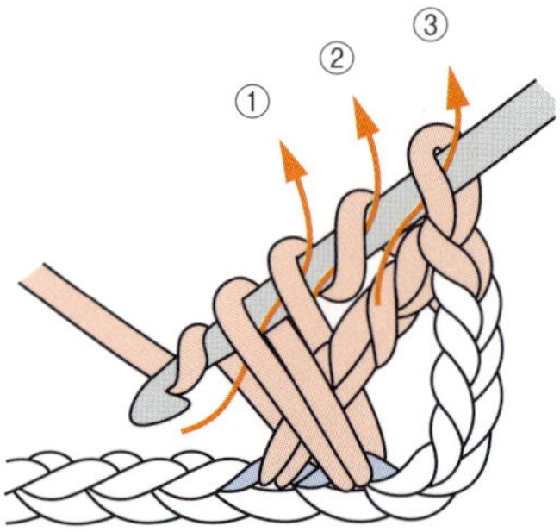

3 「針に糸をかけ、2本のループから引き抜く」を3回繰り返し、先に編んだ長々編みを編みくるむように長々編みを編む。

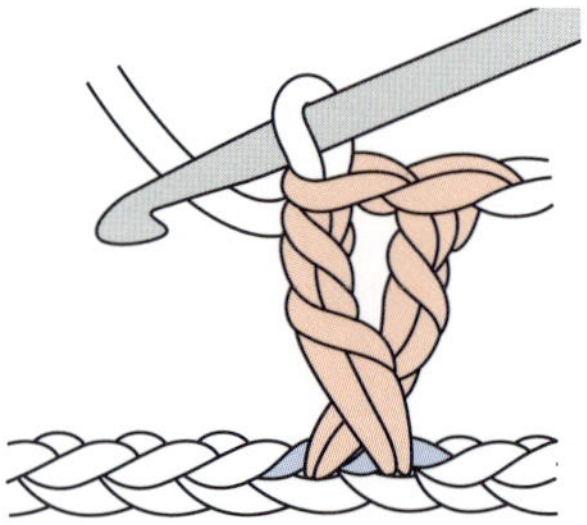

4 長々編み交差編みが1つ編めたところ。

変わり長編み交差編み目（右上）

かわりながあみこうさあみめ

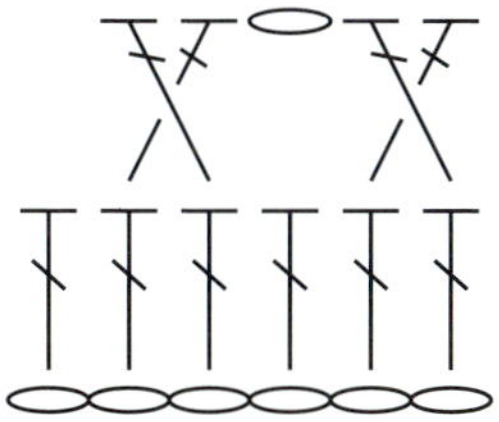

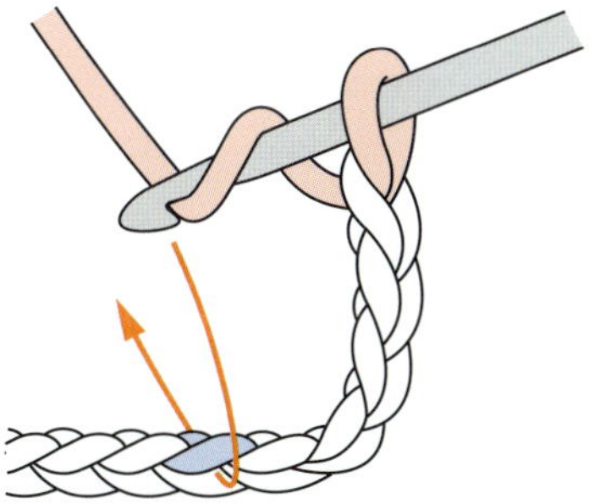

1 針に糸をかけ、矢印の位置に針を入れ、長編みを編む。

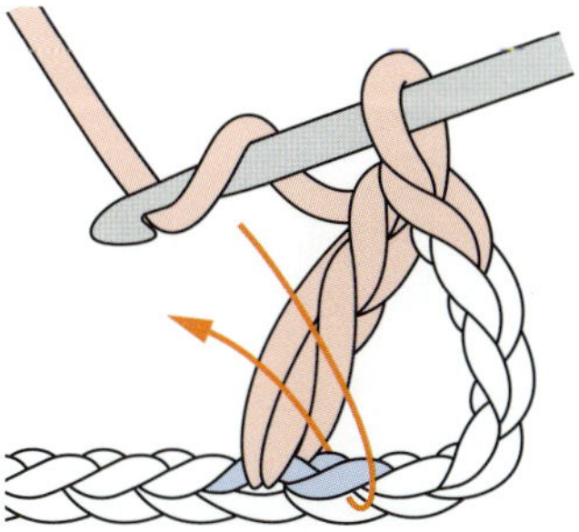

2 針に糸をかけ、矢印のように、先に編んだ目の右の目に針を手前から入れて糸を引き出す。

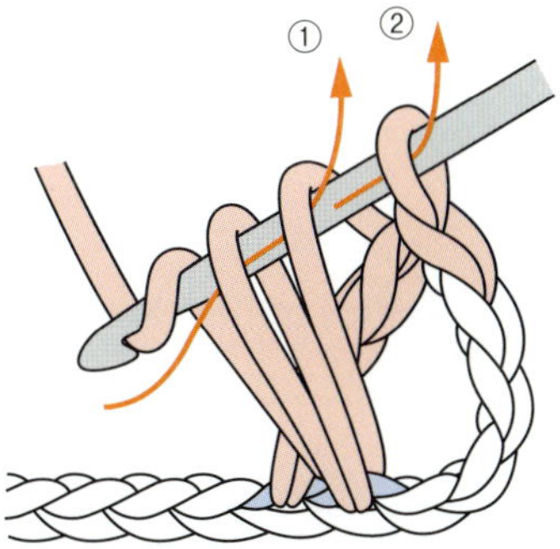

3 「針に糸をかけ、2本のループから引き抜く」を2回繰り返し、長編みを編む（交差する長編みは編みくるまない状態になる）。

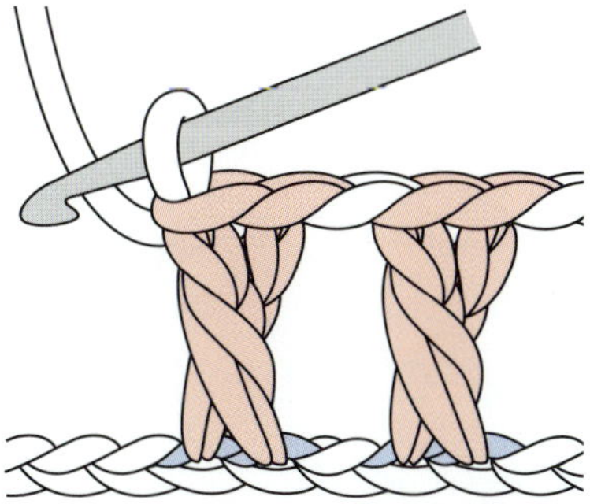

4 鎖編みを1目編み、変わり長編み交差編み（右上）が2つ編めたところ。

変わり長編み交差編み目（左上）

かわりながあみこうさあみめ

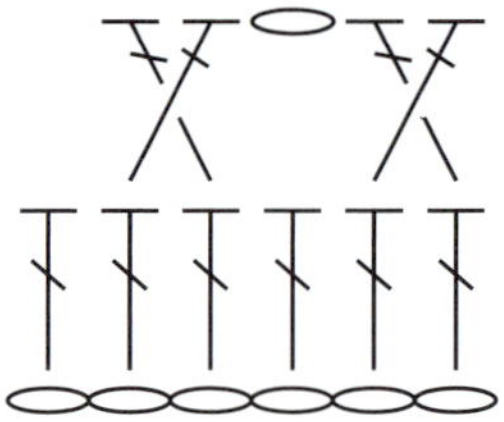

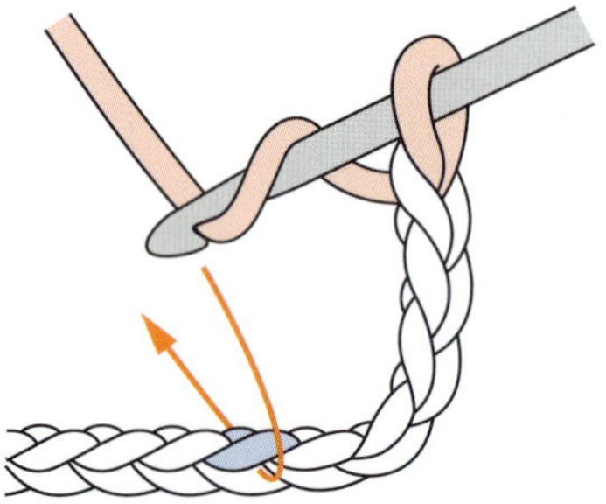

1 針に糸をかけ、矢印の位置に針を入れ、長編みを編む。

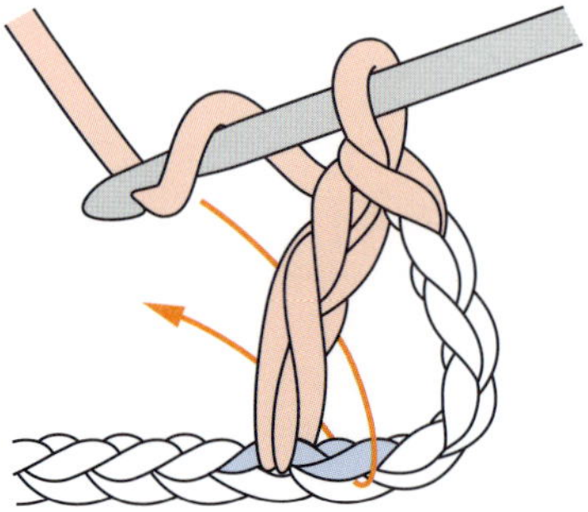

2 針に糸をかけ、矢印のように先に編んだ目の右の目に針を入れ、糸をかけて引き出す。

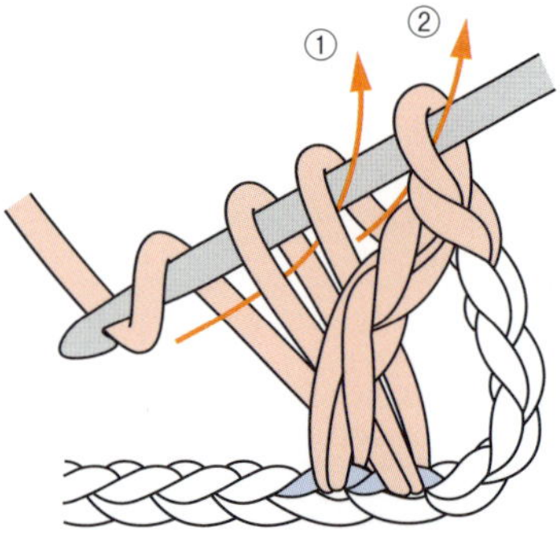

3 「針に糸をかけ、2本のループから引き抜く」を2回繰り返し、長編みを編む（交差する長編みは編みくるまない状態になる）。

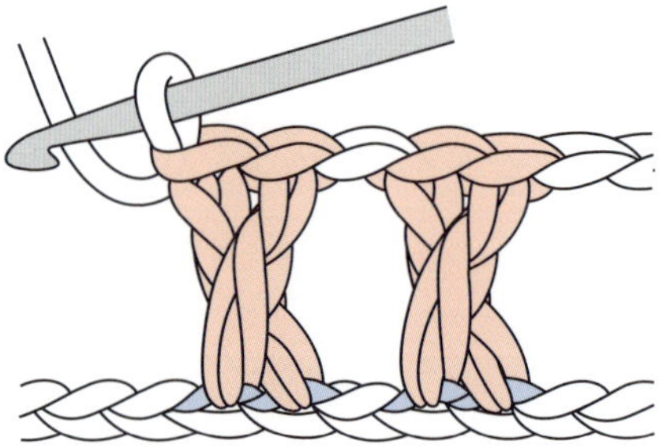

4 変わり長編み交差編み(左上)が2つ編めたところ。

Column きれいに編むには足の長さが大切

立ち上がりの鎖と長編みの高さをそろえよう

二つの編み地は、どちらも長編みを７目４段編んだものです。左は長編みの目がきれいに並んでいますが、右は立ち上がりの鎖目ととなりの長編みの目の間が空いています。これは、立ち上がりの鎖の高さに比べ、長編みの高さが足りなかったためです。立ち上がりの鎖と編み目の高さをそろえて編みましょう。

編み入れるとき同じ高さにするには左右を長めに

長編みを５目編み入れたときの編み地です。左は、同じ長さで長編みを編んだもので、編み地の中央が高く山形になっています。右は、きつめに長編みを編んだもので、編み地の左右がつれています。平らに編むには、5つの編み目のうち、左右の編み目を長めに編むのがコツです。同じ編み図を見て編んだものでも、編み方によって仕上がりに差が出てしまうので気をつけましょう。

Column 交差編み目や引き上げ編み目はバランスをとろう

長編みと交差編みや引き上げ編みが交ざった模様を編むときは、交差編みの長編みは長めに編むと高さがそろいます。また、引き上げ編みは長めに引き上げて編むのが、ほかと高さをそろえて編むコツです。

長編みクロス編み目

ながあみくろすあみめ

(間に鎖2目)

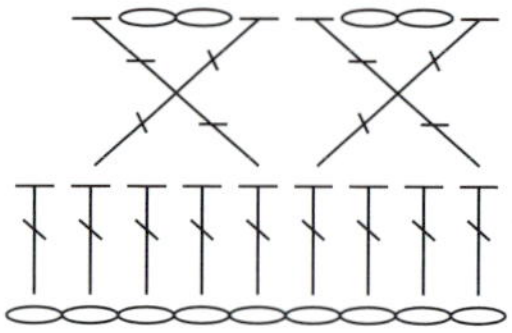

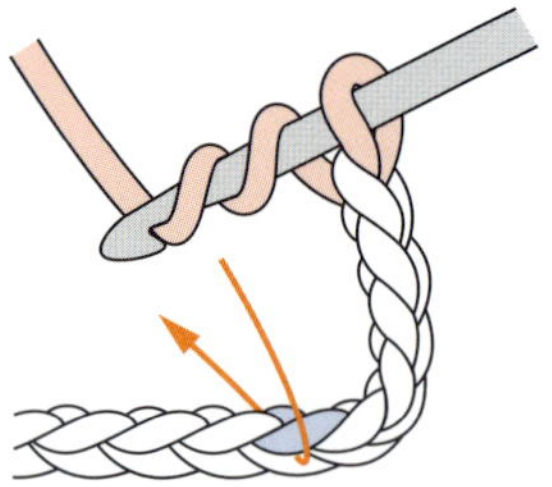

1

針に糸を2回かけ、矢印の位置に針を入れる。

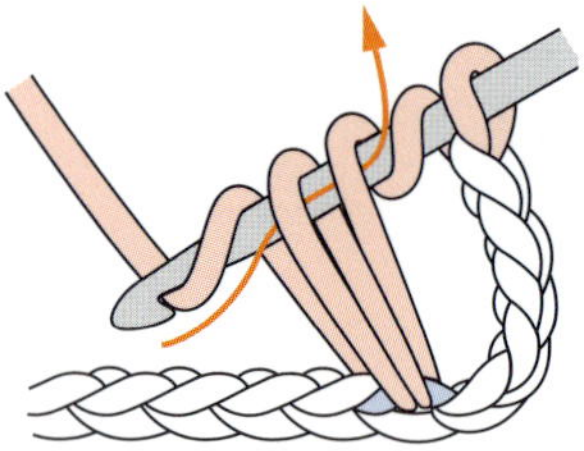

2

針に糸をかけて引き出し、もう一度針に糸をかけ、矢印のように2本のループから引き抜く。

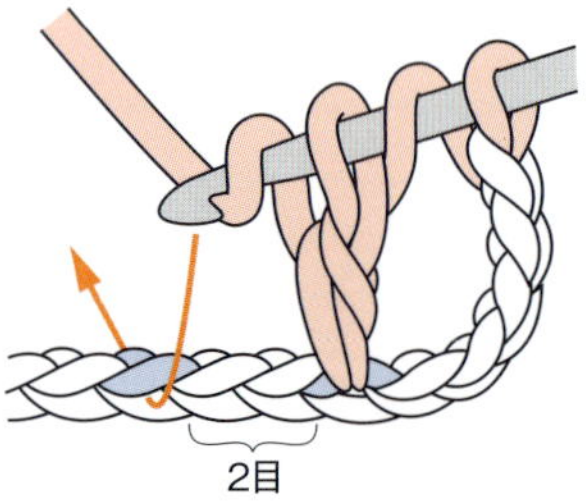

3

針に糸をかけ、2目とばした目に針を入れる。

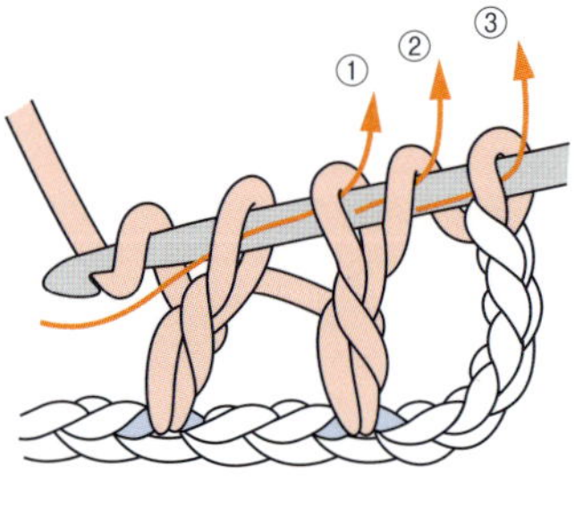

4

2と同様に未完成の長編み(p.108参照)を編み、「針に糸をかけ、2本のループから引き抜く」を3回繰り返す。

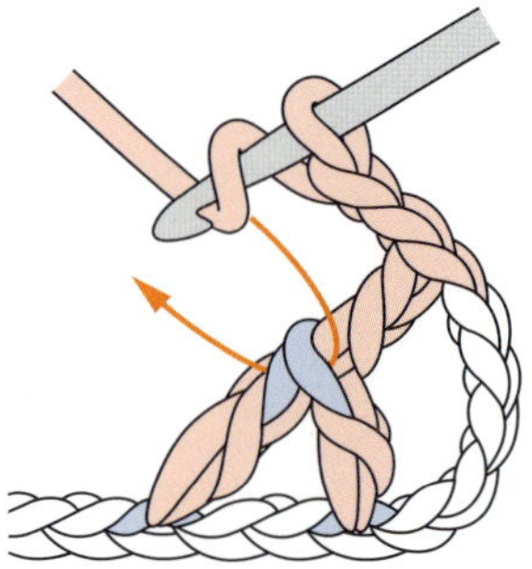

5

鎖2目を編み、針に糸をかけて矢印の位置に針を入れる。

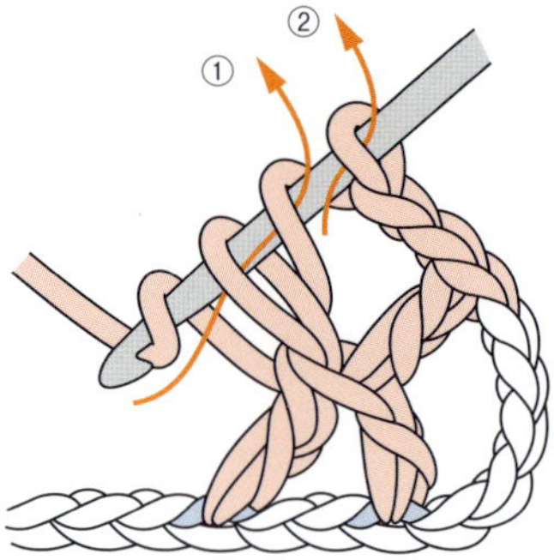

6

針に糸をかけて引き出し、「針に糸をかけ、2本のループから引き抜く」を2回繰り返す。

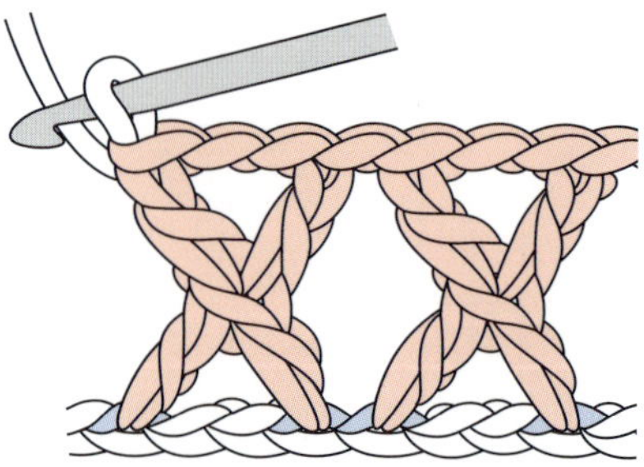

7 長編みクロス編みが2つ編めたところ。

長々編み クロス編み目 (間に鎖3目)

ながながあみくろすあみめ

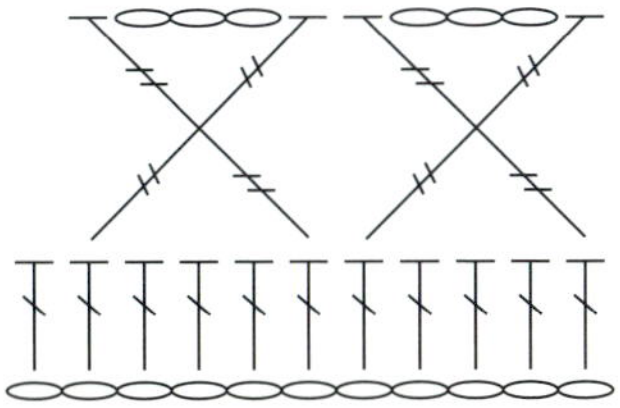

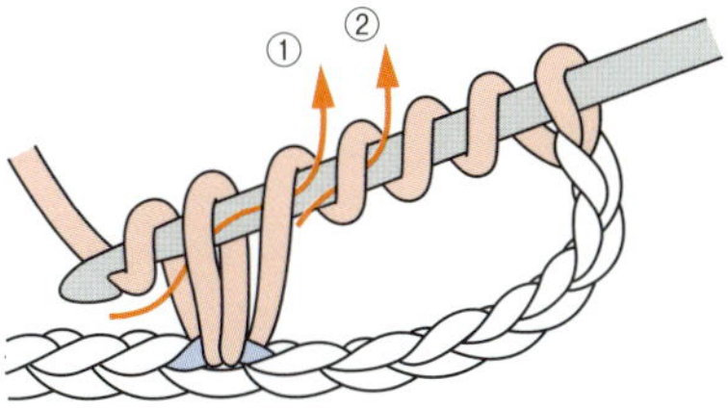

1 針に糸を4回かけ、前段の目に針を入れて糸を引き出し、「針に糸をかけ、2本のループから引き抜く」を2回繰り返す。

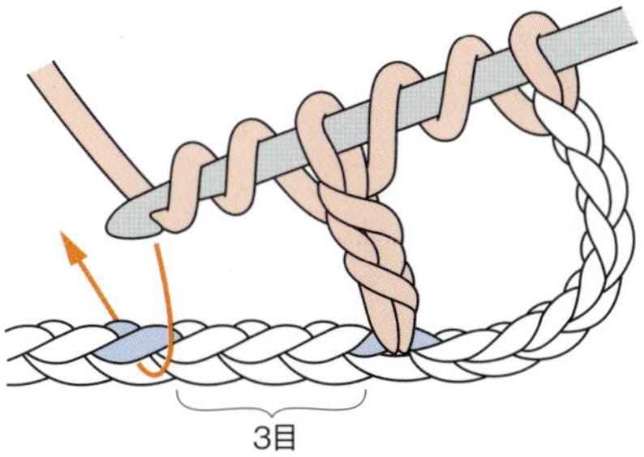

2 もう一度針に糸を2回かけ、3目とばした目に針を入れて糸を引き出し、「針に糸をかけ、2本のループから引き抜く」を2回繰り返す。

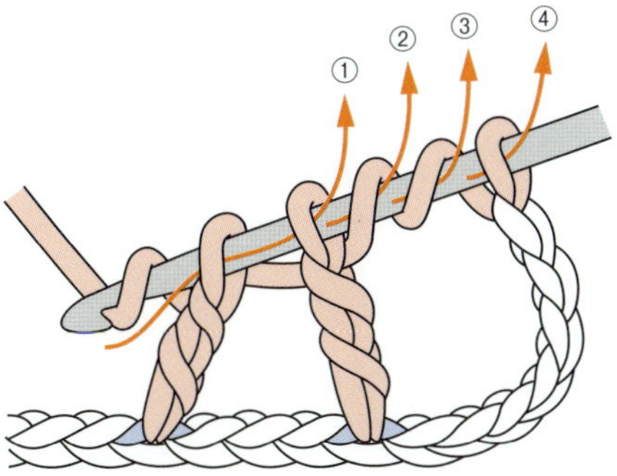

3 さらに「針に糸をかけ、2本のループから引き抜く」を4回繰り返す。

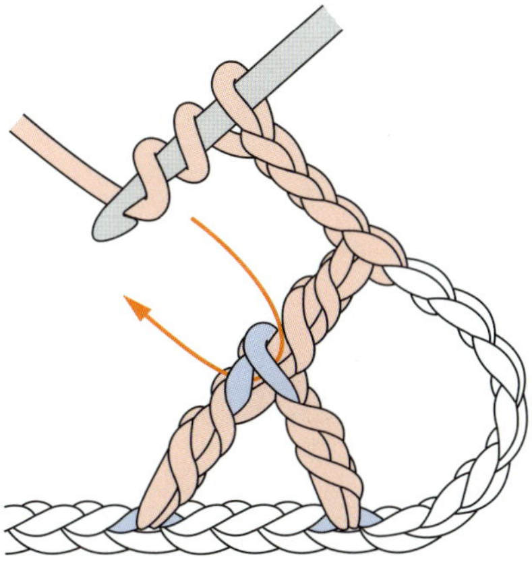

4 鎖編みを3目編み、針に糸を2回かけて矢印の位置に針を入れ、長々編みを編む。

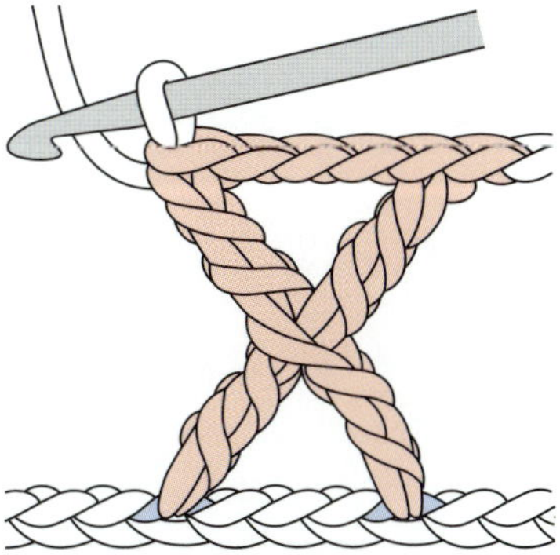

5 長々編みクロス編みが編めたところ。

Y字編み目

わいじあみめ

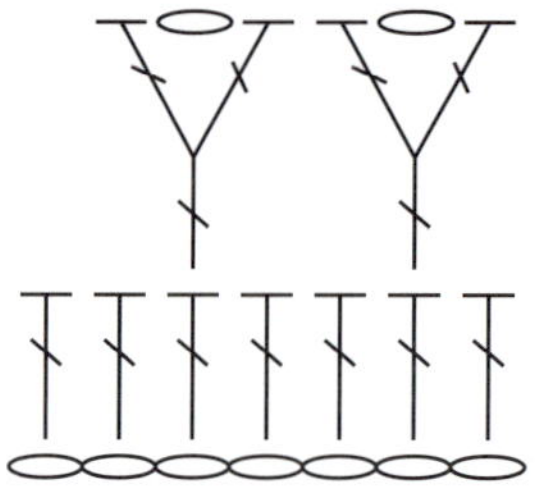

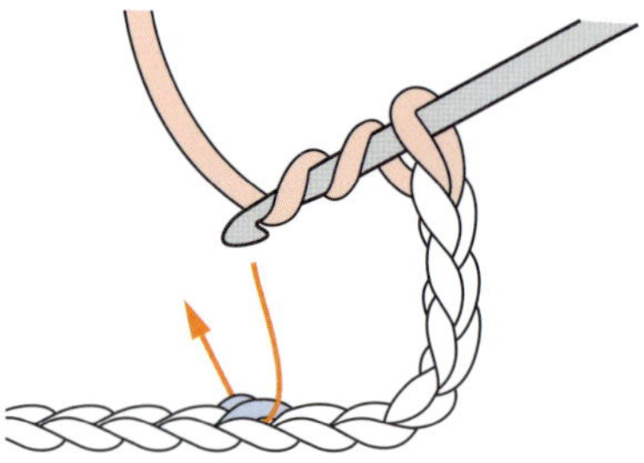

1 針に糸を2回かけ、矢印の位置に針を入れ、長々編みを編む。

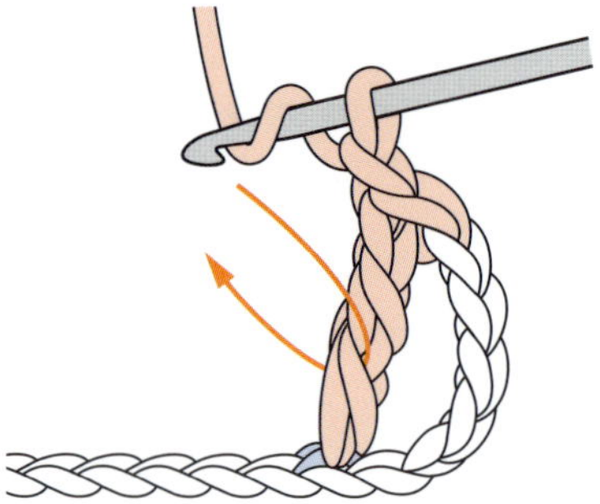

2 鎖編みを1目編み、針に糸をかけて、矢印の位置に針を入れる。さらに糸をかけて引き出す。

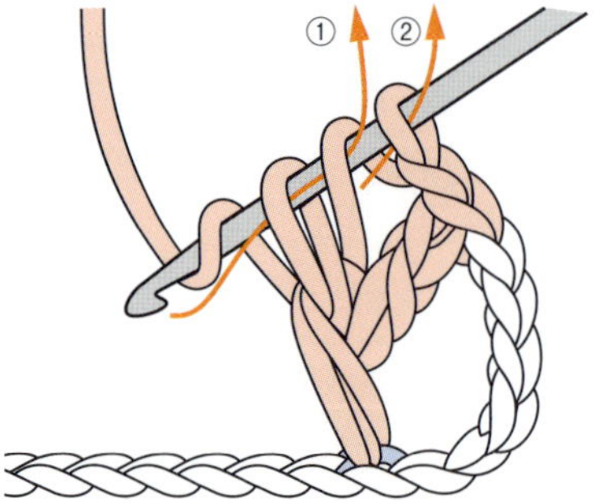

3 「針に糸をかけ、2本のループから引き抜く」を2回繰り返し、長編みを編む。

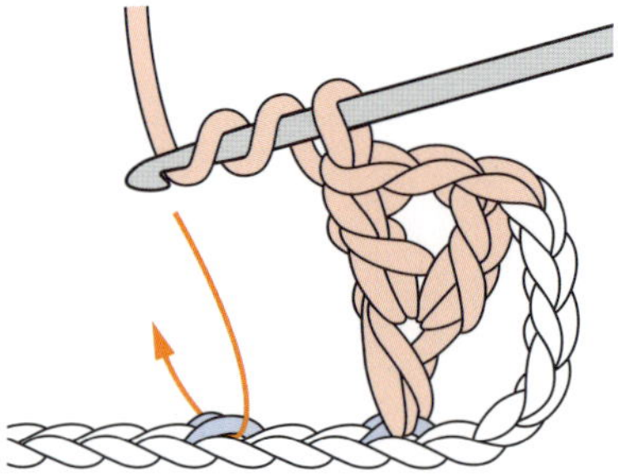

4 Y字編みが1つ編めたところ。2目とばして1～3を繰り返す。

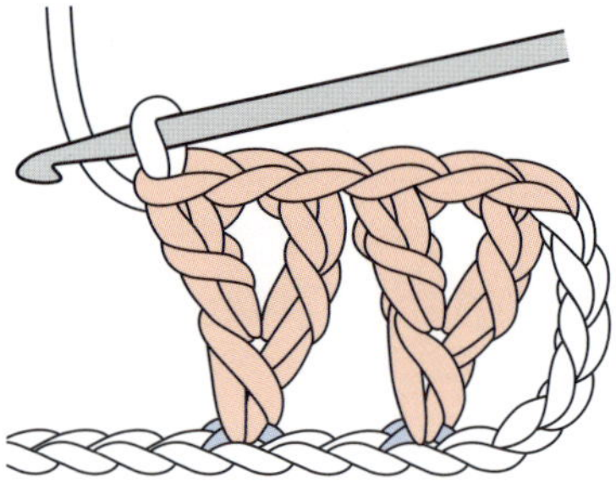

5 Y字編みが2つ編めたところ。

逆Y字編み目《ぎゃくわいじあみめ》

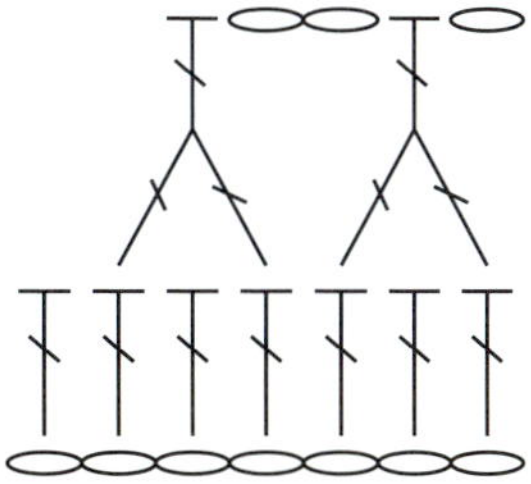

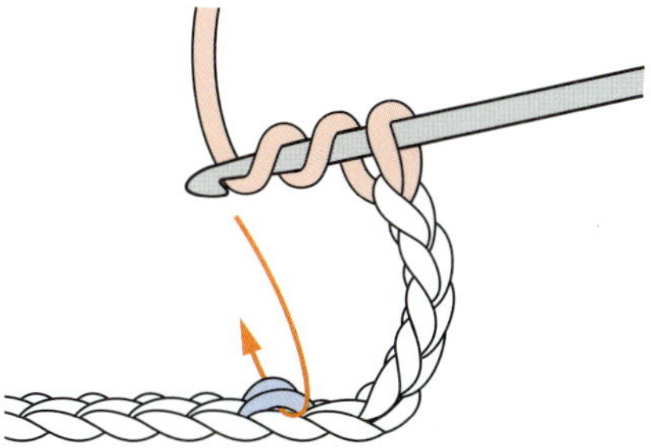

1 針に糸を2回かけ、前段の目に針を入れて糸を引き出し、さらに針に糸をかけ、2本のループから引き抜く。

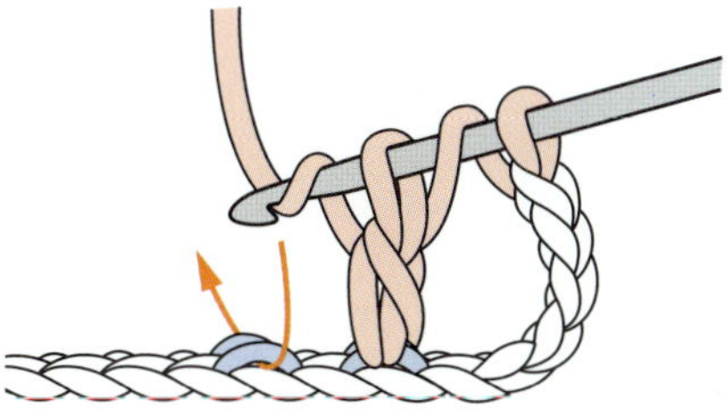

2 針に糸をかけ、1目とばした目に針を入れて糸を引き出し、さらに糸をかけて2本のループから引き抜く。

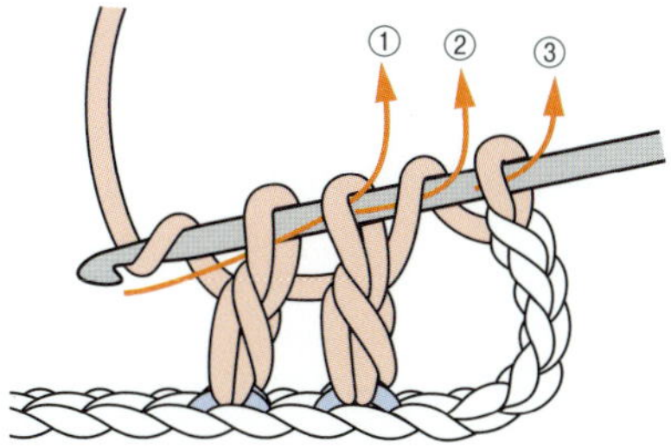

3 「針に糸をかけ、2本のループから引き抜く」を3回繰り返す。

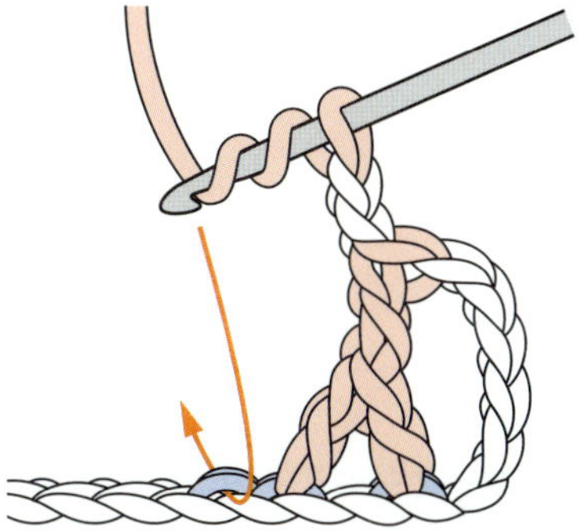

4 逆Y字編みが1つ編めたところ。続けて鎖編みを2目編み、1〜3を繰り返す。

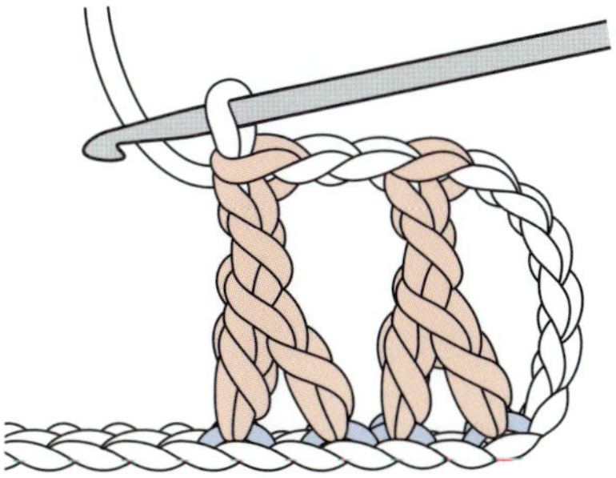

5 逆Y字編みが2つ編めたところ。

細編み
2目編み入れる

こまあみ２めあみいれる

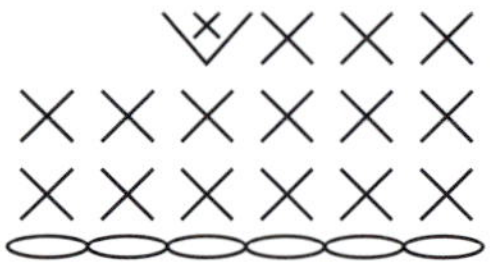

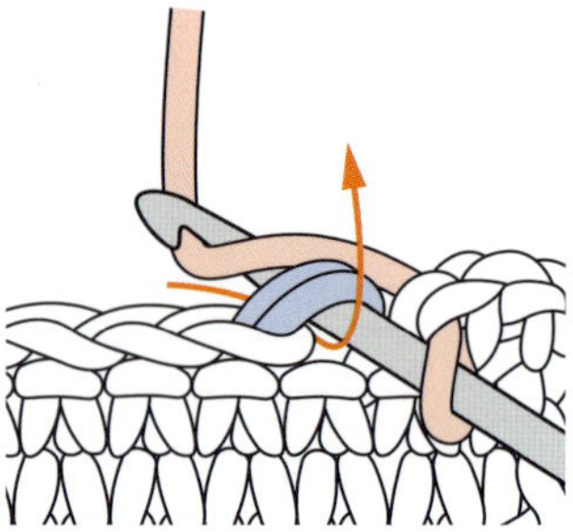

1　前段の目の頭の鎖２本に針を入れ、糸をかけて引き出す。さらにもう一度、針に糸をかけて引き抜き、細編みを編む。

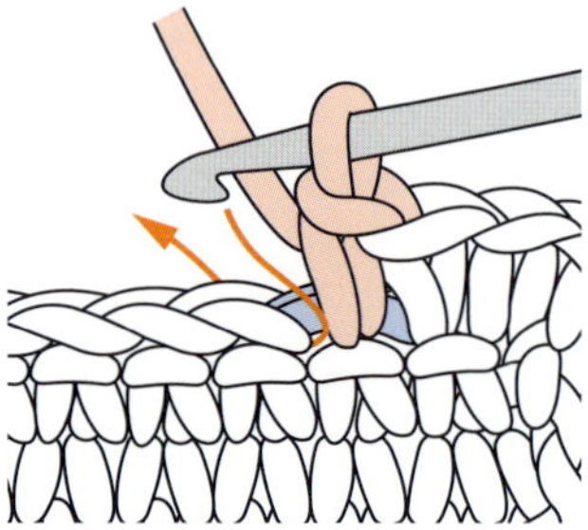

2　前段の同じ目に、もう一度針を入れる。

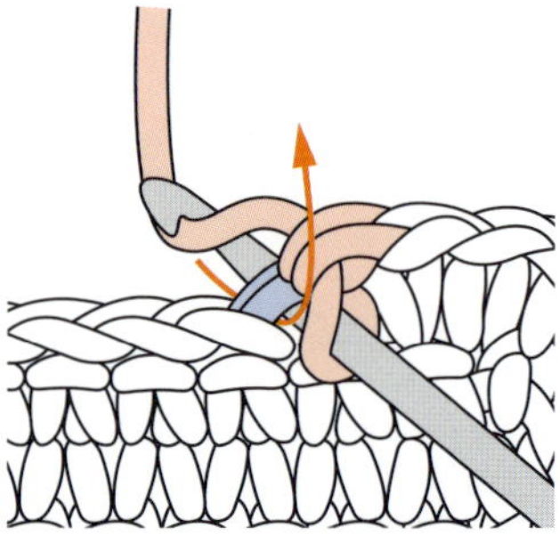

3　針に糸をかけて引き出し、細編みをもう１目編む。

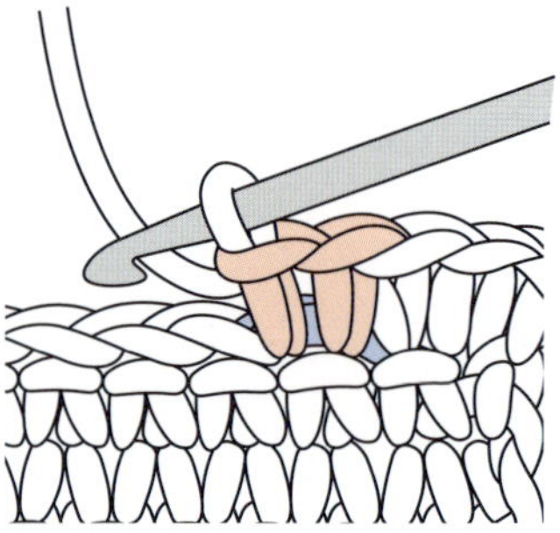

4　同じ目に細編みが２目編めたところ。

細編み
3目編み入れる

こまあみ３めあみいれる

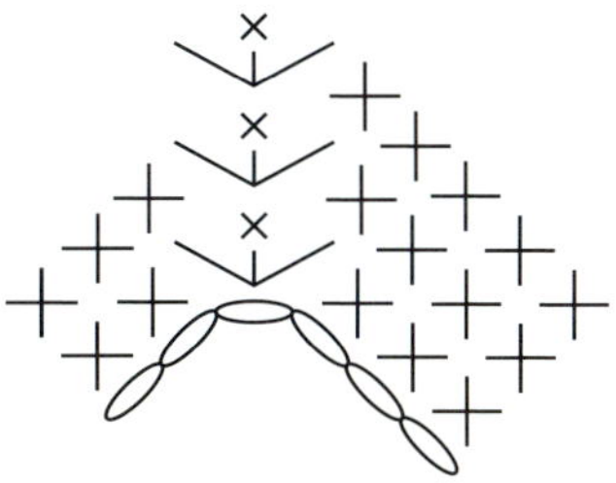

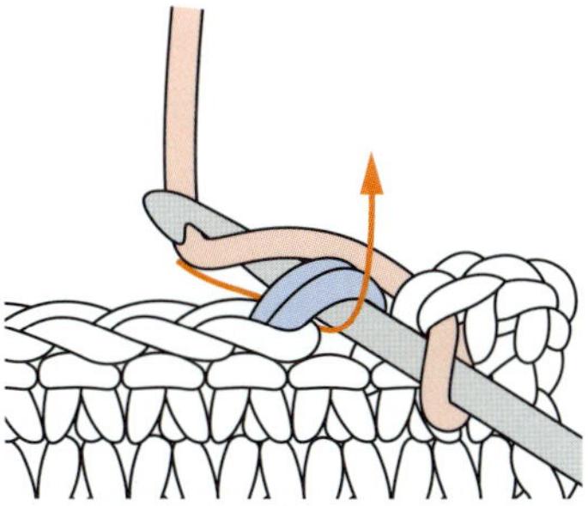

1 前段の目の頭の鎖２本に針を入れ、糸をかけて引き出す。さらにもう一度、針に糸をかけて引き抜き、細編みを編む。

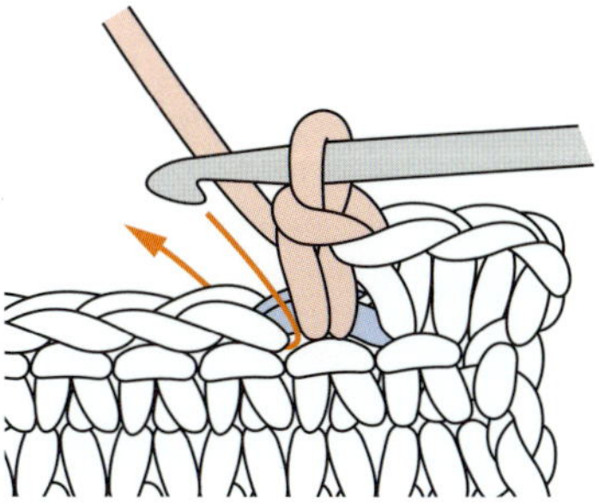

2 前段の同じ目に、もう一度針を入れる。

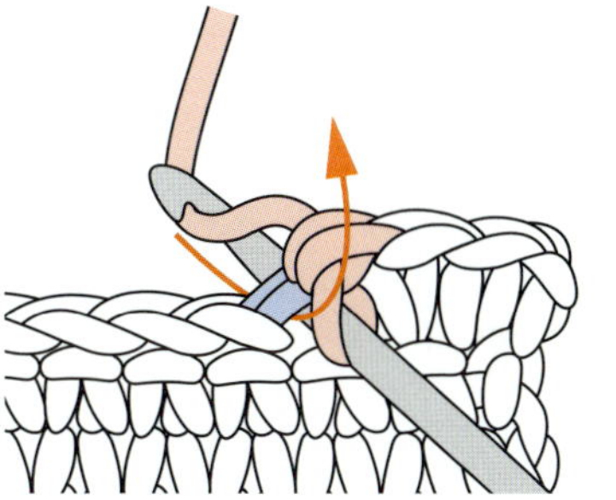

3 針に糸をかけて引き出し、細編みをもう１目編み、さらにもう１目編む。

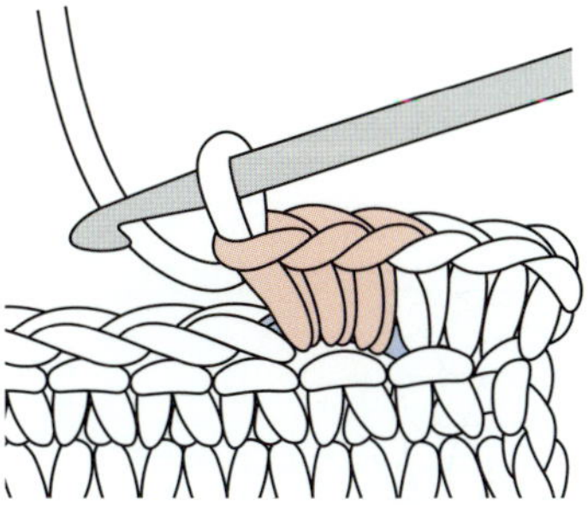

4 同じ目に細編みが３目編めたところ。

中長編み２目編み入れる
ちゅうながあみ２めあみいれる

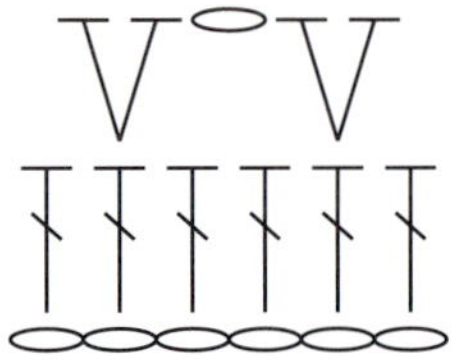

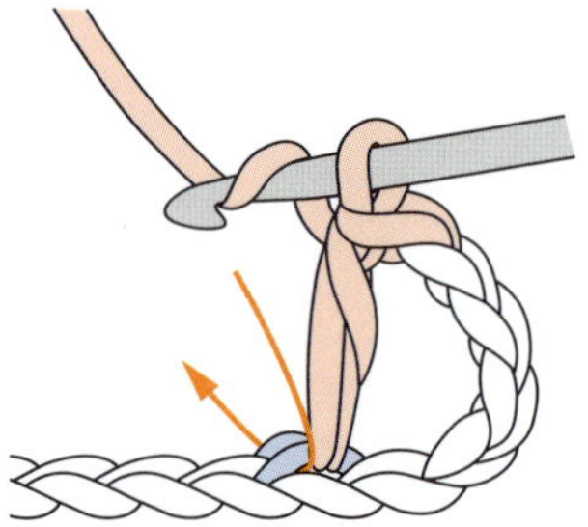

1 中長編みを１目編み、針に糸をかけ、同じ目に針を入れ、糸をかけて引き出す。

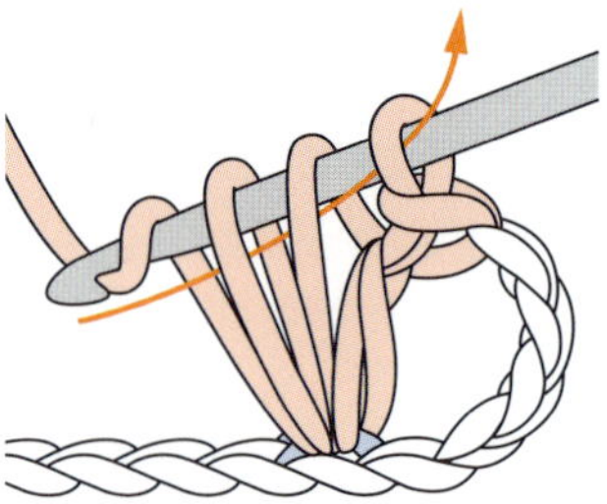

2 針に糸をかけ、矢印のように３本のループから引き抜いて、中長編みをもう１目編む。

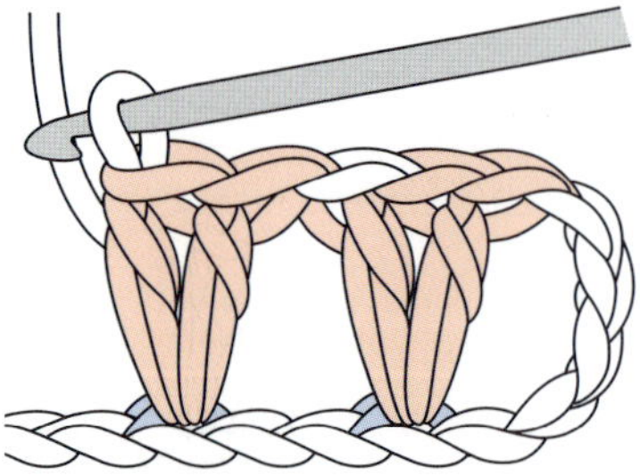

3 「中長編み２目編み入れる」が２つ完成。

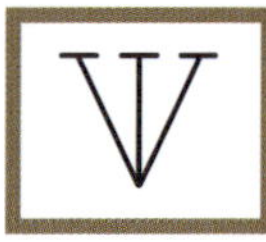

中長編み３目編み入れる
ちゅうながあみ３めあみいれる

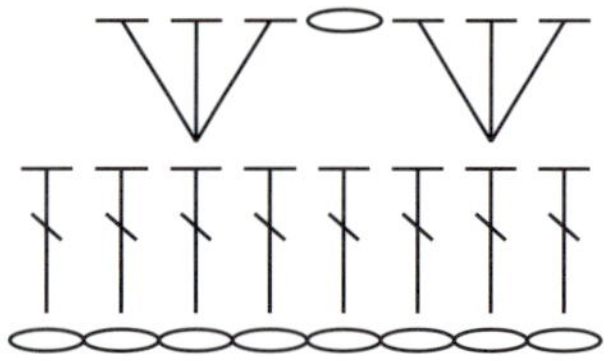

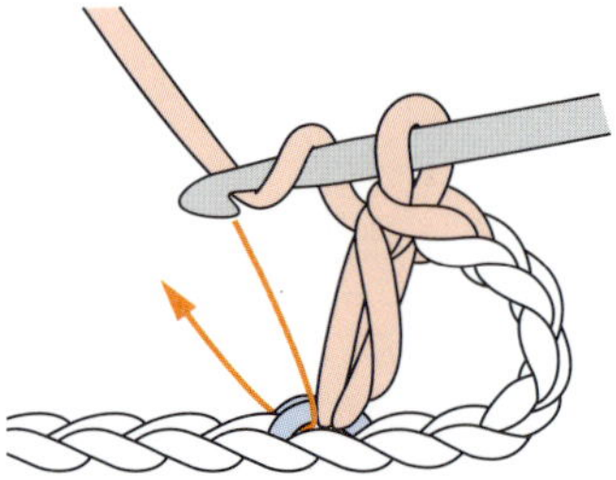

1 中長編みを１目編み、針に糸をかけ、同じ目にもう１目中長編みを編む。

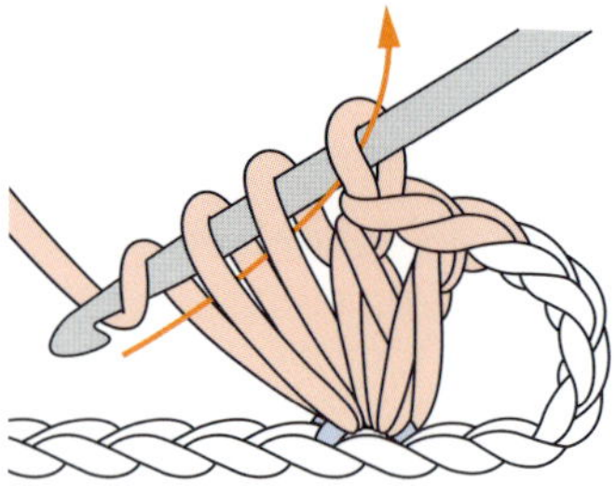

2 針に糸をかけ、さらに同じ目に針を入れ、３目めの中長編みを編む。

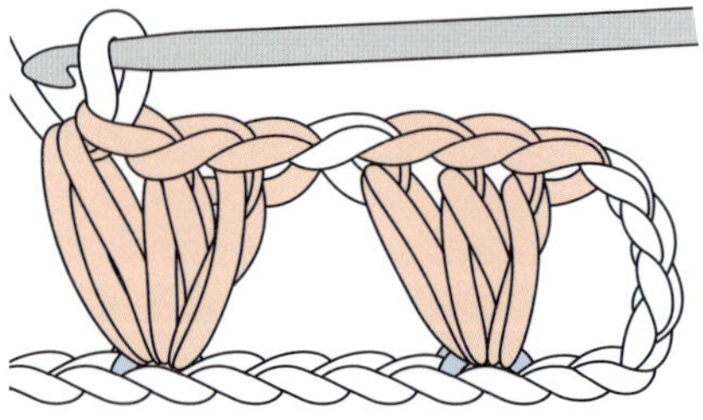

3 「中長編み３目編み入れる」が２つ完成。

長編み２目編み入れる
ながあみ２めあみいれる

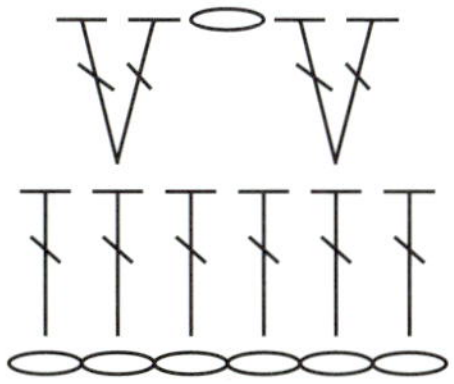

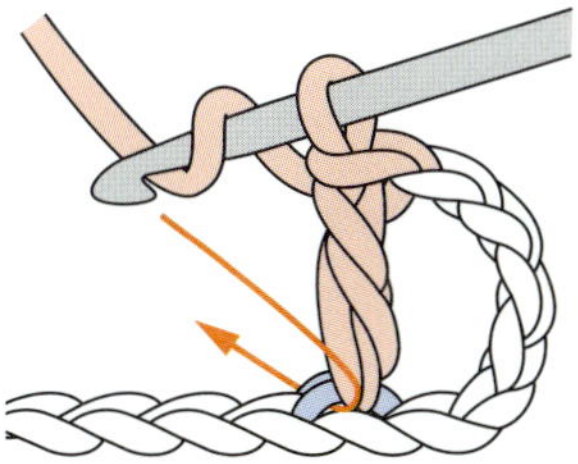

1　長編みを１目編み、針に糸をかけて同じ目に入れ、もう一度針に糸をかけて引き出す。

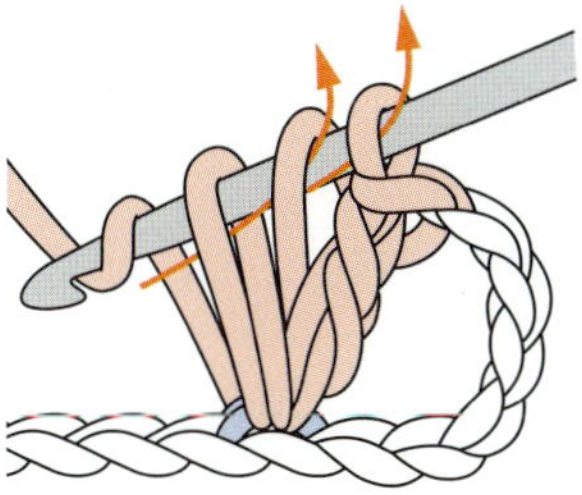

2　「針に糸をかけ、２本のループから引き抜く」を２回繰り返し、長編みを編む。

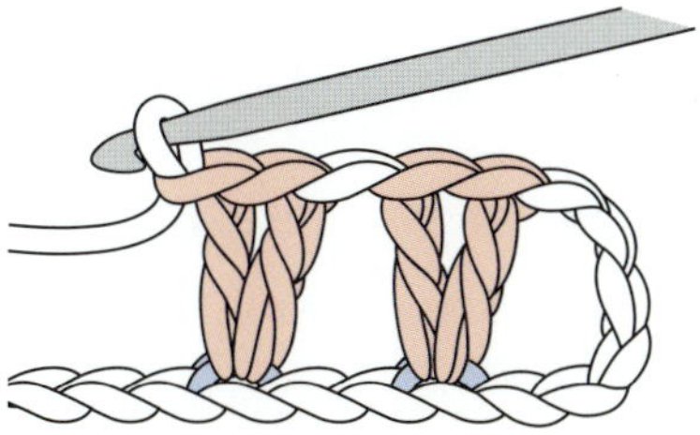

3　「長編み２目編み入れる」が２つ完成。

長編み３目編み入れる
ながあみ３めあみいれる

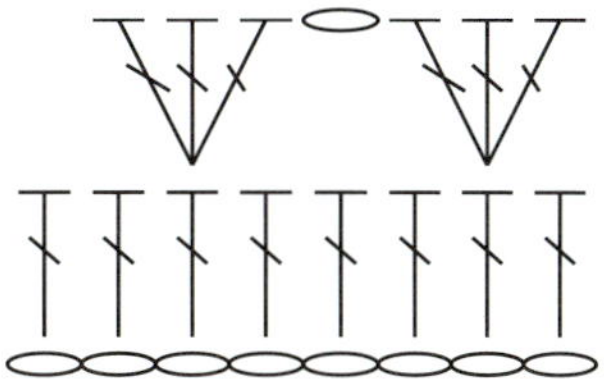

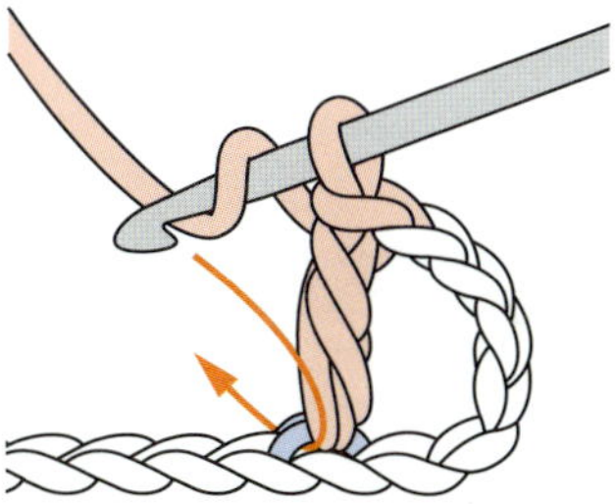

1　長編みを１目編み、針に糸をかけて同じ目に針を入れ、もう１目長編みを編む。

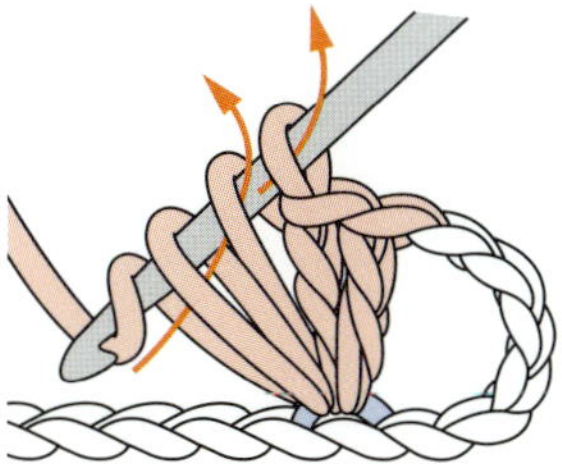

2　針に糸をかけ、再び同じ目に入れ、長編みを編む。

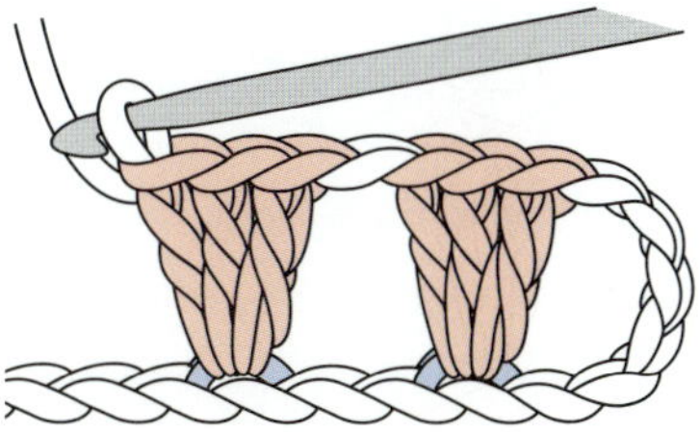

3　「長編み３目編み入れる」が２つ完成。

細編み２目一度

こまあみ２めいちど

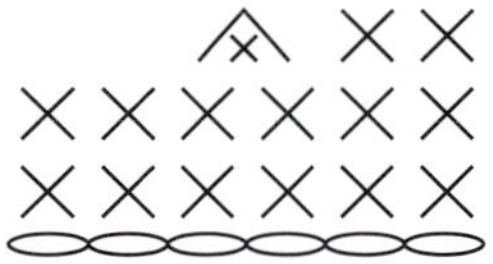

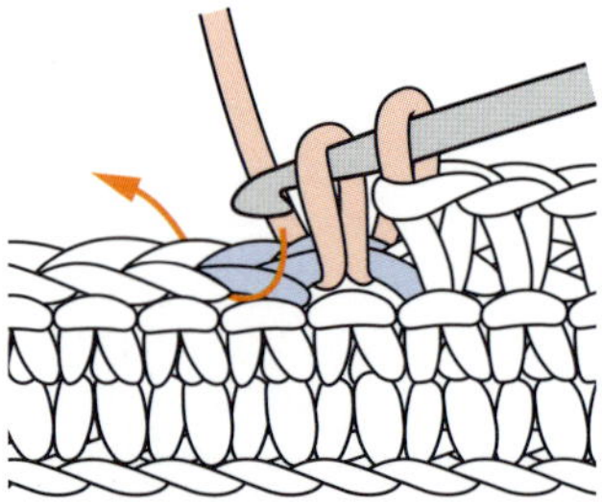

1　前段の目の頭の鎖２本に針を入れ、針に糸をかけて引き出す（未完成の細編み　p.108参照）。次の目も同じように頭の鎖２本に針を入れて糸をかけ、引き出す。

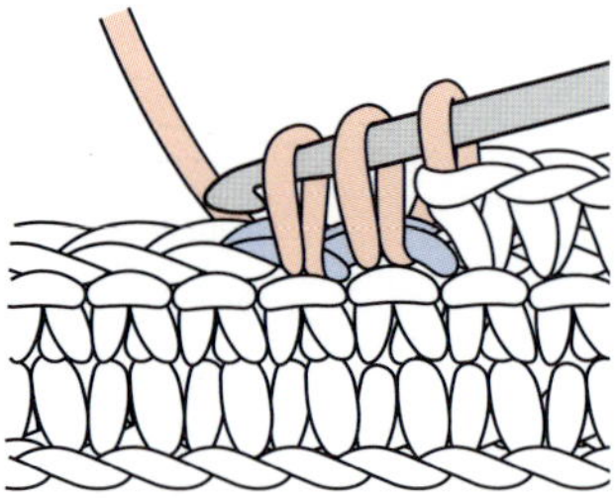

2　未完成の細編みを２目編んだところ。

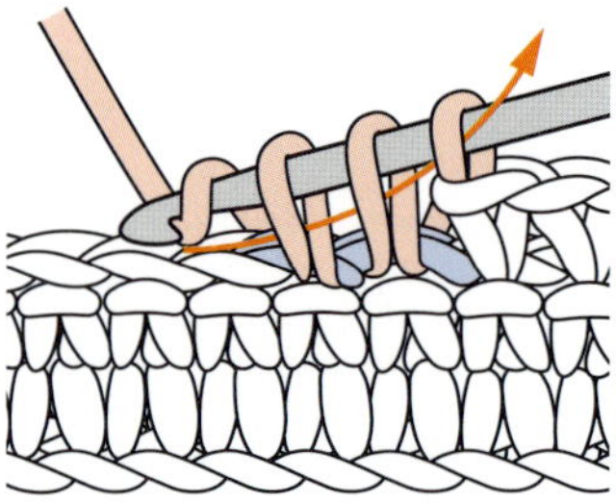

3　針に糸をかけ、矢印のように３本のループから一度に引き抜く。

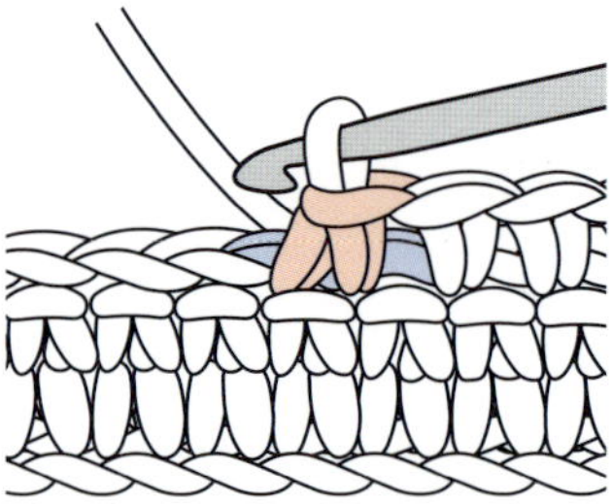

4　細編み２目一度が編めたところ。

細編み３目一度
こまあみ３めいちど

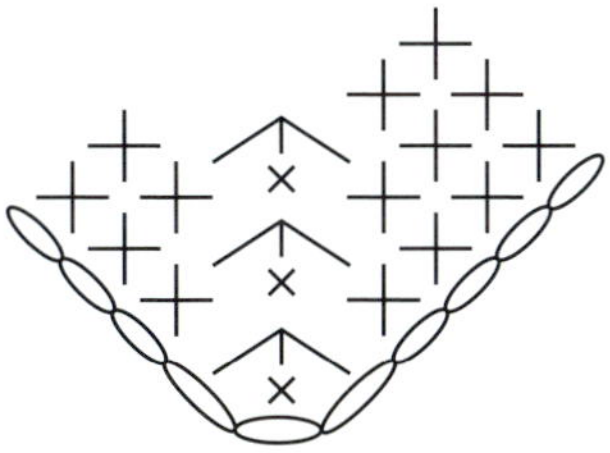

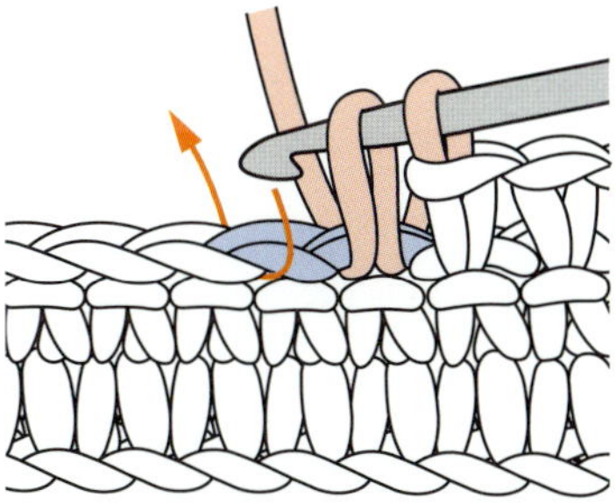

1 前段の目の頭の鎖２本に針を入れ、針に糸をかけて引き出す（未完成の細編み p.108参照）。次の目も同じように頭の鎖２本に針を入れて糸をかけ、引き出す。

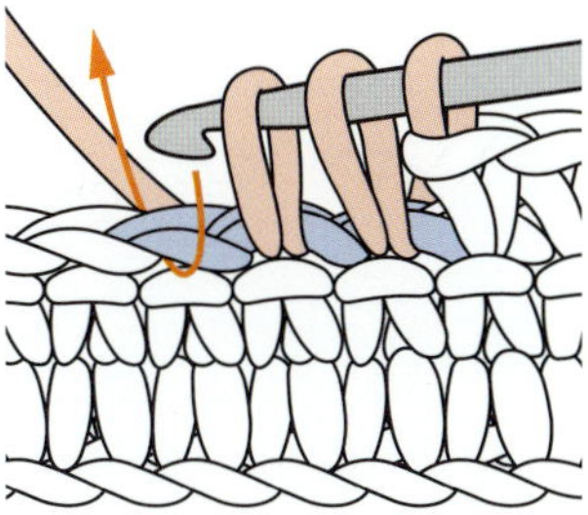

2 さらに次の目にも未完成の細編みを編む。

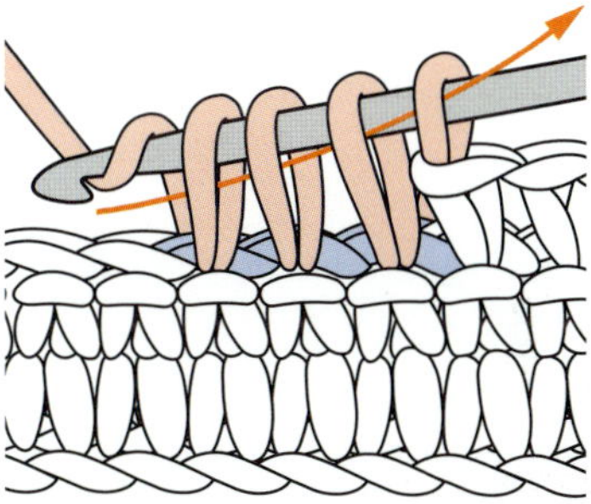

3 針に糸をかけ、矢印のように４本のループから一度に引き抜く。

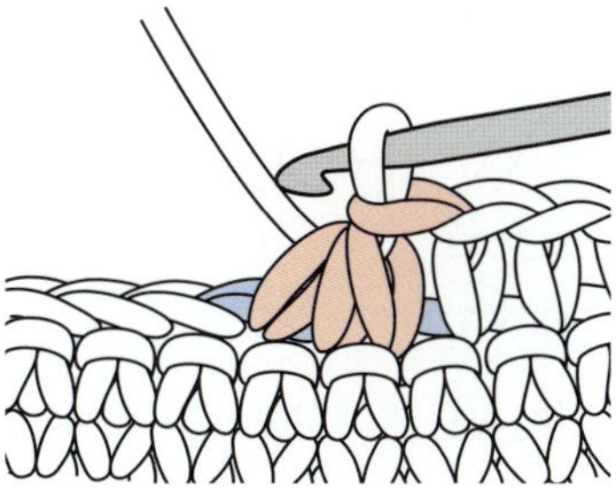

4 細編み３目一度が編めたところ。

Column

さまざまな編み入れるパターン

机の上に置くだけでテーブルの上を華やかにしてくれるドイリー。「束に編む」と「割って編む」を使い分けてきれいな模様を編んでみましょう。

長編み8目(束に)編み入れる(間に鎖2目)

長編み6目(束に)編み入れる(間に鎖2目)

長編み4目(束に)編み入れる(間に鎖2目)

長編み2目(割って)編み入れる(間に鎖1目)

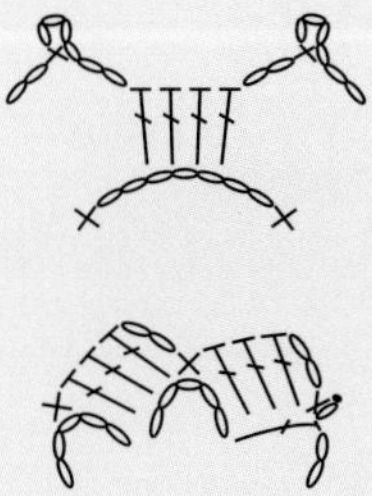

このピコットの細編みは鎖編み目を割って編み入れる

長編み4目(束に)編み入れる

長編み3目(束に)編み入れる
※模様によっては長編みの軸を束にすくって編むこともある

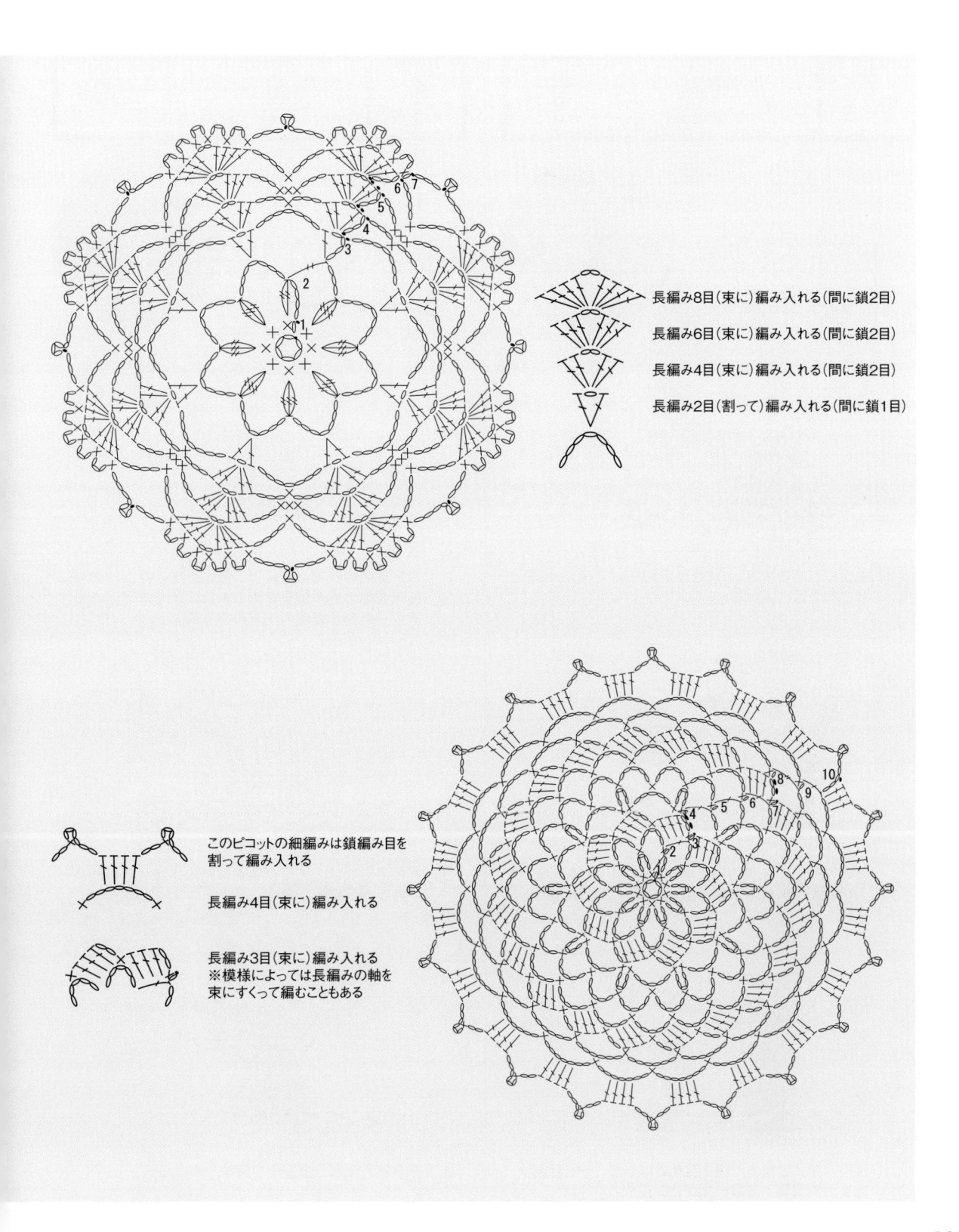

中長編み２目一度《ちゅうながあみ２めいちど》

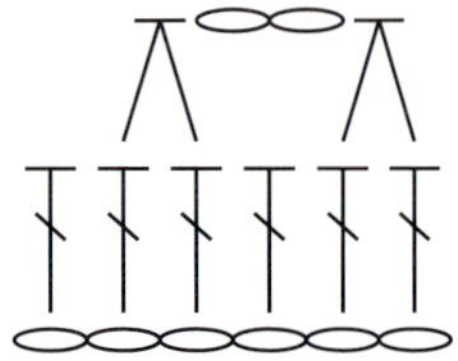

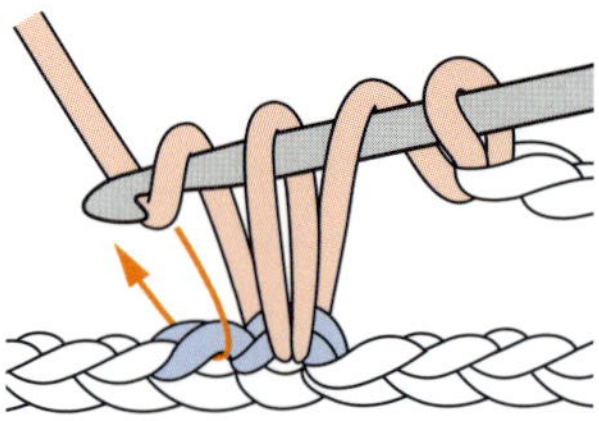

1　未完成の中長編み(p.108参照)を編み、針に糸をかけて次の目に入れる。

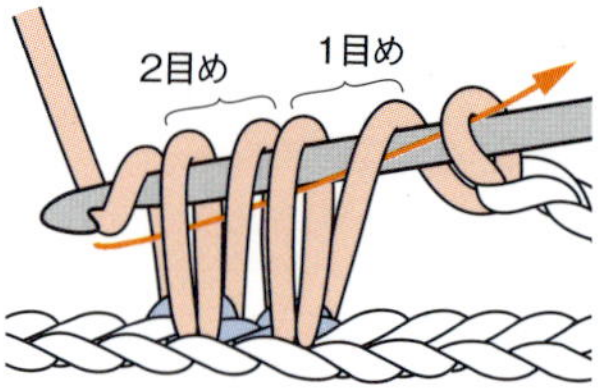

2　次の目にも未完成の中長編みを編み、針に糸をかけ、矢印のように針にかかっているループから一度に引き抜く。

3　鎖編みを２目編み、鎖１目をとばして1～2を繰り返す。中長編み２目一度が２つ完成。

中長編み３目一度《ちゅうながあみ３めいちど》

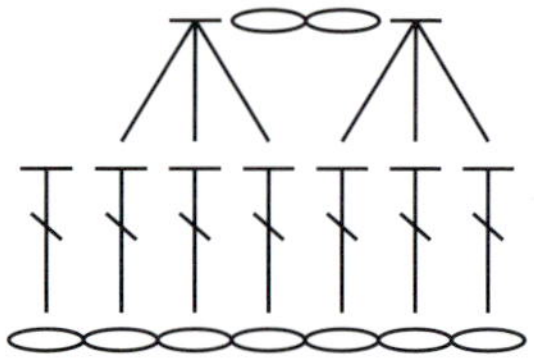

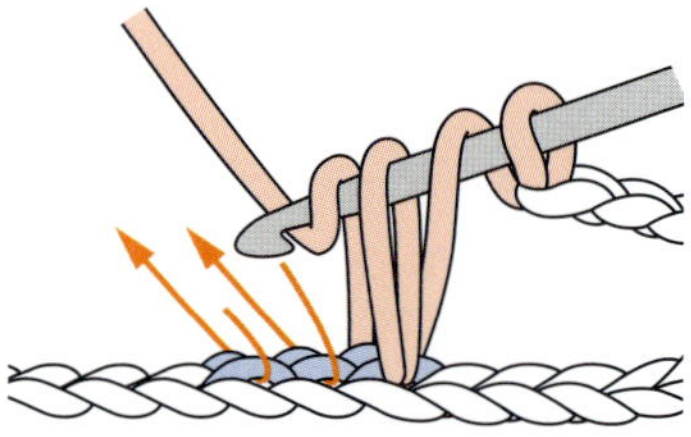

1　未完成の中長編みを編み、針に糸をかけ、次の目にも未完成の中長編みを編む。針に糸をかけ、さらに次の目にも未完成の中長編みを編む。

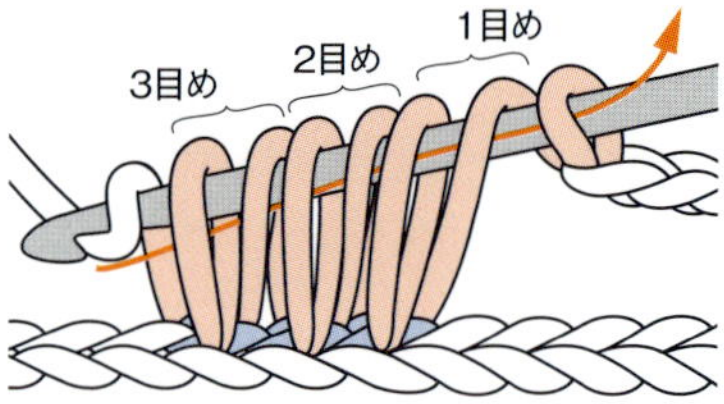

2　針に糸をかけ、矢印のように針にかかっているループから一度に引き抜く。

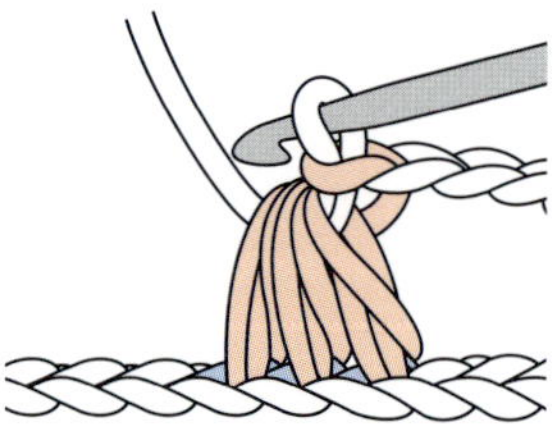

3　中長編み３目一度が１つ編めたところ。

長編み２目一度
ながあみ２めいちど

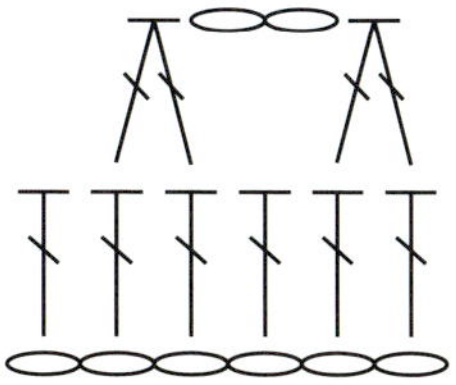

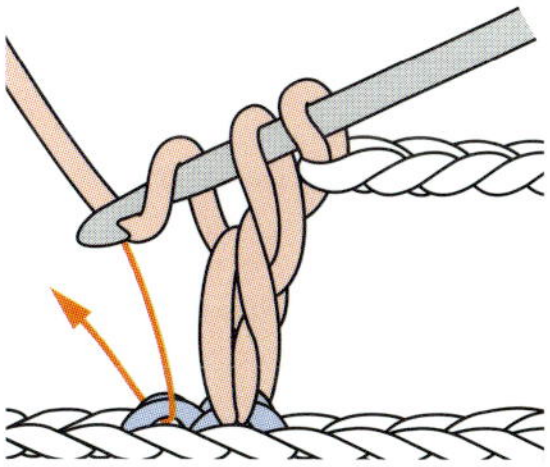

1
未完成の長編み(p.108参照)を1目編み、針に糸をかけて次の目に入れ、もう一度未完成の長編みを編む。

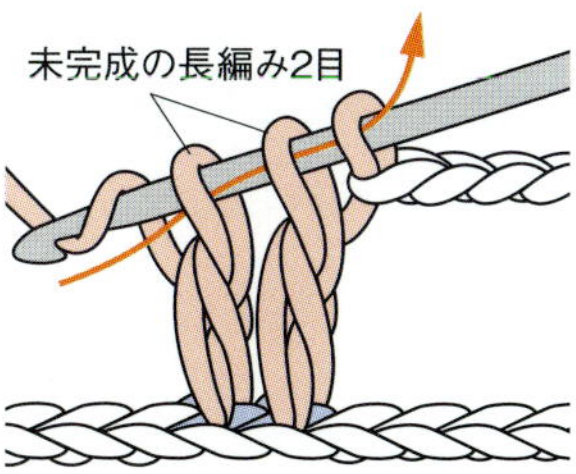

2
針に糸をかけ、矢印のように針にかかっているループから一度に引き抜く。

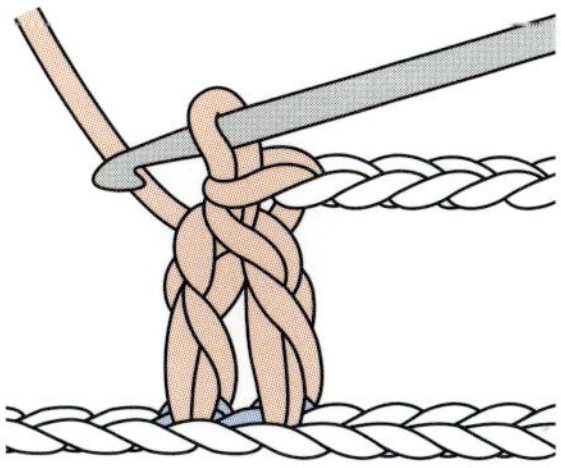

3
長編み２目一度が1つ編めたところ。

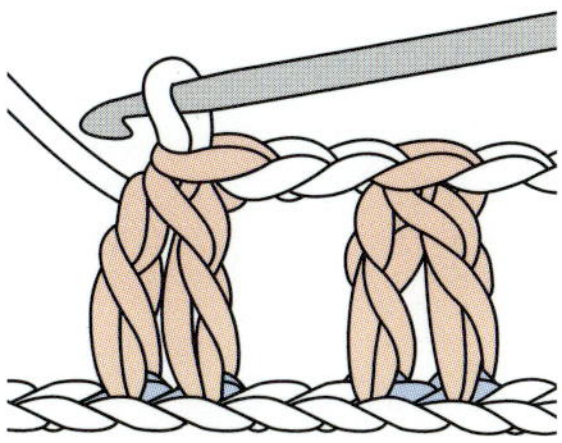

4
同じように1～3を繰り返し、長編み2目一度が2つ完成。

長編み３目一度
ながあみ３めいちど

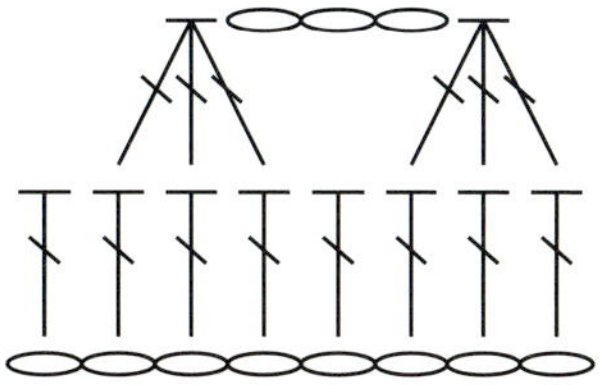

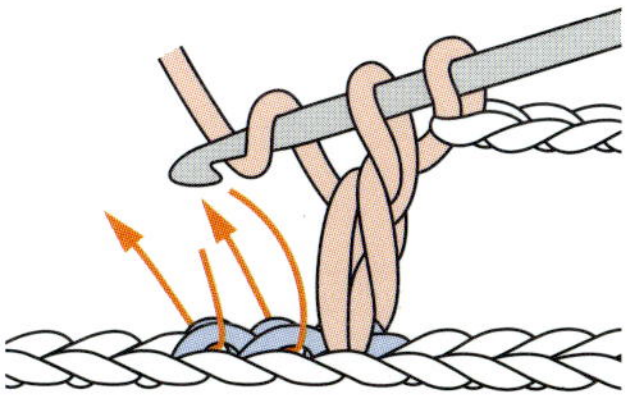

1
未完成の長編みを1目編み、次の目、さらに次の目にも未完成の長編みを編む。

2
針に糸をかけ、矢印のように針にかかっているループから一度に引き抜く。

3
同じように1、2を繰り返し、長編み3目一度が2つ完成。

長編み４目一度
ながあみ４めいちど

未完成の長編みを４目編み、針に糸をかけ、針にかかっている糸を一度に引き抜くと、長編み４目一度が完成。

細編み表引き上げ編み目

こまあみおもてひきあげあみめ

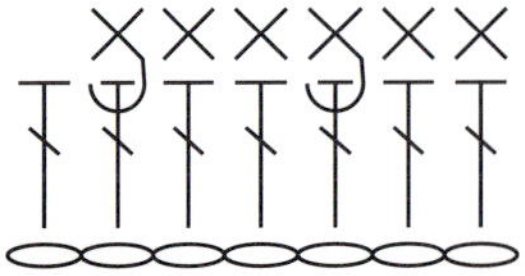

表

裏

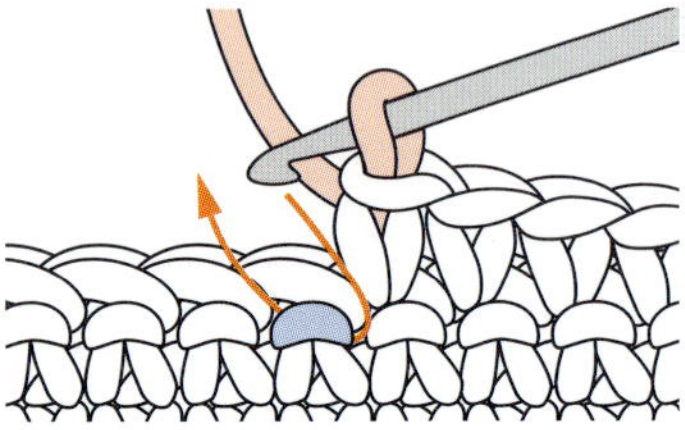

1
前段の目の足に、手前右側から矢印のように針を入れる。

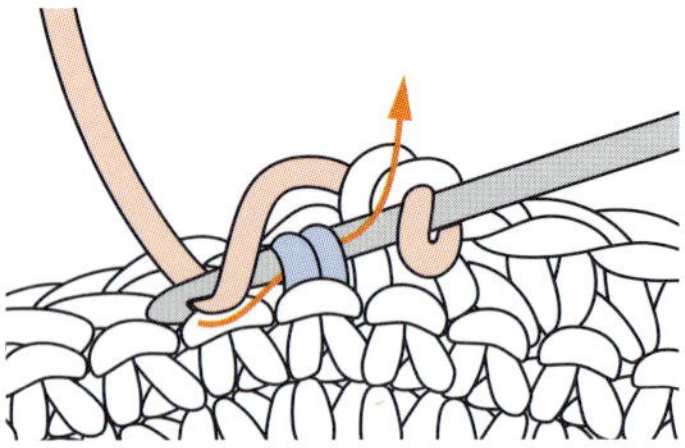

2
針に糸をかけ、糸を少し長めに引き出す。

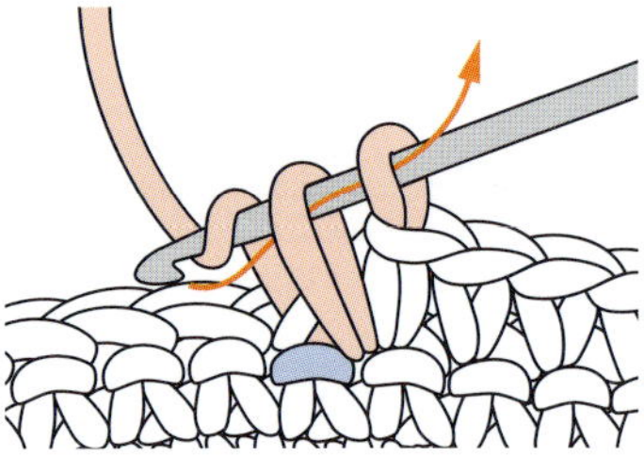

3
針に糸をかけ、矢印のように2本のループから引き抜く。

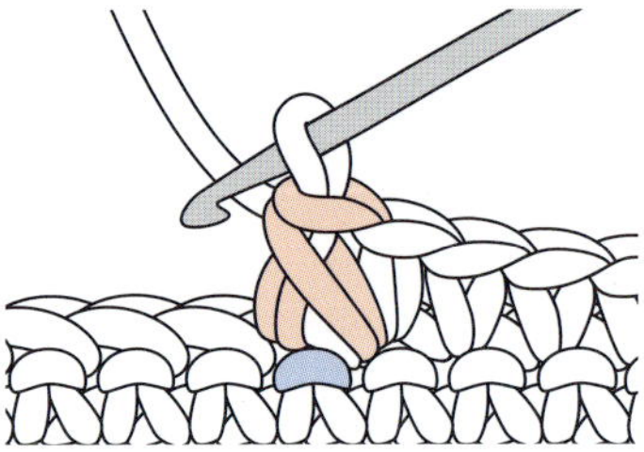

4
細編みの表引き上げ編みが1目編めたところ。

細編み裏引き上げ編み目

こまあみうらひきあげあみめ

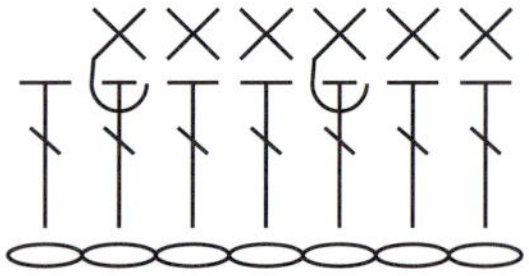

表

裏

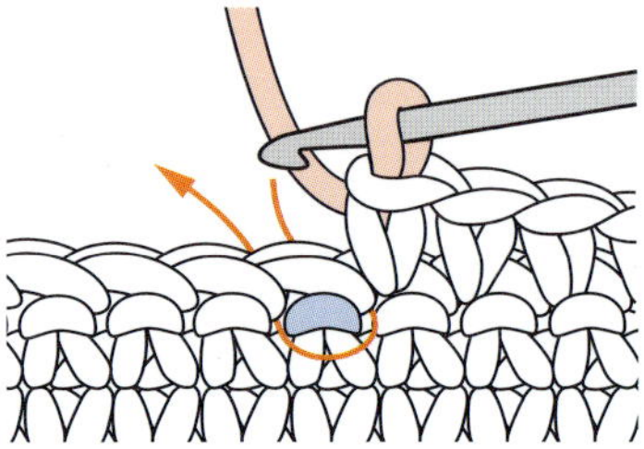

1
前段の目の足に裏側から矢印のように針を入れ、針に糸をかけて、糸を少し長めに引き出す。

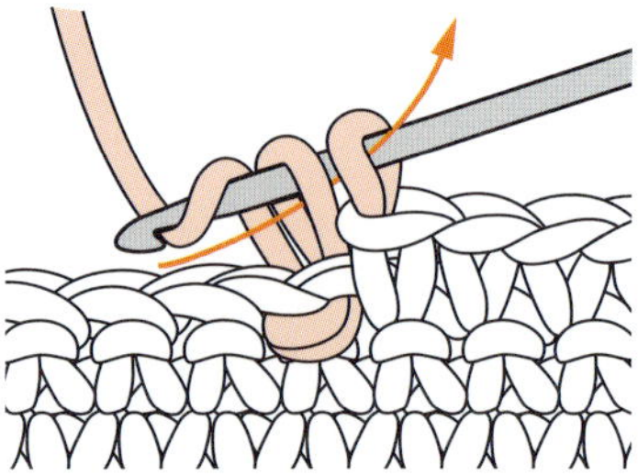

2
針に糸をかけ、矢印のように2本のループから引き抜く。

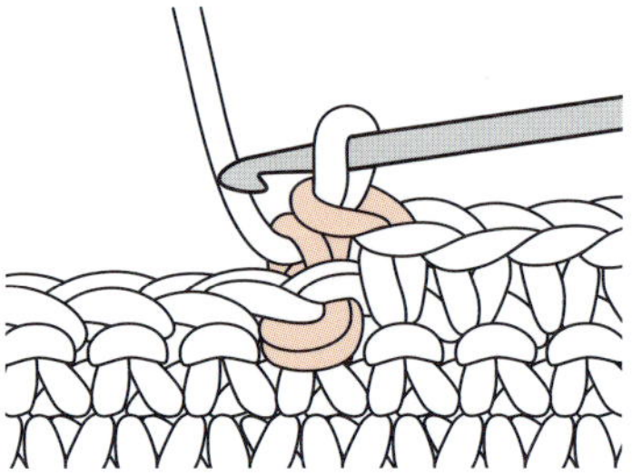

3
細編み裏引上げ編みが1目編めたところ。

中長編み表引き上げ編み目

ちゅうながあみおもてひきあげあみめ

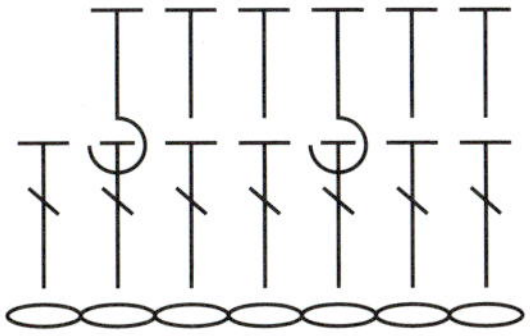

表

裏

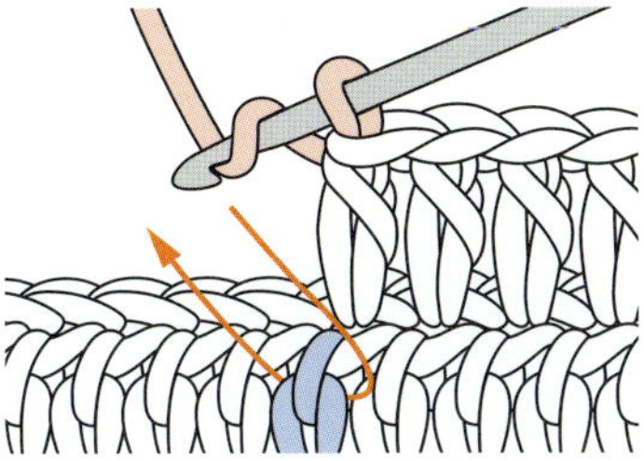

1

針に糸をかけ、前段の目の足に手前側から矢印のように針を入れる。

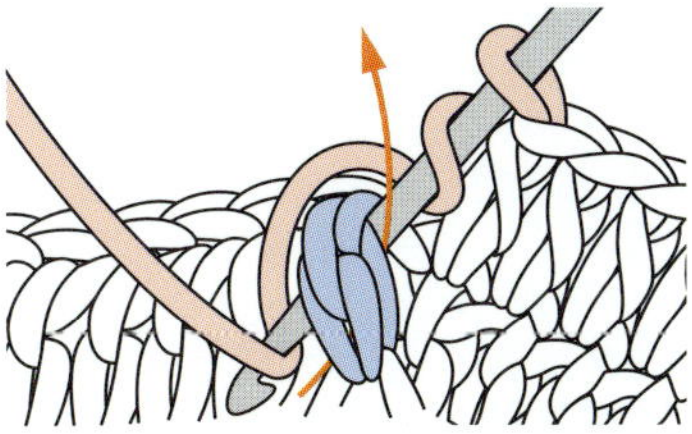

2

針に糸をかけ、長めに糸を引き出す。

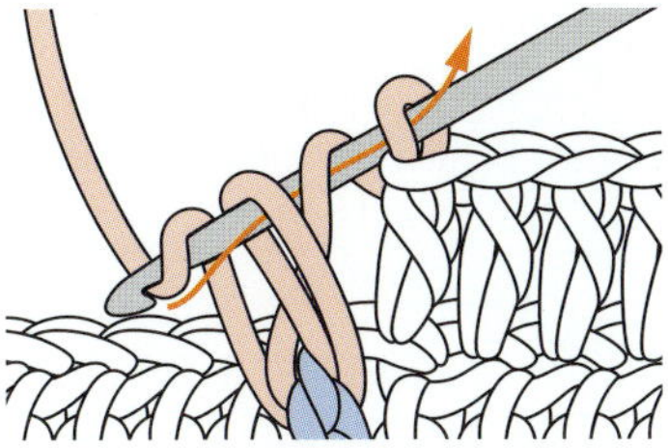

3

針に糸をかけ、矢印のように針にかかっているループから一度に引き抜く。

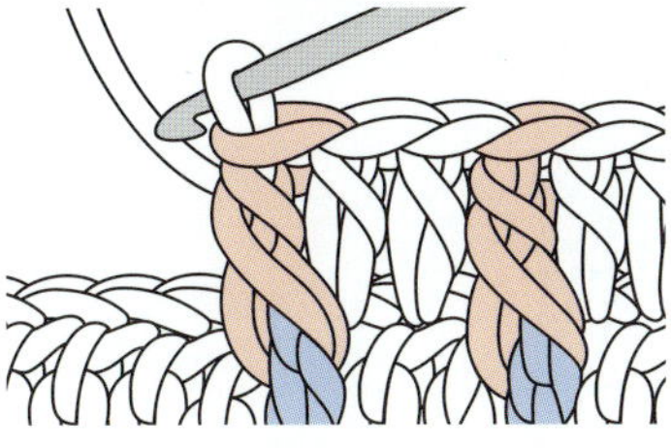

4

間に中長編みを２目編み、中長編み表引き上げ編みが２目編めたところ。

中長編み裏引き上げ編み目

ちゅうながあみうらひきあげあみめ

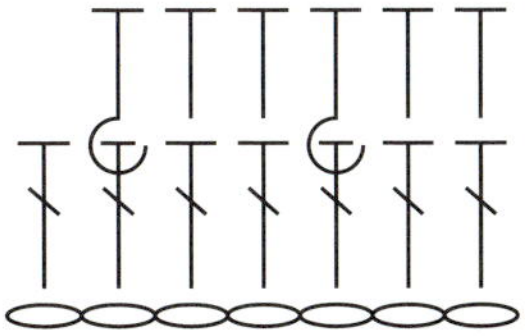

表

裏

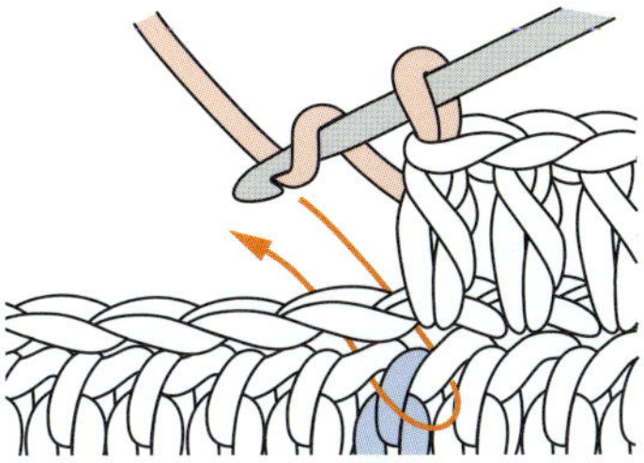

1

針に糸をかけ、前段の目の足に裏側から矢印のように針を入れ、針に糸をかけて長めに引き出す。

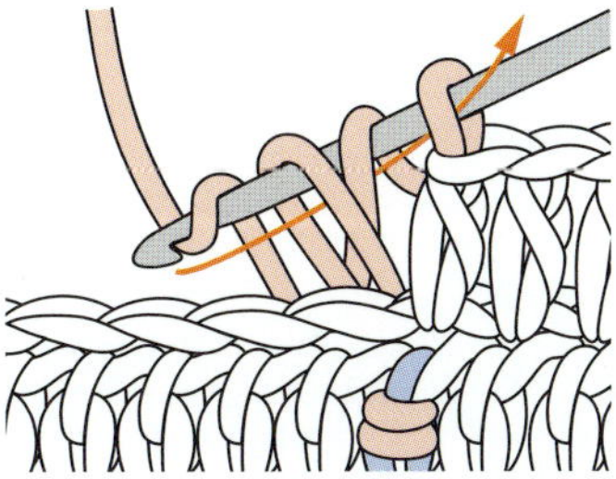

2

針に糸をかけ、矢印のように3ループから一度に引き抜く。

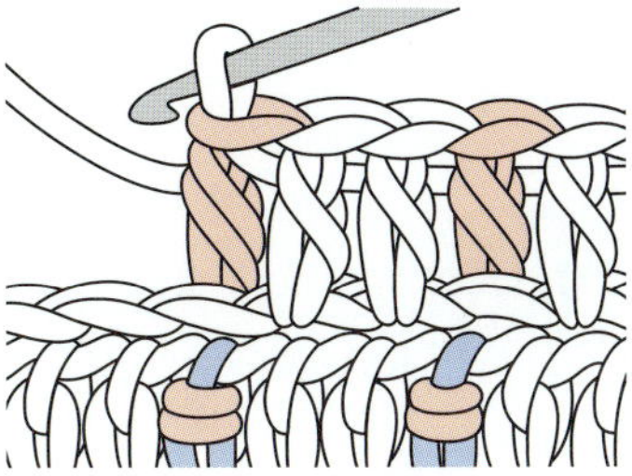

3

間に中長編みを２目編み、中長編み裏引き上げ編みが２目編めたところ。

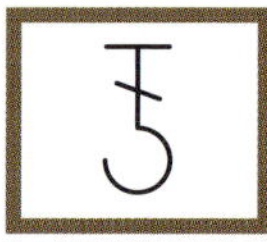

長編み表引き上げ編み目

ながあみおもてひきあげあみめ

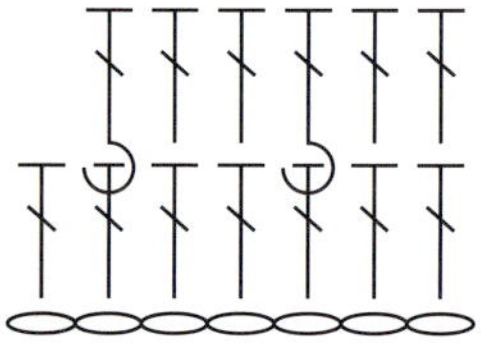

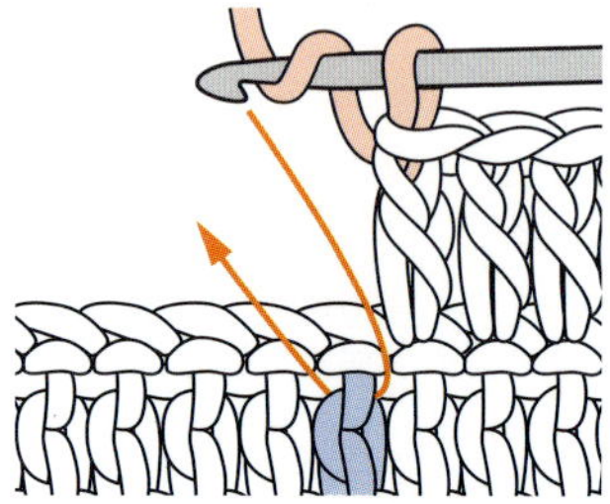

1
針に糸をかけ、前段の目の足に手前側から矢印のように針を入れる。

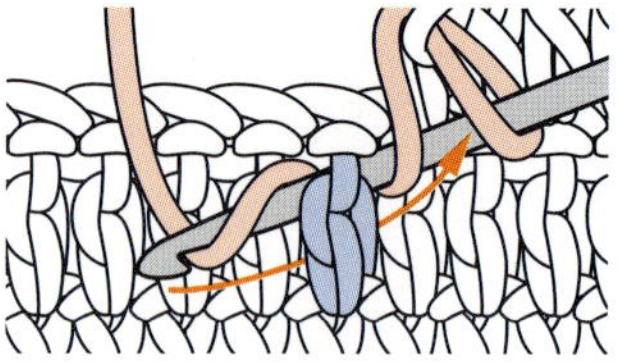

2
針に糸をかけ、長めに糸を引き出す。

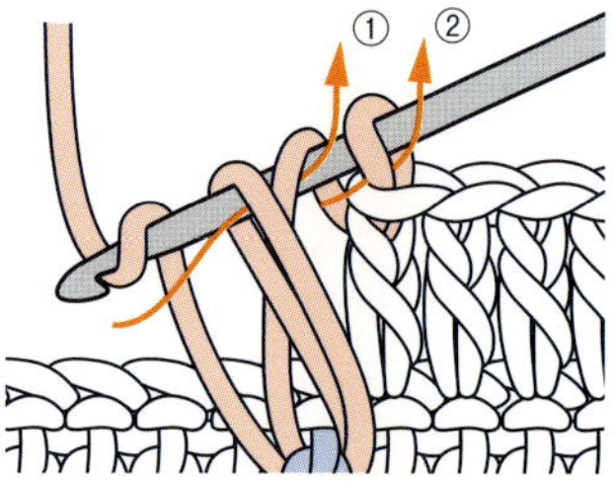

3
針に糸をかけ、矢印のように2ループから引き抜き(①)、もう一度針に糸をかけて残りの2ループから一度に引き抜く(②)。

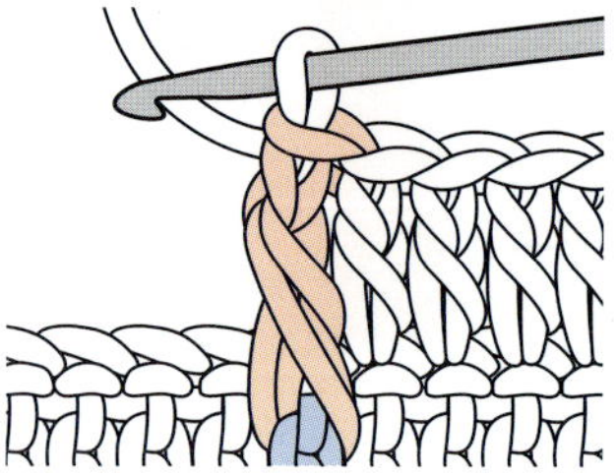

4
長編みの表引き上げ編みが1目編めたところ。

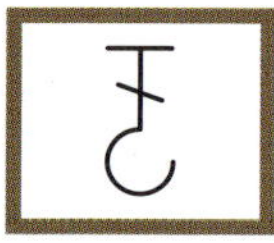

長編み裏引き上げ編み目

ながあみうらひきあげあみめ

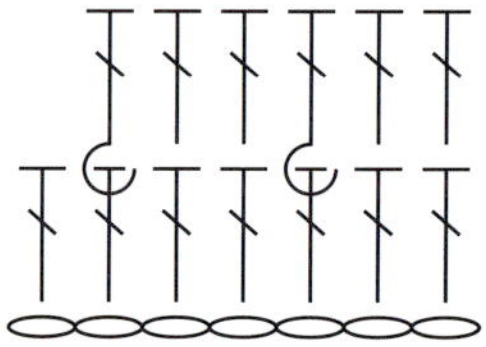

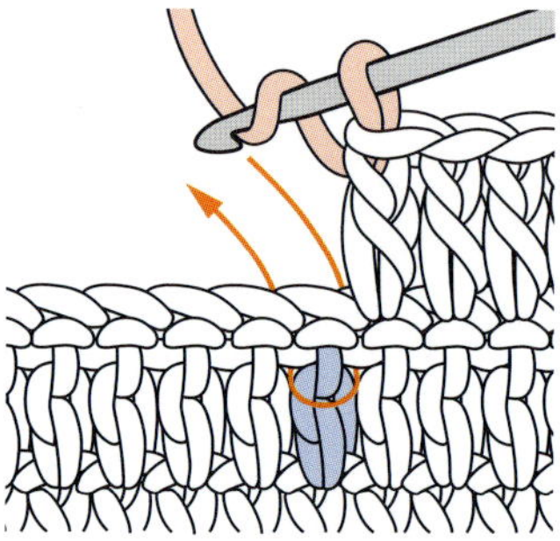

1
針に糸をかけ、前段の目の足に裏側から矢印のように針を入れ、針に糸をかけ、長めに糸を引き出す。

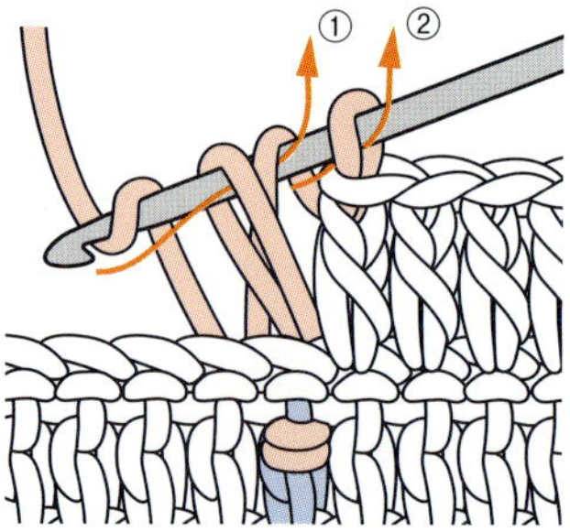

2
針に糸をかけ、矢印のように2ループから引き抜き(①)、もう一度針に糸をかけて残りの2ループから一度に引き抜く(②)。

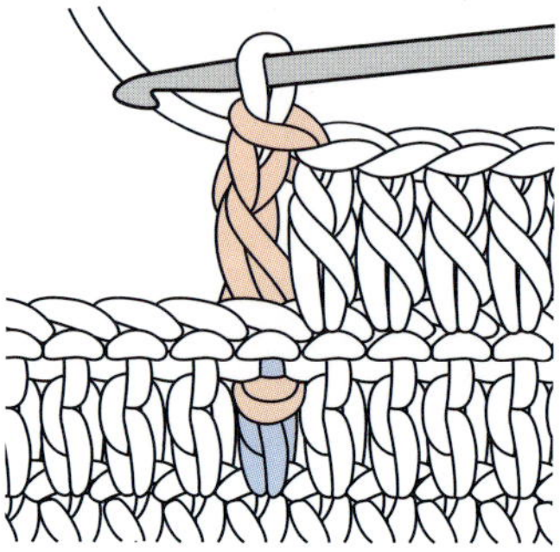

3
長編み裏引き上げ編みが1目編めたところ。

Column　いろいろな編み方の組み合わせ

クロス編みやＹ字編みなど編み方のバリエーションを広げてみましょう。
マルチカバーやマフラーなどの作品に仕上げても素敵です。

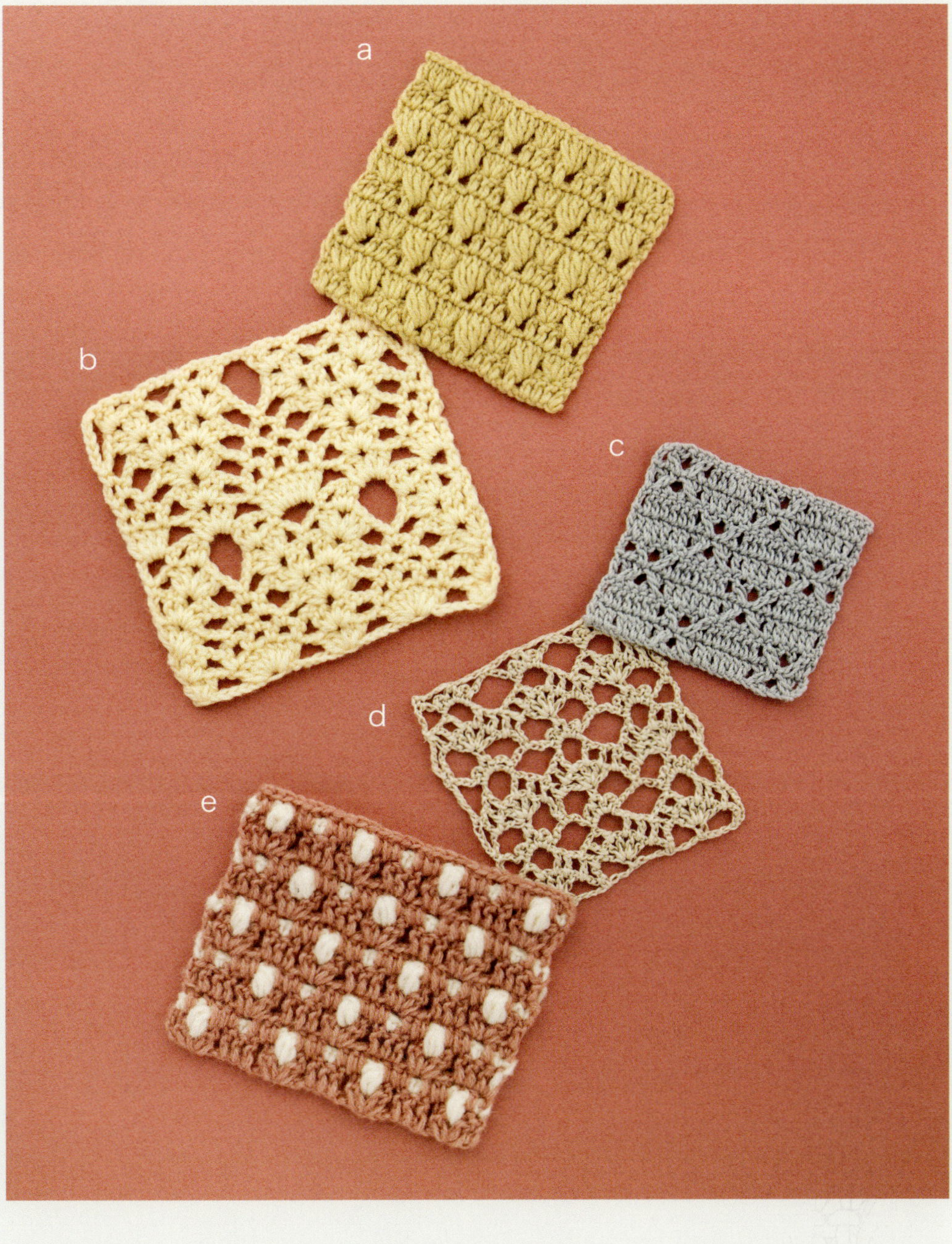

a　引き上げ編みのバリエーション

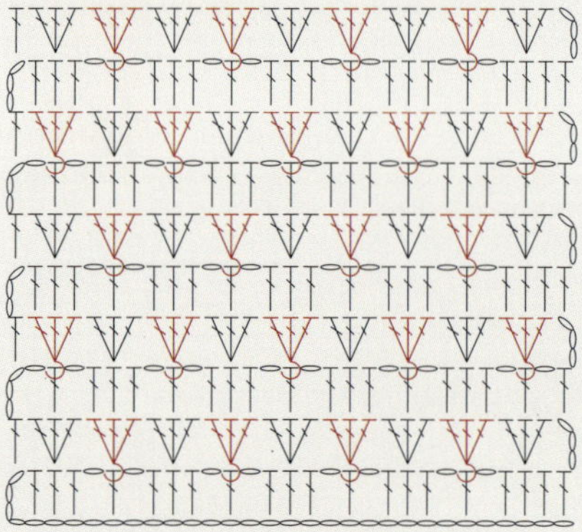

d　Y字編みのバリエーション

b　パイナップル模様

e　中長編みの玉編みのバリエーション

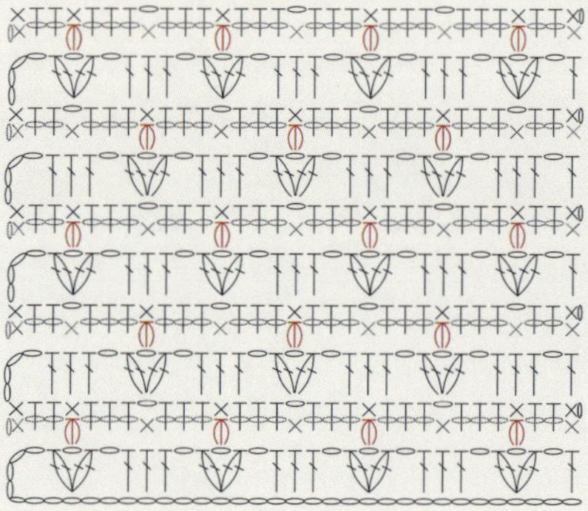

c　クロス編みのバリエーション

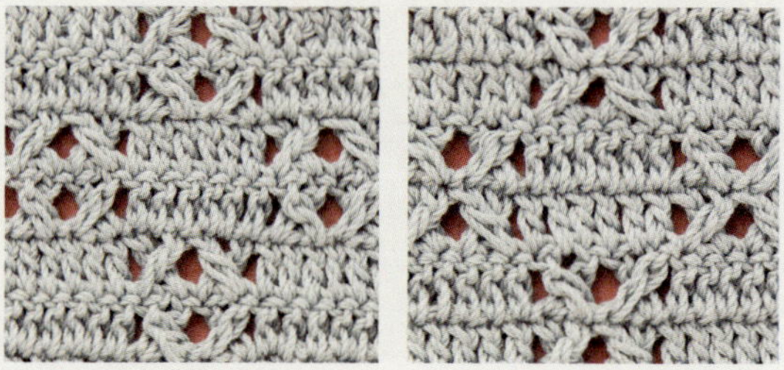

表と裏と違う表情が楽しめます。

 細編みリング編み目
こまあみりんぐあみめ

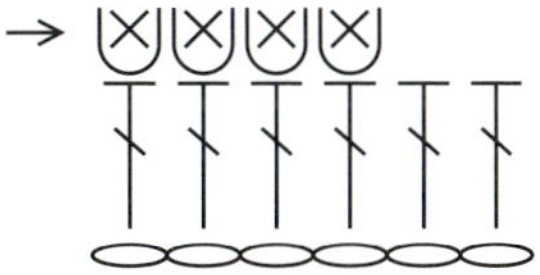

編み地を後ろ側から見たところ
（こちらが表になる）。

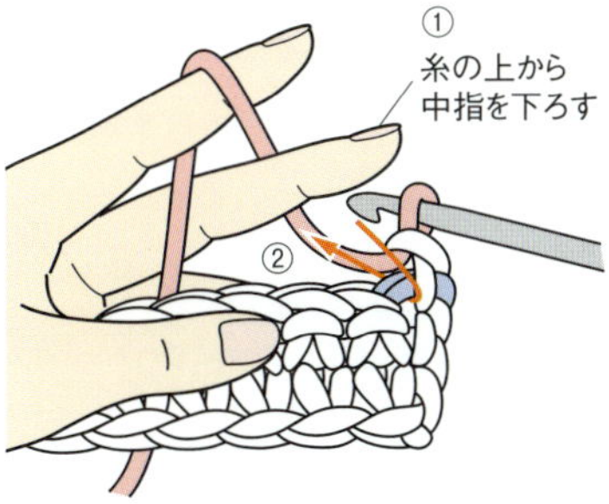

1 左手の中指を糸の上からおろし、前段の目の頭の鎖2本に矢印のように針を入れる。

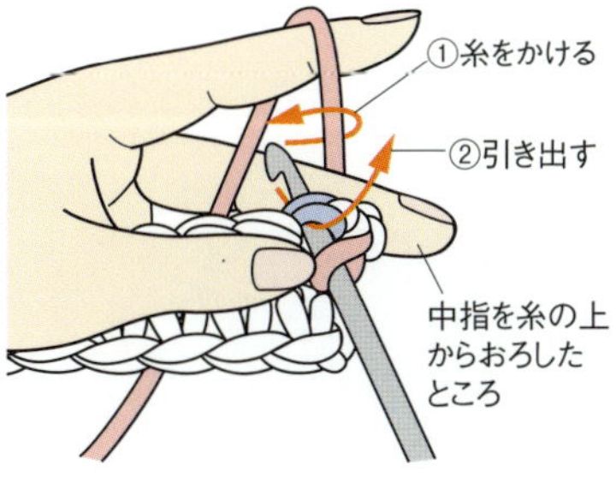

2 左手の中指で糸を押さえたまま、矢印のように糸をかけて引き出す。

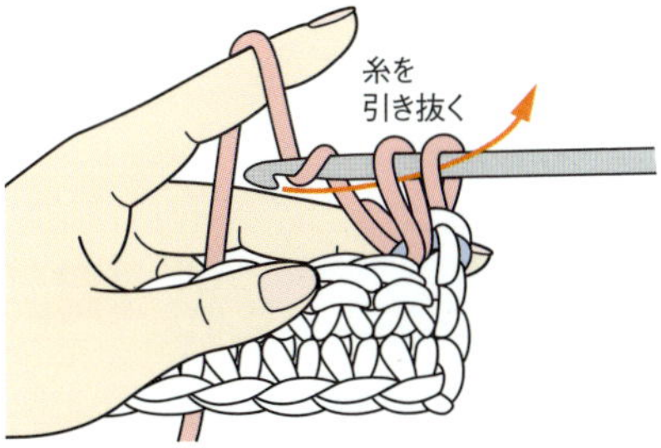

3 針に糸をかけ、細編みを編む（左手の中指をはずすと、後ろ側にリングができている）。

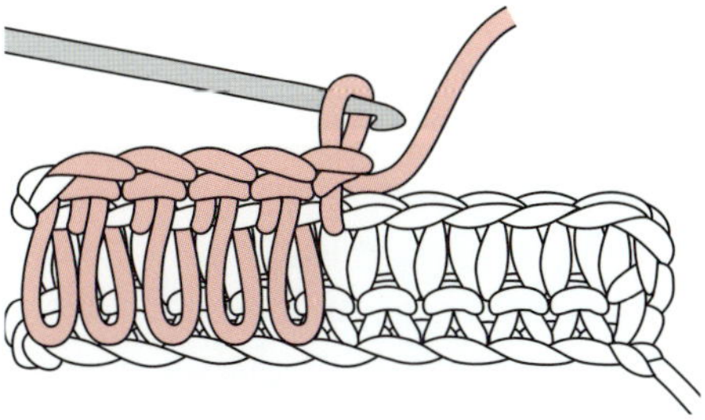

4 繰り返し編むとリングが並ぶ（後ろ側から見たところ）。

長編みリング編み目

ながあみりんぐあみめ

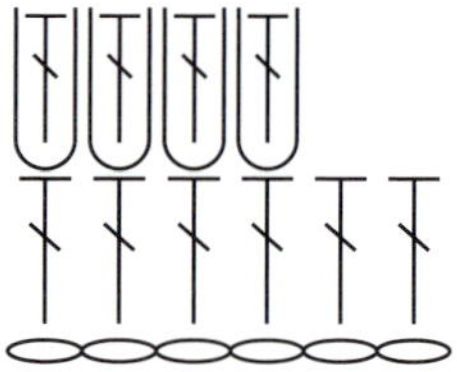

編み地を後ろ側から見たところ
（こちらが表になる）。

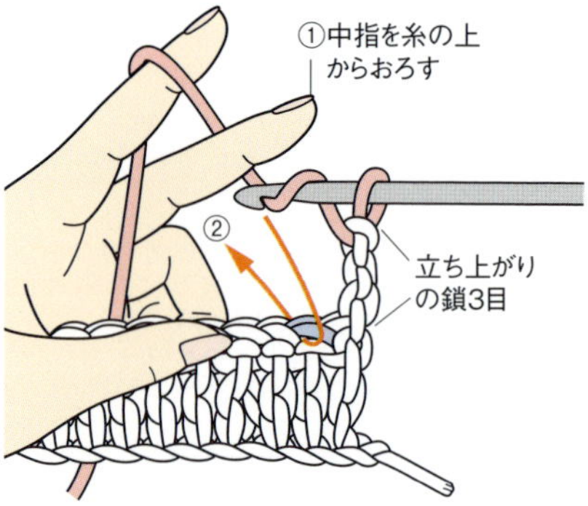

1 針に糸をかけて左手の中指を糸の上からおろし、前段の目の頭の鎖２本に矢印のように針を入れる。

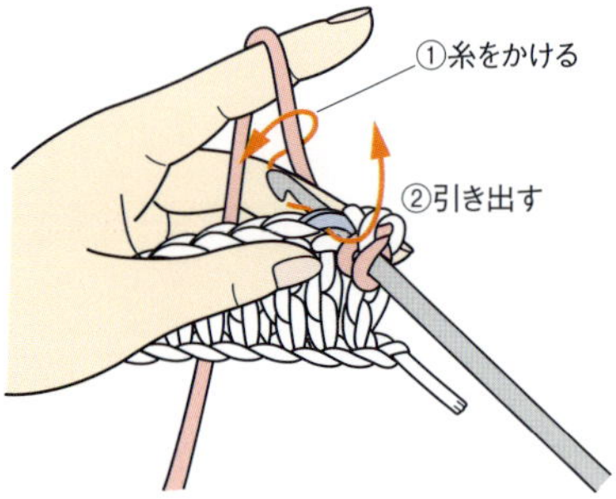

2 左手の中指で糸を押さえたまま、矢印のように針に糸をかけて引き出す。

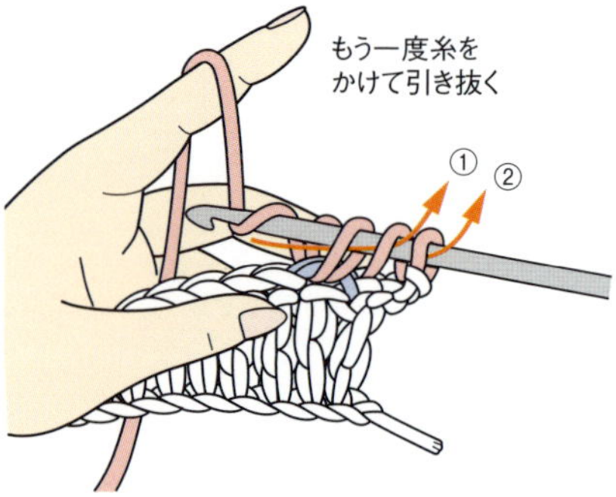

3 針に糸をかけ、矢印のように2ループから引き抜き、もう一度針に糸をかけて残りの2ループから引き抜く（左手の中指をはずすと、後ろ側にリングができている）。

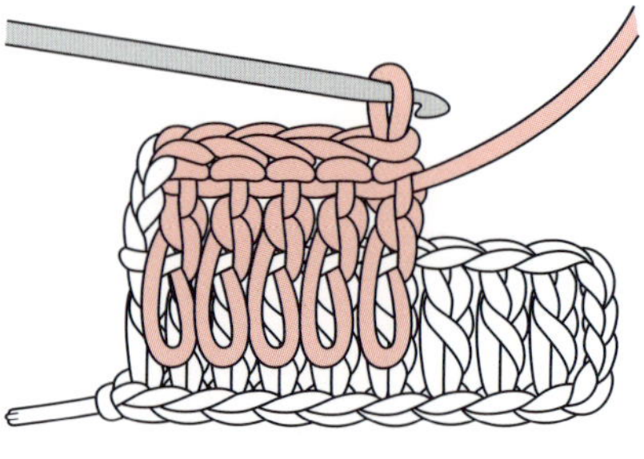

4 繰り返し編むとリングが並ぶ（後ろ側から見たところ）。

Column　リングを３ループまとめたリング模様

通常、リング編みはできたリングをそのままにしておくことが多いのですが、リングを３ループずつまとめて模様にすることもあります。

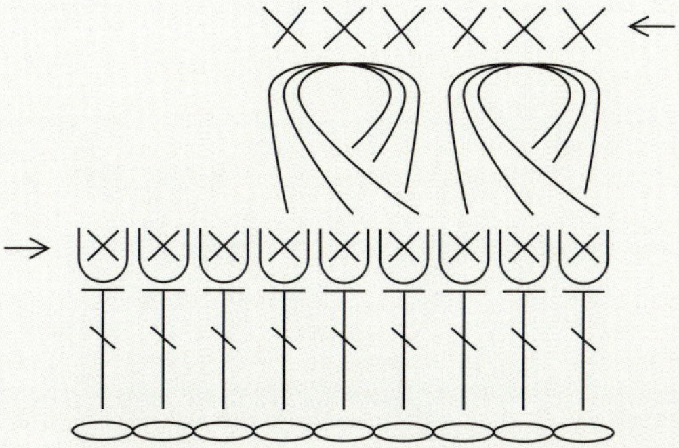

1　立ち上がりの鎖５目を編む。

2　リング３本に針を入れ、糸をかけて引き出す。

3　針に糸をかけて矢印のように引き出す（1目めの細編み）。

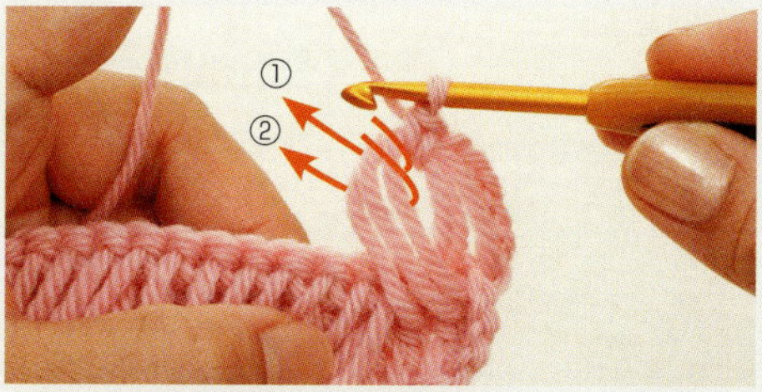

4　さらに同じリング３本をすくって細編みを２目編む。

5　次からも、リング３本に細編みを３目ずつ編む。

巻き編み目

まきあみめ

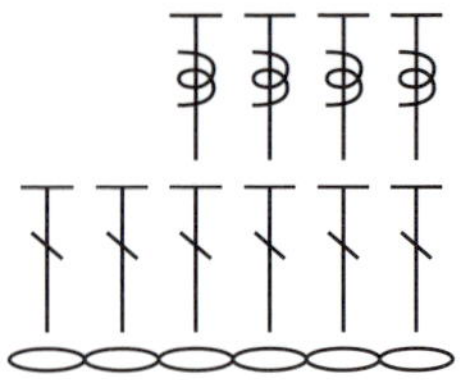

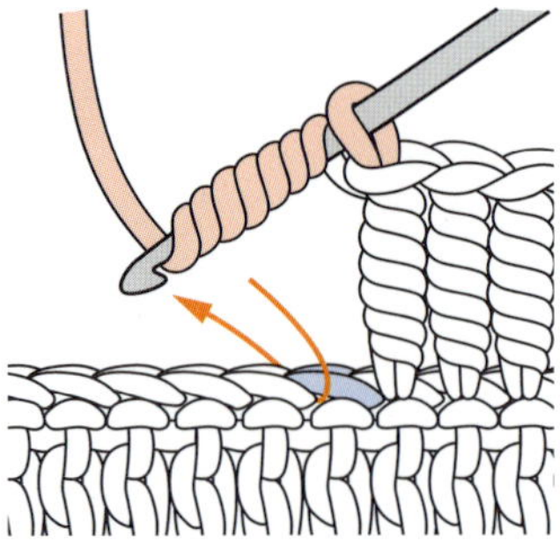

1 針に糸を7〜10回かけ、前段の目の頭の鎖2本に針を入れる。

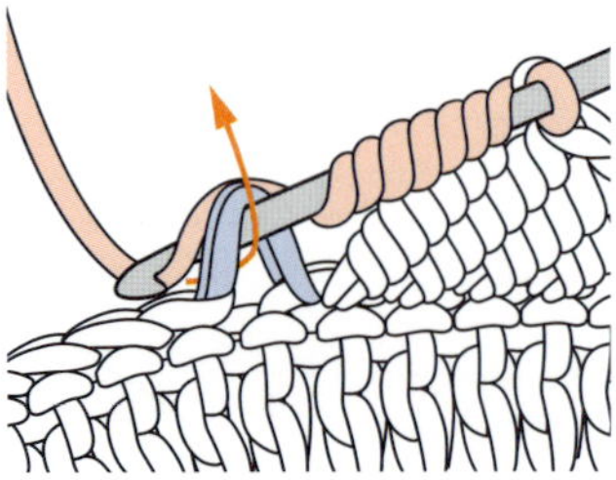

2 針に糸をかけて、矢印のように糸を引き出す。

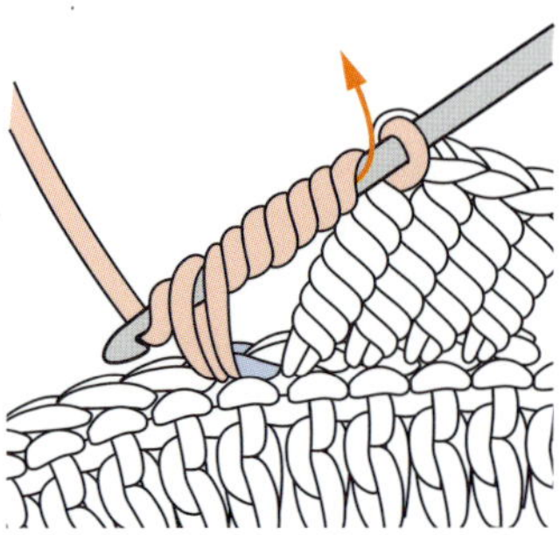

3 さらに針に糸をかけ、矢印のようにループから引き出す。このとき、巻いた糸の形を崩さないように注意する。

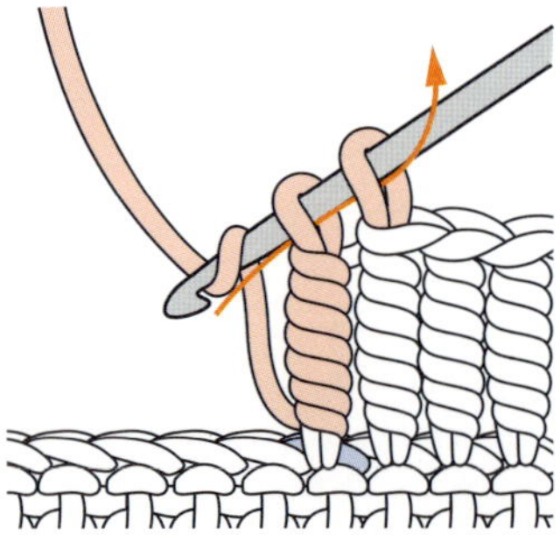

4 もう一度針に糸をかけ、残りの2ループから一度に引き抜く。

七宝編み目

しっぽうあみめ

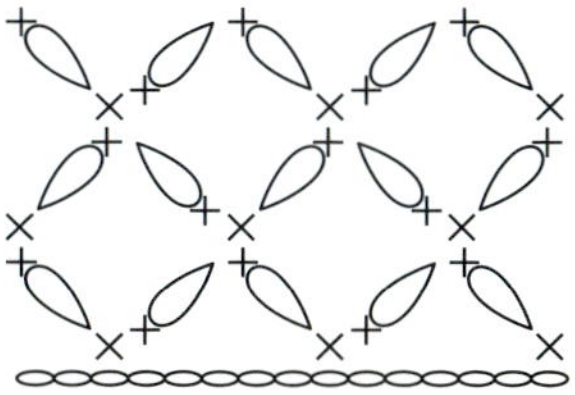

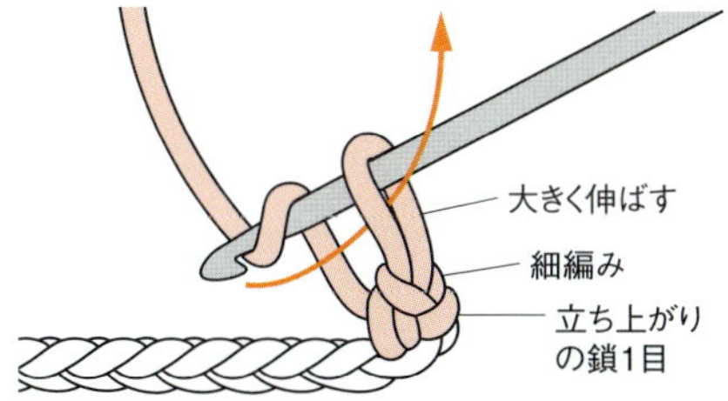

1　立ち上がりの鎖１目と細編みを１目編み、針にかかっている目を大きく伸ばして、鎖を１目編む。

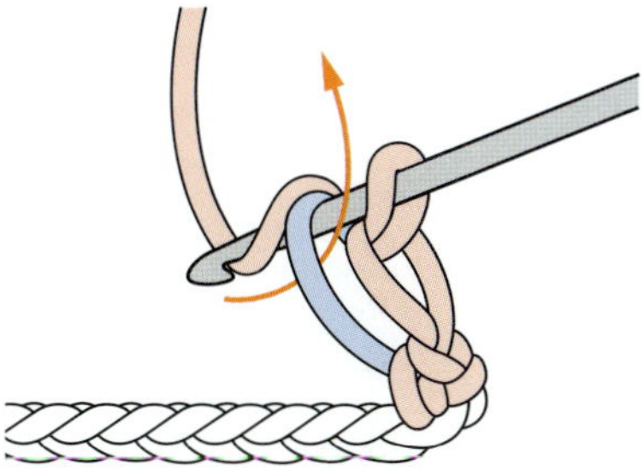

2　鎖の裏山に針を入れ、針に糸をかけて引き出す。

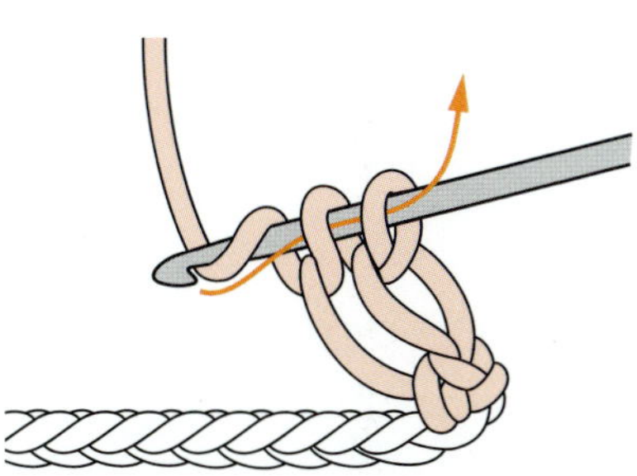

3　さらに糸をかけて、矢印のように引き出し、細編みを１目編む（1〜3で七宝編みができる）。

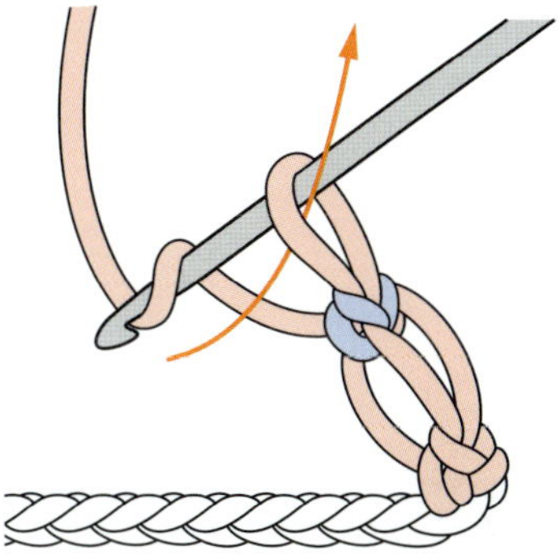

4　同じように目を大きく伸ばし、鎖編みを１目編み、鎖の裏山を拾って糸を引き出し、細編みを編む。

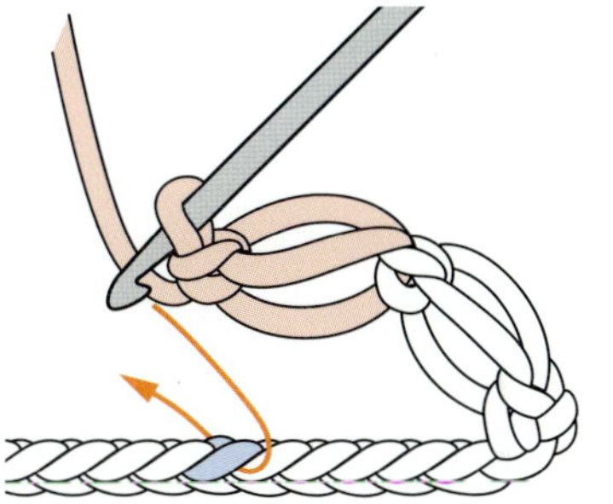

5　七宝編みを２目編んだら、矢印の位置に針を入れ、細編みを編む。

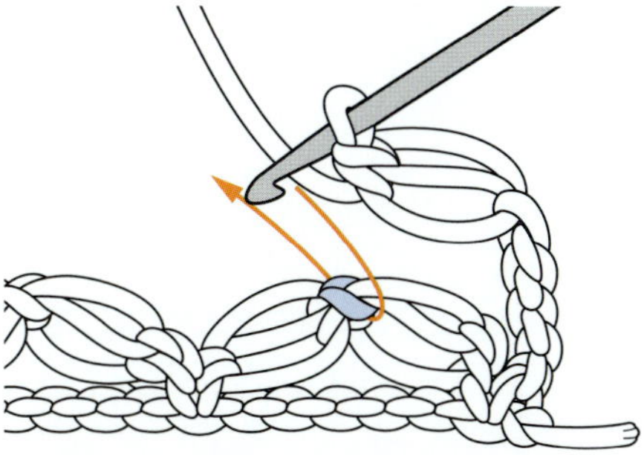

6　1段めを最後まで編み、2段めは立ち上がりの鎖4目を編み、七宝編みを１目編んで矢印の位置に針を入れ、細編みを１目編む。これを繰り返して編む。

鎖３目のピコット編み
くさり３めのぴこっとあみ

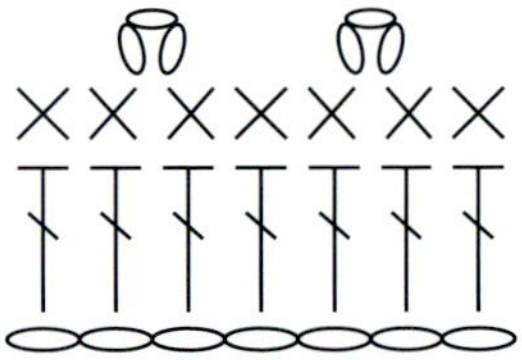

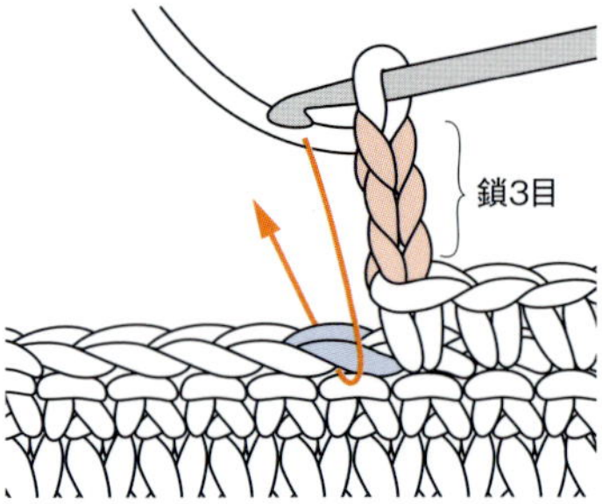

1　鎖３目を編み、矢印のように前段の目の頭の鎖２本に針を入れる。

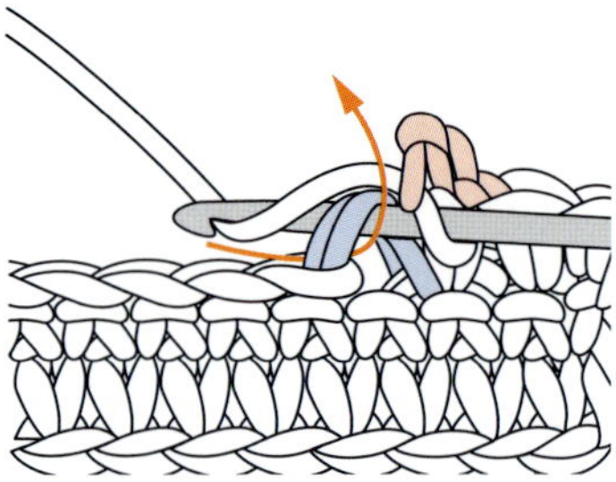

2　針に糸をかけて引き出し、細編みを編む。

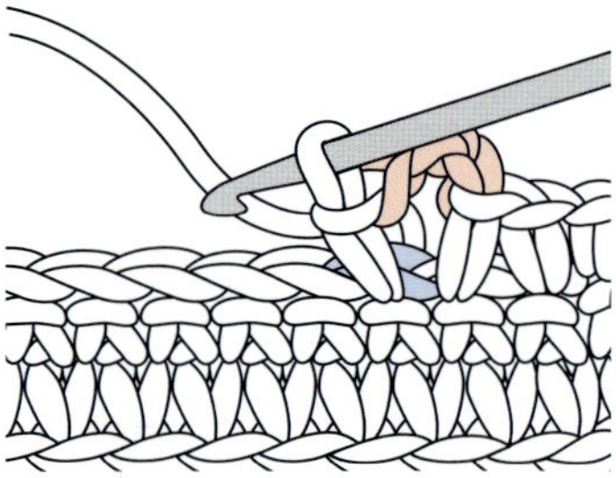

3　鎖３目のピコット編みが完成。

鎖3目の引き抜きピコット編み
くさり３めのひきぬきぴこっとあみ

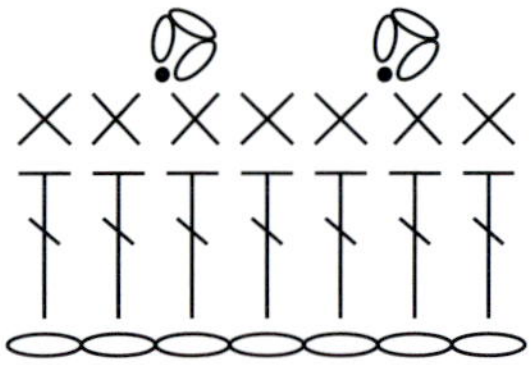

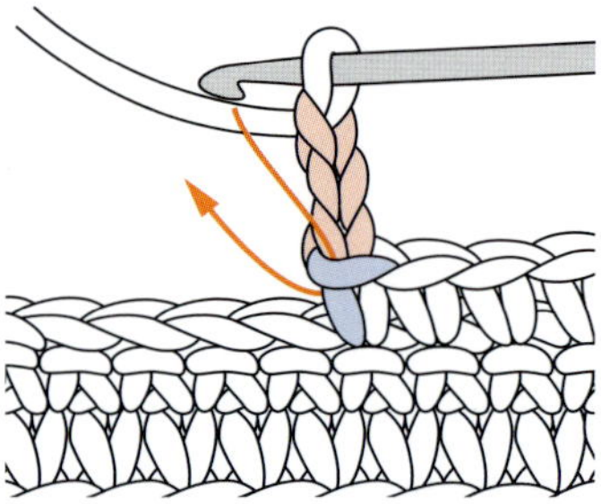

1　鎖３目を編み、矢印のように細編みの頭の半目と足の一本に針を入れる。

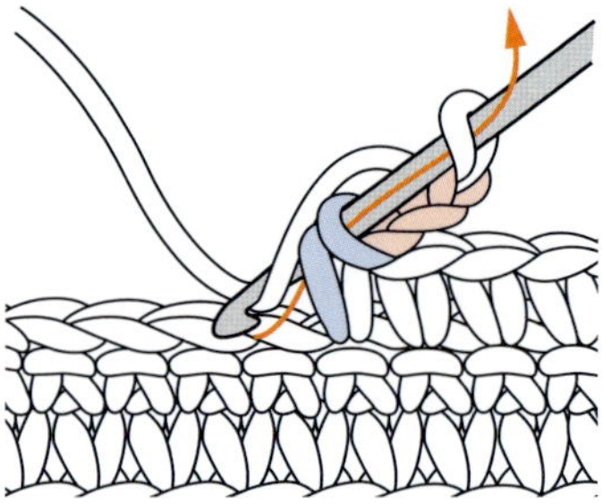

2　針に糸をかけ、矢印のように引き抜く。

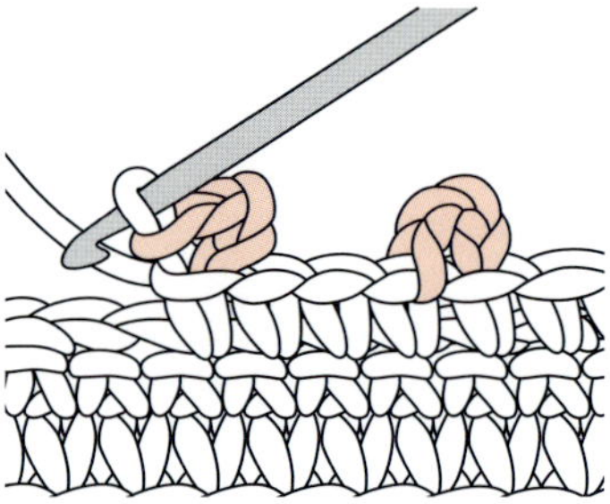

3　鎖３目の引き抜きピコット編みが完成。

鎖3目の細編みピコット編み

くさり３めのこまあみぴこっとあみ

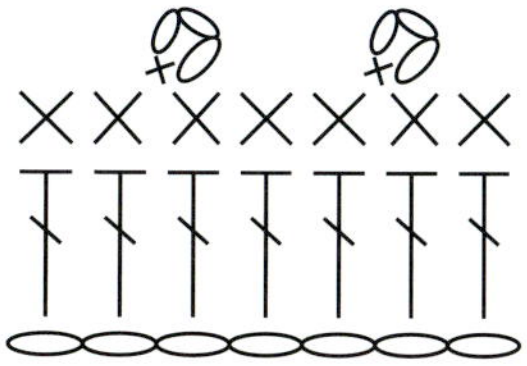

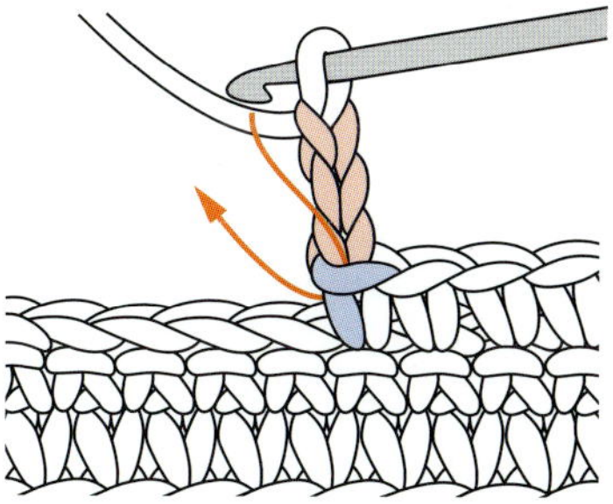

1　鎖3目を編み、矢印のように細編みの頭の半目と足の1本に針を入れる。

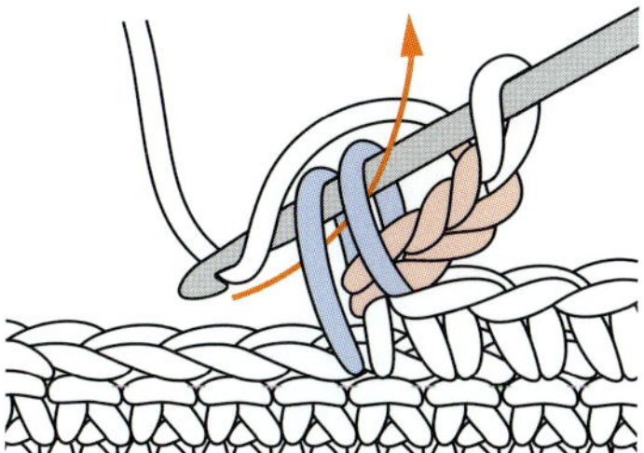

2　針に糸をかけ、矢印のように引き出し、細編みを編む。

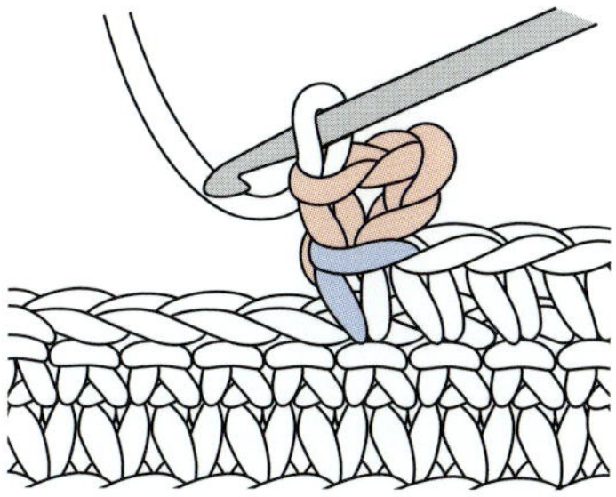

3　鎖3目の細編みピコット編みが完成。

Column

鎖３目の引き抜きピコットを鎖編みに編む

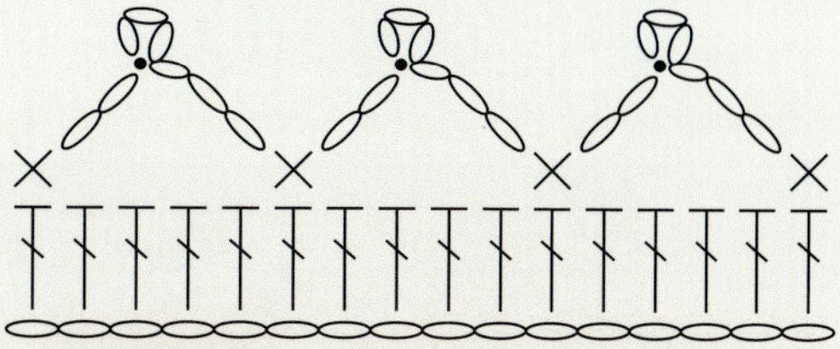

1　鎖6目を編む。

2　3番めの鎖の半目と裏山をすくって針を入れる。

3　針に糸をかけて引き抜く。

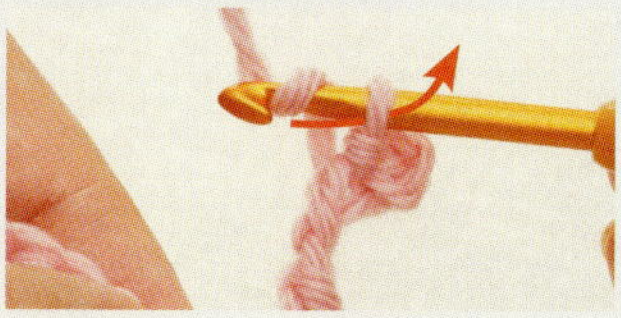

4　鎖編みを2目編む。

5　前段の4目とばした目の頭の鎖2本に針を入れて細編みを編む。

Column　かわいいピコット編み

鎖編みで小さな玉やループを作るピコット編みは、縁飾りによく使います。鎖の目数を変えたり、ループをつなげたり、かわいくアレンジしてみましょう。

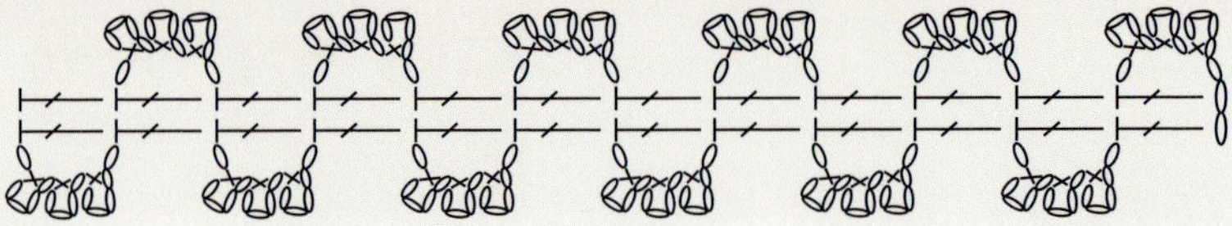

● 長編み3目の玉編み目に引き抜く

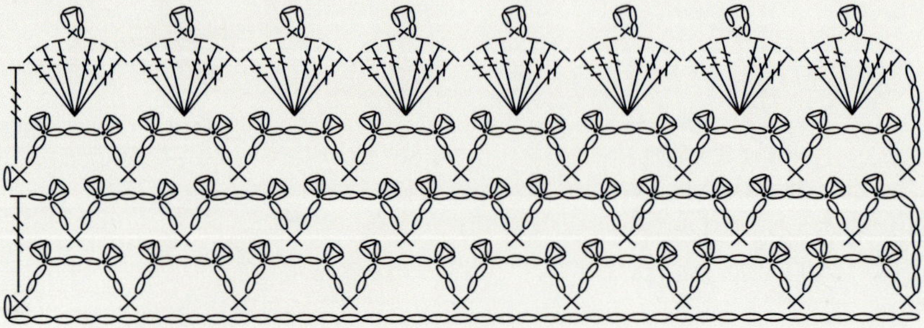

●方眼編みとそのバリエーション

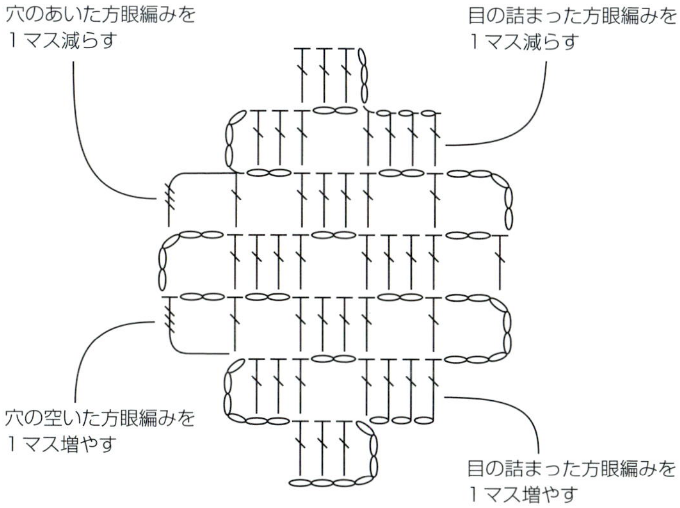

穴の空いた方眼編みを1マス増やす

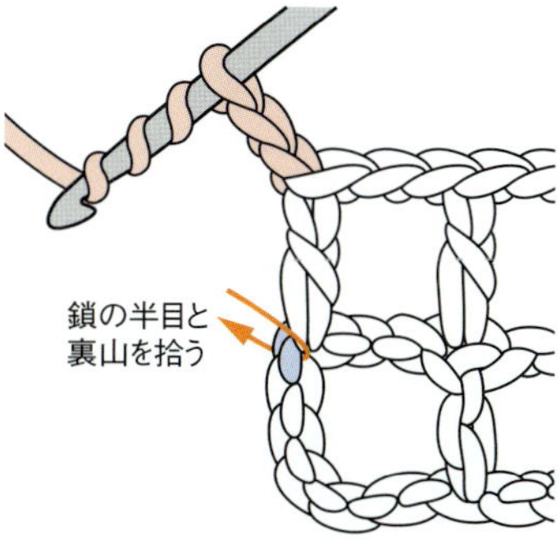

1

1マス分の鎖2目を編み、針に糸を3回かけて、矢印の位置に針を入れる。

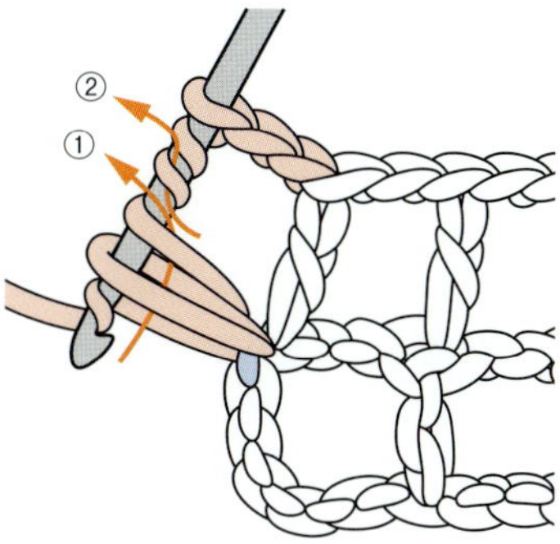

2

針に糸をかけて糸を引き出す。さらに針に糸をかけ、矢印のように2ループから引き抜く。もう一度針に糸をかけ、2ループから引き出す。

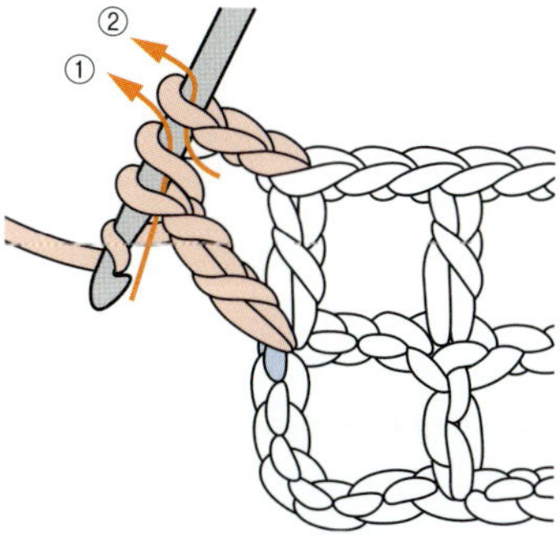

3

さらに針に糸をかけ、2ループから引き抜き、もう一度針に糸をかけ、残りの2ループから引き抜く。

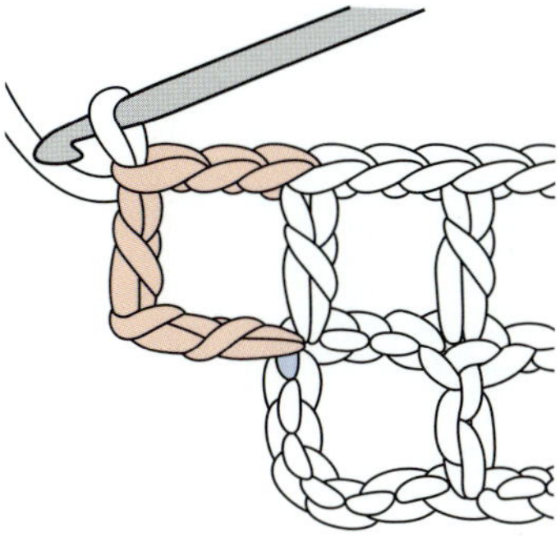

4

方眼編みが1マス増えたところ。

目の詰まった方眼編みを１マス増やす

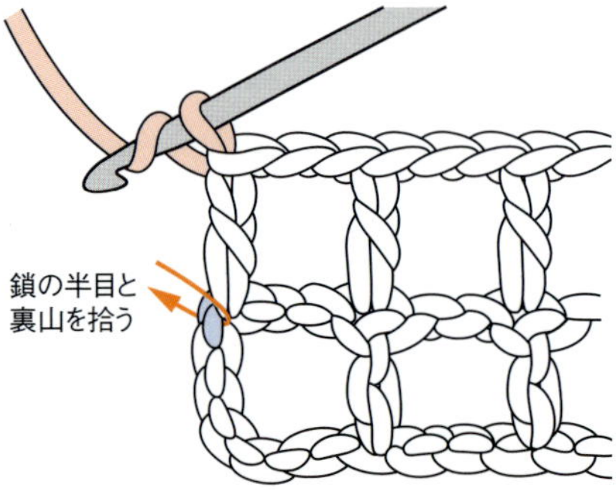

1　針に糸をかけ、矢印の位置に針を入れる。

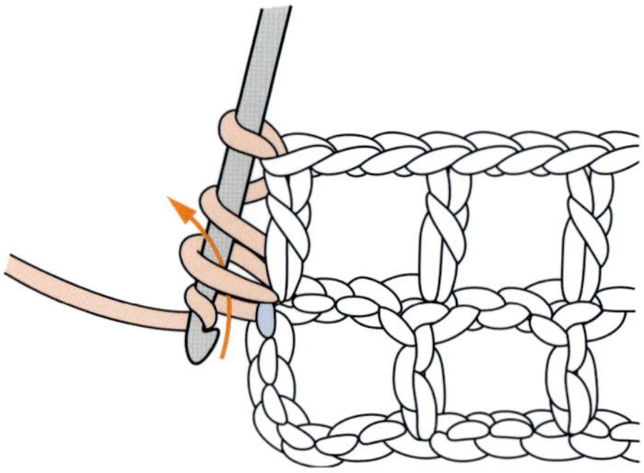

2　針に糸をかけ、矢印のように1ループから引き抜く。

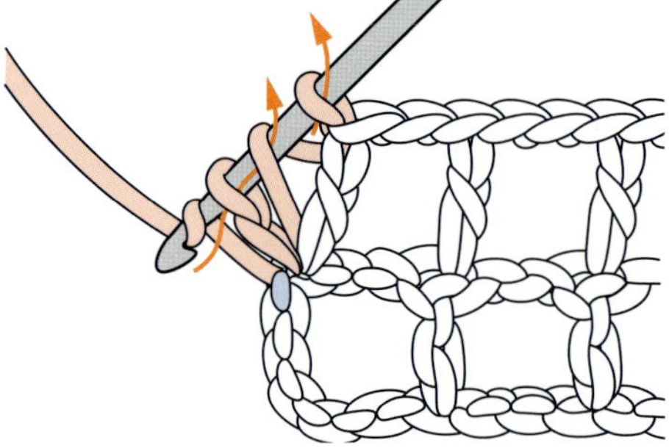

3　針に糸をかけ、2ループから引き抜き、さらに針に糸をかけて残りの2ループから引き抜く。

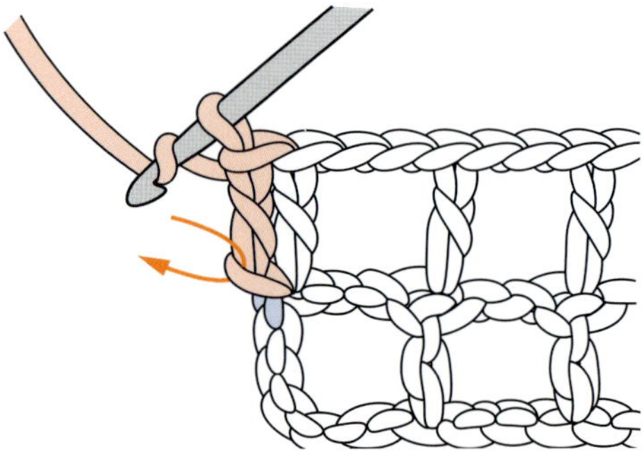

4　針に糸をかけ、矢印の位置に針を入れて2、3と同じように編む。

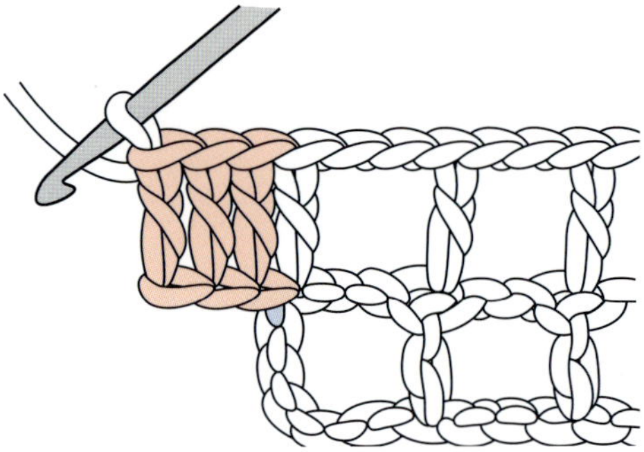

5　1～4を繰り返して1マス分を編んだところ。

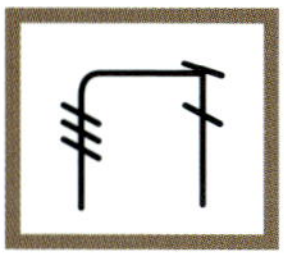 穴の空いた方眼編みを1マス減らす

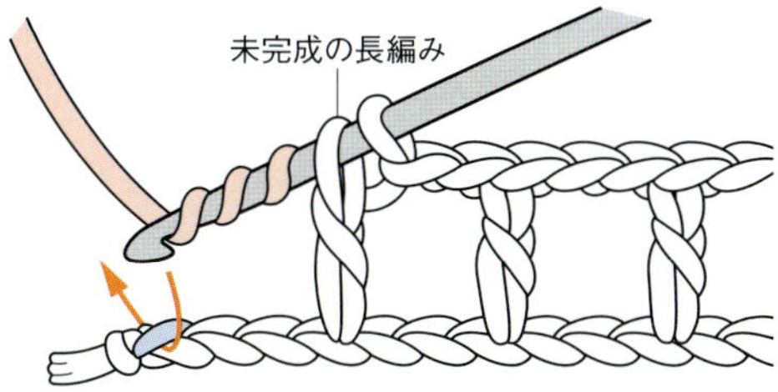

1 未完成の長編み(p.108参照)を編み、針に糸を3回かけて、前段の端の目に針を入れる。

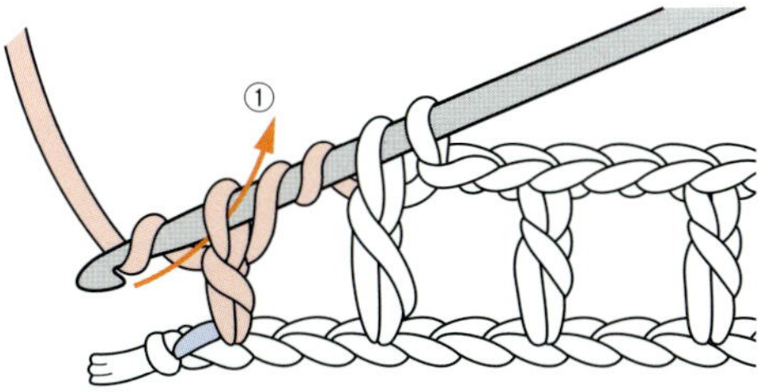

2 未完成の長編みを編み、針に糸をかけ、矢印のように1ループだけ引き抜く。

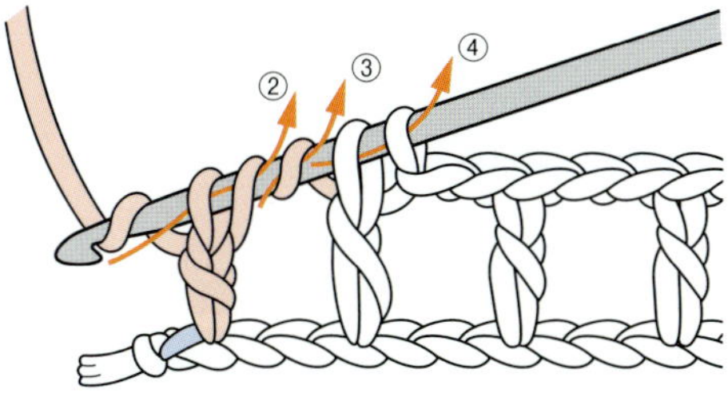

3 「針に糸をかけ、2本のループから引き抜く」を2回繰り返し、さらに針に糸をかけ、最後に残りのすべてのループから引き抜く。

4 1マス減らし目をしたところ。次の段の立ち上がりの目が1マス内側になる。

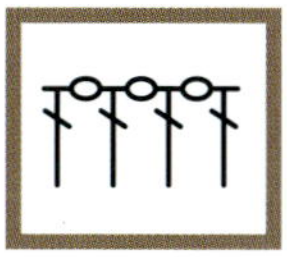 目の詰まった方眼編みを1マス減らす

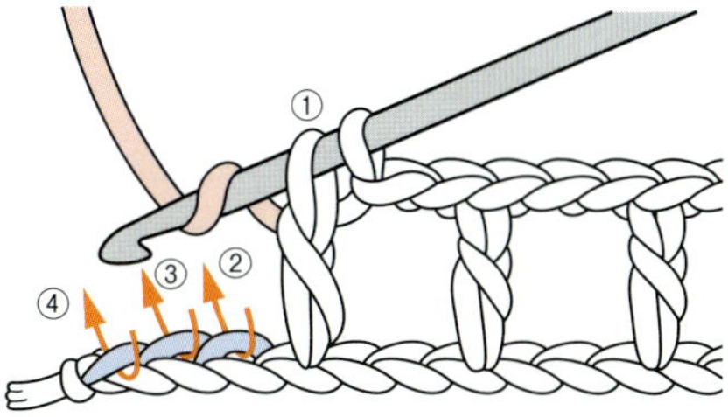

1 矢印の順に針を入れて、未完成の長編みを4目編む。

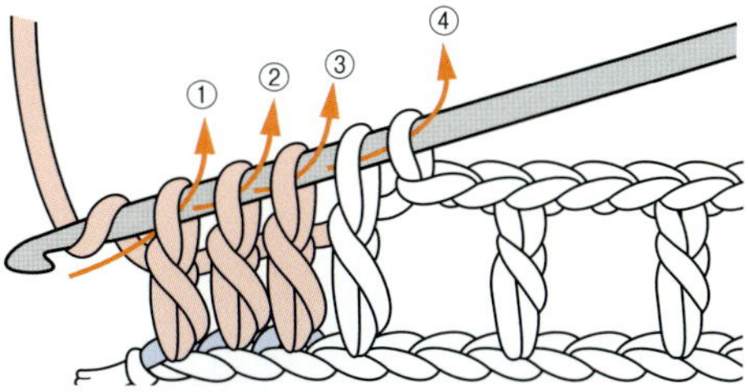

2 針に糸をかけ、1ループから引き抜く。「針に糸をかけ、2本のループから引き抜く」を2回繰り返し、さらに針に糸をかけ、最後に残りのすべてのループから引き抜く。

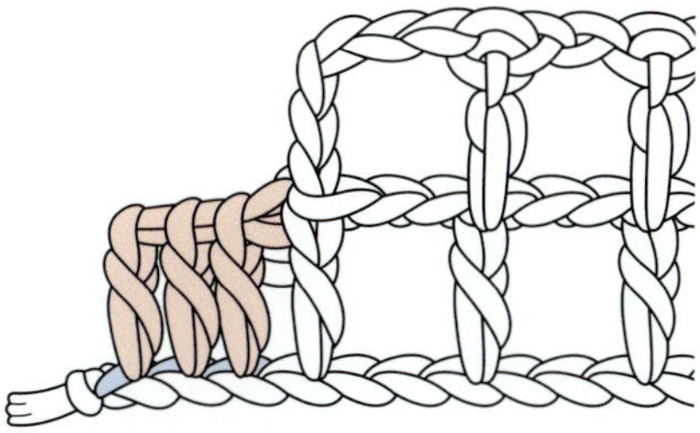

3 1マス減らし目をしたところ。次の段の立ち上がりの目が1マス内側になる。

ビーズ編みのエジングの作り方

作品は p.83

ベージュのTシャツ

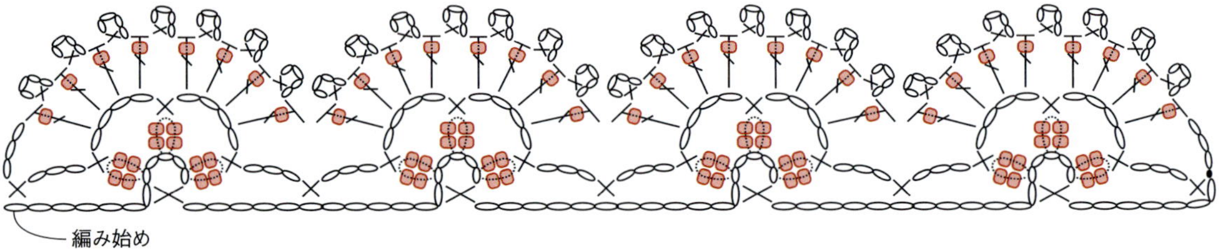

長編みの最後を引き抜くときに1個入れる

鎖に4個入れる

しおり・白いブラウス

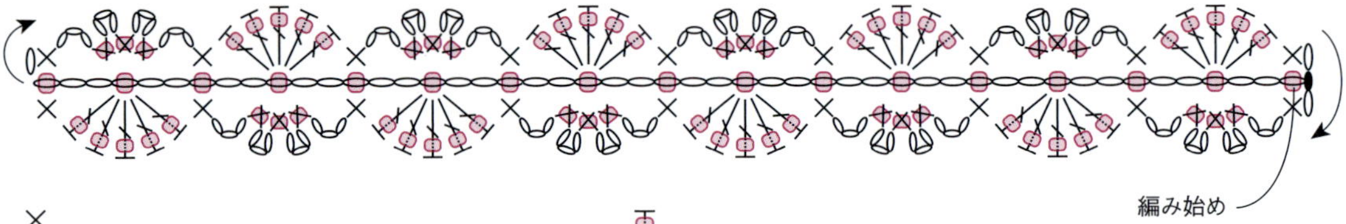

鎖に1個入れる。半目を拾って細編みを両側に編む

長編みの最後を引き抜くときに1個入れる

細編みに1個入れる

ガラスの小物入れ

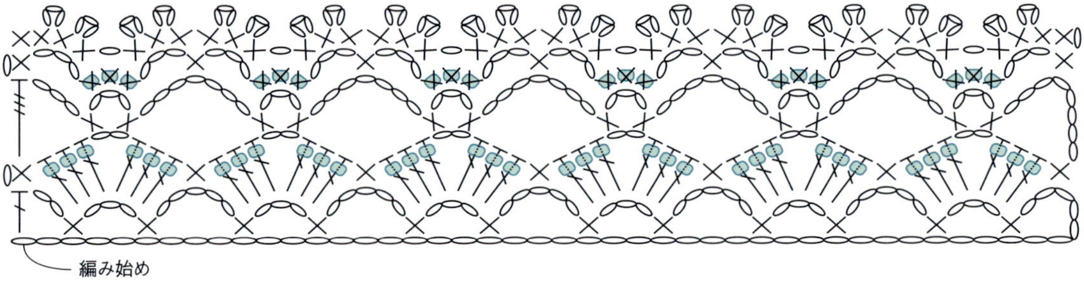

長編みの最後を引き抜くときに1個入れる

細編みに1個入れる

マフラーの作り方　作品は p.95

[用意するもの]
糸／クロバー　アルパカミューク (60-071)　70g
針／かぎ針　6/0 号

[出来上がり寸法]
幅 18cm　長さ 96cm

[作り方]
※糸は 1 本どりで編む。

①鎖編みで 34 目作り、模様編みで 95 段編む。
②続けて縁編みを 2 段編む。
＊縁編みの矢印は針にかかっているループを長く伸ばす。

バッグの作り方

作品はp.94

[用意するもの]
a糸／ハマナカ　ソフティツィード　(1)160g
b糸／ハマナカ　ソフティツィード　(5)40g
針／かぎ針　8/0号

[出来上がり寸法]
本体タテ　21cm
本体ヨコ　32cm
底（4段分）幅　7cm
持ち手長さ　40cm
持ち手付け根部分の幅　12cm
※底の寸法は本体の寸法に含まれます。

[作り方]
※糸はすべて2本どりで編む。
①a糸で鎖編みで26目作り、長編みで底の2段を編む。
②側面は模様編みで3～12段まで編み、糸を切る。
③b糸をつけて持ち手2本を編み、最後の段を中表に合わせて引き抜きはぎではぐ。
④持ち手の両側と側面の上辺に細編みを1段編む。
⑤持ち手の中心5cmを輪にし、かがりはぎではぐ。

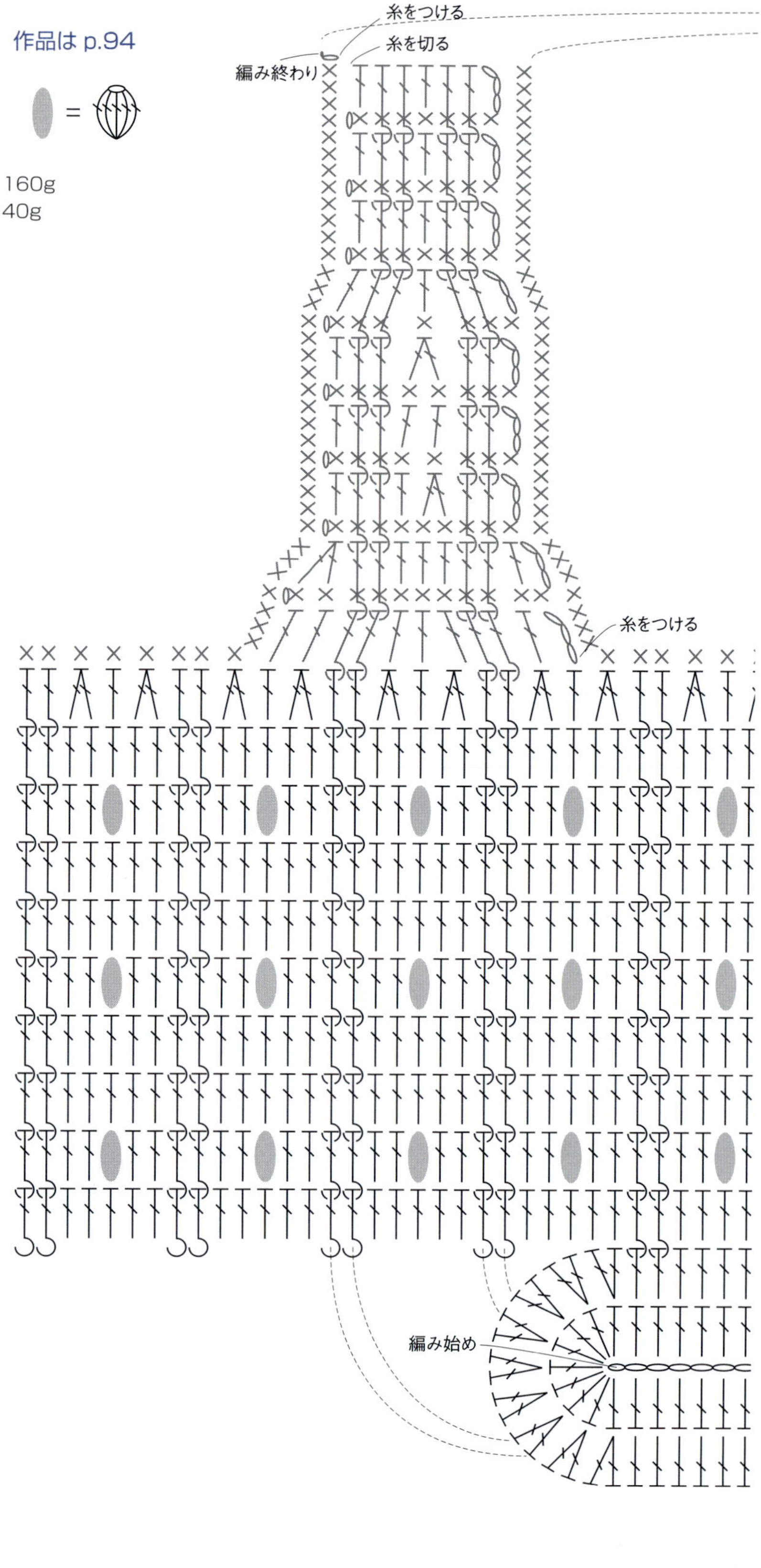

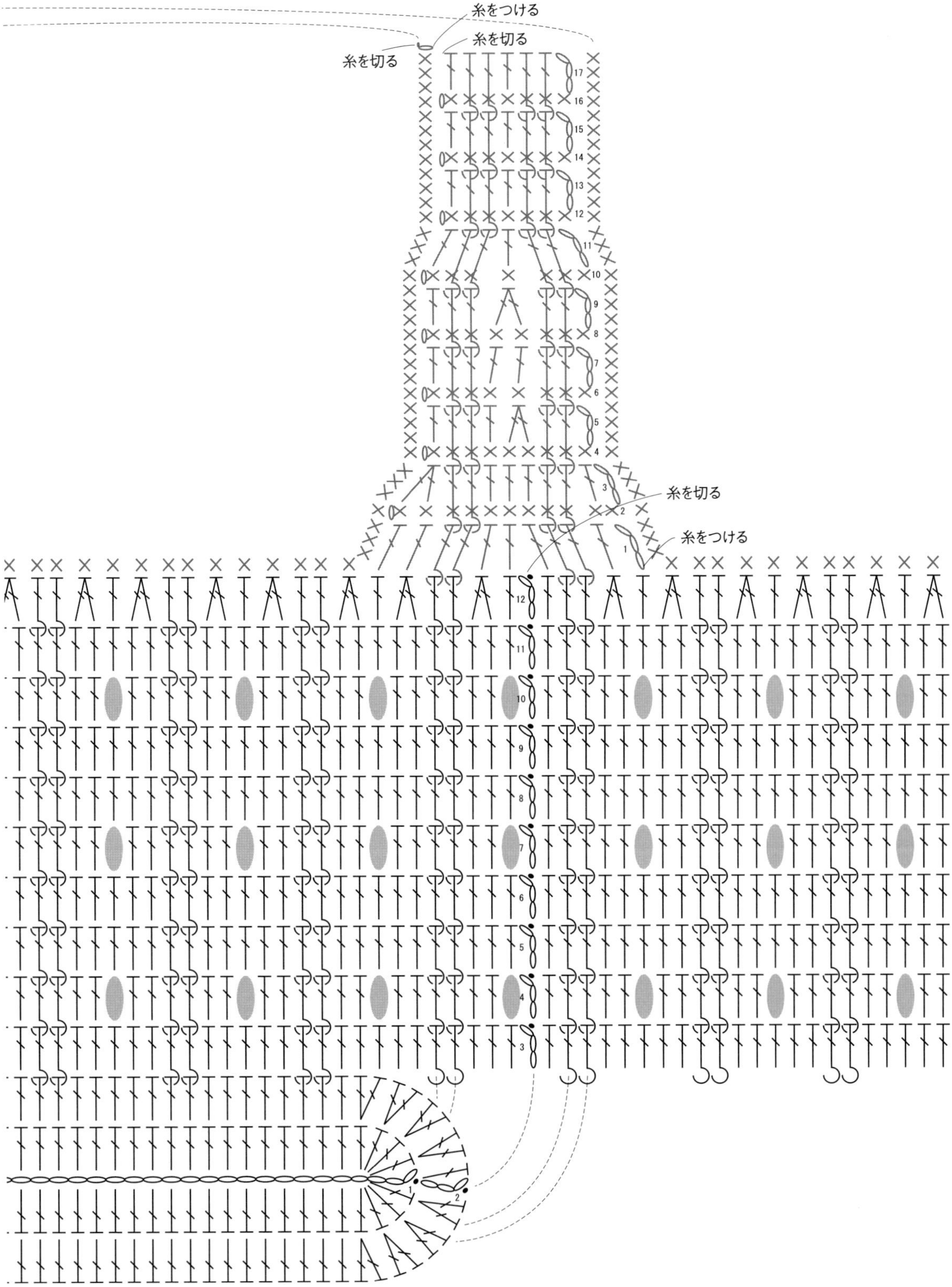
糸をつける
糸を切る
糸を切る
糸を切る
糸をつける

索　引

さ

た

な

は

ま

や

ら

わ

監修・作品デザイン・制作 ------------------------

せばた　やすこ

日本女子大学卒。婦人服の企画・仕入れに携わった後、手芸作家として活動を始め、手編み、刺しゅうを中心にさまざまなジャンルの作品を制作。雑誌・書籍・ＴＶなどで幅広く活躍している。ヴォーグ手編み指導員、ＮＨＫ文化センター講師。著書に『棒針編みの教科書』（小社刊）、『きほんのかぎ針編みでもっといろいろできるよ。』（成美堂出版）などがある。インターネットの手芸雑貨店『Nelie Rubina（ネリー・ルビナ）』運営。

http//nelie-rubina.com

※本書の情報は、基本的に初版時（2009 年）のもので、使用している用具や糸などが終売になる場合があることをご了承ください。

イチバン親切な かぎ針編みの教科書

著　者　　せばたやすこ
発行者　　富永靖弘
印刷所　　株式会社新藤慶昌堂

発行所　東京都台東区台東２丁目24　株式会社　**新星出版社**
〒110-0016　☎03(3831)0743

ISBN978-4-405-07119-3